苏世民
我的经验与教训

［美］苏世民 著
（Stephen A. Schwarzman）
赵灿 译

WHAT IT TAKES
Lessons in the Pursuit of Excellence

中信出版集团｜北京

图书在版编目（CIP）数据

苏世民：我的经验与教训 /（美）苏世民著；赵灿译 . -- 北京：中信出版社，2020.2（2020.10 重印）
书名原文：What It Takes: Lessons in the Pursuit of Excellence
ISBN 978-7-5217-1330-5

Ⅰ . ①苏⋯ Ⅱ . ①苏⋯ ②赵⋯ Ⅲ . ①企业管理 Ⅳ . ① F272

中国版本图书馆 CIP 数据核字（2019）第 279248 号

What It Takes: Lessons in the Pursuit of Excellence by Stephen A. Schwarzman
Copyright © 2019 by Stephen A. Schwarzman
Simplified Chinese translation copyright © 2020 by CITIC Press Corporation
ALL RIGHTS RESERVED

本书仅限中国大陆地区发行销售

苏世民：我的经验与教训

著　　者：［美］苏世民
译　　者：赵灿
出版发行：中信出版集团股份有限公司
　　　　　（北京市朝阳区惠新东街甲 4 号富盛大厦 2 座　邮编 100029）
承　印　者：北京通州皇家印刷厂

开　　本：880mm×1230mm　1/32　　印　　张：14.75
插　　页：16　　　　　　　　　　　　字　　数：284 千字
版　　次：2020 年 2 月第 1 版　　　　印　　次：2020 年 10 月第 9 次印刷
京权图字：01-2019-6161
书　　号：ISBN 978-7-5217-1330-5
定　　价：98.00 元

版权所有·侵权必究
如有印刷、装订问题，本公司负责调换。
服务热线：400-600-8099
投稿邮箱：author@citicpub.com

成功绝非易事，一路走来，我遇到了许多艰难险阻、挫折坎坷。我对自己如何取得卓越成就、发挥影响力、追求有意义的人生进行了思考和总结，并将其中重要的见解分享在了这本书中。

希望这本书能够给那些希望提升个人影响力、实现自我价值，或是志在建立具有独特文化的卓越组织机构的人士以启迪。

——**苏世民**

25 条工作和生活原则

❶ 做大事和做小事的难易程度是一样的。所以要选择一个值得追求的宏伟目标,让回报与你的努力相匹配。

❷ 最优秀的高管不是天生的,而是后天磨砺的结果。他们好学不倦,永无止境。要善于研究你生活中遇到的取得巨大成功的人和组织,他们能够提供关于如何在现实世界获得成功的免费教程,可以帮助你进行自我提升。

❸ 给你敬佩的人写信或打电话,请他们提供建议或与其会面的机会。你永远不知道谁愿意跟你见面。最后你会从这些人身上学到很多重要的东西,建立你在余生都可以享用的人际关系。在生命早期结交的人,会与你缔结非同寻常的感情纽带。

❹ 人们总觉得最有意思的话题就是与自己相关的话题。所以,要善于分析他人的问题所在,并尝试提出办法来帮助他人。几乎所有的人,无论他声名多么显赫、地位多么高贵,都愿意接受新的想法,当然,前提是这些想法必须经过深思熟虑。

❺ 每个企业都是一个封闭的集成系统,内部各个组成部分性能独特却又相互关联。优秀的管理者既洞悉每个部分如何独立运行,也熟知各部分之间如何相互协作。

❻ 信息是最重要的商业资产。掌握得越多，拥有的视角就越多，在竞争对手面前就越有可能发现常规模式和异常现象。所以要始终对进入企业的新鲜事物保持开放的态度，无论是新的人、新的经验，还是新的知识。

❼ 在年轻的时候，请接受能为自己提供陡峭的学习曲线和艰苦的磨炼机会的工作。最初的工作是为人生打基础的，不要为了暂时的声望而轻易地接受一份工作。

❽ 在展示自己时，请记住，印象非常重要。整体形象必须毫无瑕疵。其他人会通过各种线索和端倪，判断你的真实面貌。所以，要重诺守时，要真实诚信，要准备充分。

❾ 再聪明的人也不能解决所有问题。聪明人组成的开诚布公的团队却可以无往而不利。

❿ 处于困境中的人往往只关注自己的问题，而解决问题的途径通常在于你如何解决别人的问题。

⓫ 一个人的信念必须超越自我和个人需求，它可以是自己的公司、祖国或服役义务。任何因信念和核心价值观的激励而选择的挑战都是值得的，无论最终的结果是成功还是失败。

⓬ 永远要黑白分明、百折不回。你的诚信必须要不容置疑。当一个人不需要付出代价或承担后果的时候，坚持做正确的事情并非难事。但当必须得放弃一些东西时，你就很难保持信用记录。要始终言而有信，不要为了自己的利益误导任何人。

⓭ 要勇往直前。成功的企业家、经理和个人都是具有志在必得的气魄和

一往无前的精神的人。他们会在恰当的时刻当仁不让。当其他人谨小慎微时，他们会接受风险；当其他人瞻前顾后时，他们会采取行动，但他们会选择明智的做法。这种特质是领导者的标志。

⑭ 永远不要骄傲自满。没有什么是一成不变的。无论是个人还是企业，如果不经常寻求自我重塑和自我改进的方法，就会被竞争对手打败。尤其是组织，因为组织比想象中更脆弱。

⑮ 极少有人能在首次推介中完成销售。仅仅因为你对一些事物有信念，并不意味着其他人也愿意接受。你需要能够一次又一次坚定地推销你的愿景。大多数人不喜欢改变，所以你需要说服他们为什么要接受改变。不要因为畏惧而不去争取自己想得到的东西。

⑯ 如果你看到一个巨大的变革性机会，不要疑虑其他人为什么没有采取行动。你可能看到了他人没有看到的东西。问题越严峻，竞争就越有限，对问题解决者的回报就越大。

⑰ 归根到底，成功就是抓住了寥寥可数的机遇。要始终保持开放的思维，冷静观察，高度警觉，随时准备抓住机会。要统筹合适的人力和其他资源，然后全力以赴。如果你没有准备好拼尽全力，要么是因为这个机会没有你想象的那么有吸引力，要么是因为你不是把握这一机遇的合适人选。

⑱ 时间会对所有交易造成负面影响，有时甚至产生致命影响。一般情况下，等待的时间越久，意料之外的事情就越多。特别是在艰难的谈判中，要让所有人都在谈判桌上协商足够长的时间，以此达成协议。

⑲ 不要赔钱！！！客观地评估每个机会的风险。

⑳ 要在准备好时做出决定，而不是在压力之下。或为了达到个人目的，或因为内部政治斗争，或因为一些外部需求，其他人总会催促你做出决策。但几乎每次你都可以这么说："我需要更多的时间来考虑这个问题。我想清楚了再回复你。"即使是在最艰难、最令人不快的情况下，这种策略也非常有效。

㉑ 忧虑是一种积极的心理活动，可以开阔人的思路。如果能正确引导这一情绪，你就可以洞察任何形势下的负面风险，并采取行动规避这些风险。

㉒ 失败是一个组织最好的老师。开诚布公地客观谈论失败，分析问题所在，你就会从失败中学到关于决策和组织行为的新规则。如果评估得当，失败就有可能改变一个组织的进程，使其在未来更加成功。

㉓ 尽可能雇用 10 分人才，因为他们会积极主动地感知问题、设计解决方案，并朝着新方向开展业务。他们还会吸引和雇用其他 10 分人才。10 分人才做什么事都会得心应手。

㉔ 如果你认为一个人的本质是好的，就要随时为这个人提供帮助，即使其他人都离他而去。任何人都可能陷入困境。在别人需要的时候，一个偶然的善意行为就会改变他的生命轨迹，造就意想不到的友谊或忠诚。

㉕ 每个人都有梦想。尽你所能帮助别人实现他们的目标。

专家推荐

从白手起家到铸就卓越,苏世民一直在追逐梦想的道路上不断前进。在这本书中,他分享了自己在投资、金融、管理等方面的深刻洞见。他注重风险管理,坚持诚信做事,崇尚志存高远。无论你是金融从业者、企业高管、创业人士、青年学生还是想要人生有所突破的普通人,这本书都将让你有所收获。

许家印　中国恒大集团董事局主席

黑石集团凭借着卓越的企业文化、完善的组织架构、严谨的投资策略以及杰出的人才团队,成为一家基业长青的另类资产管理公司。这本书凝结了苏世民先生的经营、投资、管理智慧,读者能够从他坦诚且直率的话语中,体悟到黑石集团是如何永葆青春活力,成为一家值得敬佩的全球企业的。

马明哲　中国平安保险(集团)董事长、首席执行官

这本书里很少能找到抽象的理念。通过大量的个人故事和经历,苏世民向读者展现了积极行动的意义。尤其在职业生涯与创业初期,他面对困难与教训的态度、思考和行动,可能会给中国年轻的创业者带来鼓励与启发。

马化腾　腾讯公司董事会主席兼首席执行官

苏世民先生是全球著名的投资家,也是中美关系的促进者。在捐建清华苏世民书院的过程中,其目标之宏伟,其对细节之执着,曾让我十分感叹。在这本书中,我再次领会到了苏世民先生成功之品质和风格,相信这本汇集了作者丰富多彩的人生经历和充满人生智慧的经典之作会让各类读者受益。

傅育宁　华润(集团)有限公司董事长

苏世民先生是中国企业家圈里的老朋友、老熟人。黑石的成功已成为中国投资界的学习榜样和范本。清华大学的苏世民书院就是现代世界版的雅典学院。这样一位商业投资和社会公益事业如此成功的人士的自传,一定是中国读者好奇和愿意阅读的图书!

陈东升　泰康保险集团创始人、董事长兼首席执行官

苏世民先生是中国人民的好朋友、老朋友,在中国倡导创建的清华大学苏世民书院,更是充分展现了他的卓越企业家胸怀和对中国人民的深厚感情。苏世民先生致力于一流国际人才教育培养的追求、推动企业国际化发展的理念等一系列的格局与情怀,都令人十分钦佩。这本书详尽地叙述了苏世民先生的经营管理之道,可谓心血之作,特推荐给大家。

张近东　全国工商联副主席、苏宁控股集团董事长

苏世民先生通过这本书告诉我们:没有人天生拥有一切。唯有想得大、想得远(Think big think long),才能在追求卓越的人

生体认中，创造真正的价值，做时间的朋友。

张　磊　高瓴资本董事长兼首席执行官

这本书既是苏世民先生的人生传记，也是过去 50 年的华尔街简史。作为一个在全球拥有影响力的商业领袖，苏世民在书中分享了自己的人生经验。除了勇敢、坚决、追求极致这些重要特质外，他认为"教育是通向更美好生活的通行证"的观点以及为此在全球范围做出的努力，让人印象深刻。

张一鸣　字节跳动创始人兼首席执行官

这本书包含了苏世民从生活中得到的思考，这些深刻的洞见在世界金融、政治、教育领域都得以体现。这些思考和洞见也深刻地改变着世界。在这本书中，苏世民明确了在任何领域中取得卓越的关键品质：不知疲倦的好奇心、对风险的忍耐以及对细枝末节的关注。

亨利·基辛格　美国第 56 任国务卿

在这本书中苏世民坦诚地分享了他的商旅征程，深刻地揭示了背后的人生体验，精练地浓缩出成功的理念。勇气、自信、远见和行动，这是苏世民 50 年追求卓越之旅的感悟，也是给当今每一个面向未来的开拓者的生动指引。

朱　民　清华大学国家金融研究院院长、国际货币基金组织原副总裁苏世民传奇的一生就是他始终如一地相信教育、思考、质疑的力量，积极地寻找变革性的解决方案和范式。他在全球范围内支持各种的教育项目，清华大学苏世民学者项目更是其中一次伟大的全新尝试。敢为人先、积极创新、追求卓越，苏世民的人生信念为世界注入了前行的力量。

汤　敏　国务院参事，友成企业家扶贫基金会副理事长

苏世民不仅创立了黑石集团，也创立了清华大学苏世民书院。前者已经成为全球最大的另类投资机构，而后者更是21世纪中美在教育领域合作的标志性机构。创业者是如何奋斗并取得成功的？苏世民在这本书中生动地讲述了他追求梦想的人生故事，分享了他在追求卓越中的经验和教训，中国读者将从这本富有智慧的书中获得启发和灵感。

钱颖一　清华大学原经济管理学院院长

这是一本拿起来就放不下的书，其中娓娓道来的不仅仅是作者毕生追求卓越的经历与反思，更有作者对公共事务的关怀、思考及参与背后的故事。

薛　澜　清华大学苏世民书院院长

这本书介绍了黑石集团在过去30年里取得的伟大商业成功的经验，记录了苏世民和黑石集团成为全球顶尖商业传奇的故事，充满了新鲜的洞见和苏世民的个人经历。从学生到首席执

行官,每一个人都会与之产生关联并从中有所收获,你一定不要错过。

杰克·韦尔奇　通用电气公司前董事长兼首席执行官

苏世民是一位罕见的全球商业政治家,他有着能够将他人联系在一起的独特能力,建立了一个联结全球领袖和机构的强大网络用以推动伟大的思想。他的商业活动和慈善行为对世界产生了深远的影响。这本书讲述了苏世民在人生的不同阶段获得的人生经验,从高管到学生,每个想要有所作为的人,这些经验将会使他们有所受益。

克劳斯·施瓦布　世界经济论坛创始人兼执行主席

苏世民先生是我见过的悟性最高的人之一,他精力旺盛,见地独到,常在大家犹疑不决之时,给出清晰的最优路径。我非常钦佩他,在中美之间穿梭往来,传递善意和提供建议。作为黑石的一员,他于我亦师亦友,给予我极大的帮助和启发。我在这本书里看到了非常亲切的历史,更看到了苏世民先生的经验和坚韧,这对每个意图有所作为的人来说,都至关重要。

张利平　黑石大中华区主席

我和苏世民共事多年,他有卓越的商业触角和领导能力,还非常强于说书讲故事。他用生动的叙事把50年来在华尔街的风云际会化成一连串的逸事,让读者如沐春风地了解世界优秀的投资公司是如何建立起来的。

梁锦松 香港财政司原司长，现任南丰集团董事长及行政总裁、
新风天域集团董事长及联合创始人，原黑石集团大中华区主席

苏世民是伟大的企业家，也是活跃的慈善家。在慈善事业中，他采取的变革性方案和思考范式令人叹服。苏世民书院等创新的尝试对教育界也产生了极大的影响。相信每个拥有远大目标和理想的人都能从这本书中获益。

曹其峰 著名企业家、社会活动家、慈善家

美国华尔街创业致富的成功例子为数不少，但苏世民与一般倚重"财技"的金融大亨很不一样，他坚持自己的价值观，待人忠诚有礼，敢于创新，数十年如一日，终于建成了全球最大、最成功的私募股权投资公司之一。苏世民成为全球金融巨擘，但仍热心公益，不忘回馈社会，所以备受多国领袖尊敬和信赖。苏世民的传奇故事，一点一滴带出成功背后的努力和智慧，微言大义，乃必读好书。

陈德霖 中国香港金融管理局前总裁

苏世民如何将黑石集团建设成为世界顶尖的资产管理公司？他是如何利用自己的资源、技术和愿景带头开展自己的慈善方案，并为全球的政治领袖提供影响一代人的建议的？这本书将会给你答案。

珍妮特·耶伦 美联储前主席

苏世民一直在实现他的美国梦：在自己的领域成为行业标杆，作为一名慈善家，他用自己的创造力和远见卓识不断加深社会、个人与国家的关系。在这本书中，苏世民同我们分享了他的人生旅途，以及他如何在其他领域取得成功的秘诀。谦逊，坦诚，幽默且真实。通过一段段描述、一个个人生故事，我们看到了苏世民的人生智慧。很棒的阅读体验！

约翰·克里 美国前国务卿

从20世纪50年代在费城家族亚麻店工作开始，苏世民在金融、中美关系和计算方面做出了巨大贡献，包括资助人工智能研究，这将利于建立智能时代。苏世民总是用他远见卓识的眼光带领我们向取得巨大收益的方向前进。这本书很好地向我们展示了他是如何在多领域取得成就的。

埃里克·施密特 谷歌前首席执行官

苏世民的人生课程教会我思更远、行更快。他的深刻见解适用于我们的工作和生活。他的领导力体现在做正确的事情的原则之上，而做正确的事情是很难的。苏世民教会我们如何做一名更好的领导、更好的公民、更好的人。

玛丽·博拉 通用汽车董事长兼首席执行官

在这本书中，苏世民回顾了他在美国和全球金融史中磅礴而多样的故事。在这一过程中，他得到了工作和生活中具有永恒价值的经验。这本人生故事中必要的元素有：逸事、洞见，最重要的还有引领下一代企业家的珍贵的价值观。

马克·卡尼　英国央行行长

苏世民先生以其领导黑石集团30多年的发展历程，向我们展现了一名出色的时间管理者与梦想领导者的所学所感，尤其是面对时代变化的判断与反思能力。他和黑石集团对于投资创新的长期主义坚持，也为我们提供了一个跨越成长周期、重新思考事业生命力的经典案例。

李彦宏　百度创始人、董事长兼首席执行官

苏世民的人生是经典的华尔街投资者范本。在书中，他尽可能真诚地分享了自己人生的每一个重要转折点。我们可以看到他从擅长募集和交易的创业者，成长为有着自己识人、用人的准则，注重公司文化的管理者。这使他最终蜕变成能带领黑石集团平顺渡过金融危机的决策者。

卢志强　中国泛海控股集团董事长

这是一本关于成功的书，要有梦想，更要脚踏实地、勇往直前；
这是一本关于创业的书，要目标远大、抓准时机、人无我有；
这是一本关于企业管理的书，要选择忠诚且聪明的人才、创建适应公司发展的文化；
这更是一本来自华尔街投资家和慈善家的处世哲学和人生感悟

之作。

我结识苏世民先生是在2007年，那时他60岁，他说："我要好好想一想人生的下半场应该做些什么有意义的事情。"很幸运，苏世民学者项目成了他的倾力之选。在苏世民书院的筹建过程中，我对苏先生的了解也从"华尔街之鹰"逐步变得多维、深入，更加理解为什么他能取得今天的成功——业精于勤、事必躬亲、细节决定成败，在他身上都得到完美的体现。

在我与他密切接触的2013年至2015年中，我几乎每天都收到他的电邮，10封中有9封都是他亲自写的，一封会注明他口述秘书代发，且电邮长度超过一个电脑屏幕。很难想象这么细致入微的电邮是来自一位日均收入超过150万美元的企业家。从他身上，我看到成功不是一个结果，而是一个过程、一种习惯，甚至一念之间。本书的读者一定能从书中收获启发和感动，成就属于自己的卓越人生。

潘庆中　清华大学苏世民书院常务副院长

将一手创建的黑石集团打造成全球资本市场最大的另类投资机构之一，苏世民的经历就是一个传奇式的美国梦。这本书精彩地呈现了一位杰出金融高管从学生到首席执行官历程中的坚毅、智慧、魄力与远见。相信苏世民的经历会激励无数个正在追寻中国梦的年轻人。

黄益平　北京大学国家发展研究院副院长

名人的书很多，这是一本拿起来就放不下的书。他的成功之道很多，但是创新贯穿始终。

徐念沙　中国保利集团公司董事长、党委书记，
国际商会执行董事，中国工艺美术协会理事长

苏世民是金融界的传奇人物，对公司经营和金融投资有着自己独到的见解。他在这本书中回顾了自己精彩的一生，从初入职场到创立黑石，从历经坎坷到成就伟业。我与苏世民因清华大学而结缘，与他当面交谈抑或是阅读这本书，我都感受到他的谦逊、积极与专注。他的成长历程是一段非同寻常的奋斗故事，他的人生是繁荣时代的鲜活画卷，他的智慧是一张指引人们获得成功的实用蓝图。希望您也能从这本书中获得人生成功的秘诀！

王文学　华夏幸福基业股份有限公司董事长

这既是一本回忆录，也是一本领导力指南，是近年来我读过的最诚恳、最无所保留的分享，其经验和教训对于有志于打造百年老店的企业而言，格外有价值。

杨元庆　联想集团总裁兼首席执行官

苏世民先生和黑石公司的传奇之处，不仅体现于卓越的商业成就，更在于其发展历程背后一系列洞悉商业逻辑本质和具备深刻启发性的关键抉择。在这本书中，苏世民先生所探索的创业精神和管理理念，对于大多数新兴经济体中正在创业奋斗的企业家具

有指导意义，也为中国企业管理现代化转型提供了宝贵经验。同时，这也是一本敞开心扉、充满智慧的自传。作者追求卓越、无私奉献的人生信念，及其正在中国努力推进的教育事业，将让更多奋斗者能够鼓起勇气迎接挑战，坚毅前行，直至卓越。

郁 亮 万科企业股份有限公司董事会主席

苏世民是一位有全球视野的华尔街投资家。他创建、捐赠的清华大学苏世民书院为中国和世界架起了一座人才的桥梁。他为中美关系做出了巨大的贡献。他在这本书中和读者分享了他在过去50年里取得的巨大商业成就，也给我们介绍了一位全球商业领袖的人生经验。

张 欣 SOHO中国首席执行官

苏世民创办黑石，在华尔街书写了资本传奇；创办苏世民书院，在清华书写了教育传奇。阅读此书，了解商业和人生的真谛。

赵伟国 紫光集团董事长

苏世民从一个年轻的分析师，成长为最受尊重的全球资产管理公司的掌舵人。这段传奇人生背后有不少务实的经验，人人都可以尝试着去践行：保持专注，一直诚信，在必要时坦然寻求帮助，总是换位思考。书中关于培养有纪律又透明平等的企业文化的建议，值得每一个创业者和管理者借鉴。

柳 青 滴滴出行总裁

在竞争激烈、变动不居的金融市场上，投资的业绩波动在短期内来看似乎扑朔迷离、无迹可循，但是从长期看，基本上是一个人的经验与知识的折现，只不过不少投资者在取得一定的成绩与声望之后，就不太愿意坦率面对自己投资的得失，这使得公众往往不容易了解投资界的真实状况。苏世民在全球杰出的投资家中显然是一个出色的"另类"，他一直保持着异常的直接与坦率，在书中叙述许多亲身经历时，他常常直率地点评自己的体会与经验、教训与反思乃至自嘲。这本书可以说是一名杰出投资家心灵成长的历史、现实阅历积累的历史，也是他将自己的经验与知识在投资中尝试折现的历史。

巴曙松　北京大学汇丰金融研究院执行院长、
香港交易所董事总经理兼首席中国经济学家

看到苏世民先生即将问世的新书标题，就立刻回忆起清华大学经济管理学院首任院长朱镕基给经管师生提出的期望——追求卓越。这既是信念，也是行动，追求卓越的路上充满艰辛，也充满享受。这本书揭示了苏世民先生的成长轨迹，他是如何从一个胆大包天、不安于现状的毛头小伙，成长为金融巨擘，并在政治、金融、慈善领域发挥出积极作用的。作为私募股权领域的从业人员，或许会从书中品味出更多的味道，博观而约取，信至而践行。

沈正宁　紫荆资本董事长

苏世民用引人入胜的故事道出投资心得，生动地说明了投资是一门原理不繁、应用不易的实践艺术。他还分享了诸多"为人所不为，为人所不能"这样的成功方略，值得每个有志投资的人细读领教。

赵令欢　弘毅投资董事长

我曾在黑石中国工作，每年苏世民先生都会来中国五六次，前后总共一整个月的时间。在这一整个月里我全程陪同苏世民先生出席各种会议。他已经70多岁，每天只睡5个小时。我们为他准备的行程基本是以5分钟为一个间隔来安排的。工作压力之大，可以想象。

能如此近距离紧密地观察和了解到他对世界的看法，如何坚定执着地做事，如何热情盎然地面对各种压力，是我人生中最大的收获。这本书会帮助你获得当代成功企业家及投资家的思考方式，透过他的视角去看如何创立公司，如何做投资，又如何跟各国政商打交道。站在巨人的肩上，你已经成功了一半。

陈　峻　时石（北京）资产管理有限公司董事长

离开当年辉煌的雷曼，苏世民开启了黑石的新征程。黑石的起步异常艰辛，但是苏世民带领公司成长为全球投资业界的翘楚，他个人也完成了从投资银行家到投资家的华丽转身。这本书不仅仅价值15亿美元！

成　勇　沃衍资本创始合伙人

基业长青是所有创业者的理想，对于实现该理想的途径，成功人士却往往讳莫如深。苏世民在这本书中无私分享了他"封王"之路上所保持的核心原则、宝贵经验、令人尴尬的教训以及行之有效的做法，其投资人生及洞见不仅让人感同身受，更激励着南山在追求卓越成就的路上抓住每一个独一无二的机会，然后竭尽全力去实现它。

何 佳　南山资本创始合伙人

非常精彩的一本书，吸引我不舍得放下。这本书要比这几年其他的同类畅销书真诚太多，其中的分享也对读者有切实的参考意义，并能启发更多的思考。借由此书，你可以感知苏世民先生对人的价值的高度重视和永不言弃的高度珍视。

李 论　熊猫资本创始合伙人

这是我这么多年来读过的最优秀的一本书，每一页都有触动你的部分。它在告诉我们，对任何投资机构来说，财技固然不可或缺，但是文化、机制、价值观和审时度势的布局能力是决定成功与否的更重要的决定因素。

宋文雷　阳光资产管理股份有限公司，战略投资首席投资官

中国需要优秀的机构投资人来提高经济运行效率。黑石和苏世民的故事像硅谷的苹果和乔布斯一样，引人入胜，给人启迪，催人奋进！机制的完善和时间的洗礼，终将让我们看到中国的黑石。

刘二海　愉悦资本创始及执行合伙人

苏世民的转型与腾飞借助于美国经济的变迁，苏世民与他创立的黑石集团是美国梦的成功典范。阅读这本书，了解他传奇的一生，有助于我们抓住时代的机遇，成就自己的中国梦。

赵春林　安龙基金管理合伙人

这是一本令人全神贯注的好书，苏先生的传记不同于任何传记，本书是由一系列的逸事组成，没有完全地联系在一起去构成苏先生的整个"人生"，但是这样的传记更容易让人细读和思考。书中的25条原则，每条都是苏世民先生的经历总结和雄心大志，都是他设定的"值得幻想的幻想"，每个伟大成功的开始和结束都奠定在这一基础上！

赵　晋　济峰资本（LYFE）创始合伙人

黑石集团与中国的渊源不可谓不深远。而苏世民与清华大学联合发起的苏世民学者计划，将清华大学自身发展与国家现代化建设、人类文明进步更紧密地结合起来。从苏世民的回忆中，我们可以洞悉华尔街50多年的简史，可以参透黑石清晰的价值主张，更可以找到让功业长存、让企业经久不衰的经营哲学，可以说本书是所有首席执行官绝对不能错过的一本书。

王东晖　阿米巴资本创始合伙人

你想和一个质朴而伟大的成功者交朋友吗？你想把这样一个朋友请回家并可以随时随地和他聊天吗？你想因为这位朋友带给

你的教益而让自己的生命从此不同,变得更加美好吗?那么很简单,把黑石创始人苏世民价值15亿美元的这本书买回家就可以了。

刘东华　正和岛创始人、中国企业家俱乐部创始人

在投资世界里,苏世民不仅让公司的规模扩大,而且创造了很多新生事物,并抓住更多机会帮助别人,别人做得好,黑石自然赚得到钱。这本书让我们全面了解了他是如何做出与众不同的思考和行动的。

秦　朔　中国商业文明研究中心联席主任,秦朔朋友圈发起人

人生车道的变换往往在于一瞬间的转变,透过苏世民的人生故事我们得以重新认识这个世界,重新审视自己的位置。这本书凝结了苏世民的投资经验,体现了黑石的企业文化,折射了美国金融业几十年来的风云变幻,人事变迁,既有深刻的洞见又具有很强的借鉴意义,非常值得一读!

雷文涛　有书创始人兼首席执行官

苏世民写了一本妙趣横生的书。不同于大多数的名人自传,苏世民要讲的不仅仅是一个成功故事,还有他经历过的挫折,他从中学到的教训,以及他在塑造组织方面的经验。

李　翔　资深媒体人,得到App总编辑

作为曾经华尔街的金融从业人员和有机会专访过苏世民先生的媒体人，我有幸提前拜读了这本书并将其推荐给了众多亲友。这本书不仅是"华尔街之王"的第一视角复盘，更是适合所有年轻人的人生思考练习：如何尽早明晰自己的优劣势，让我们可以在早期补短，在后期扬长，并找到互补的人生和事业伙伴？如何学会创造一个个看似不可能的多赢事件？

2008年金融危机时我是身在雷曼兄弟的一个最基层的投资分析师，作为在旋涡中完全晕头转向、心情跌宕的年轻人，我只能感受到情绪却看不到本质。可是我相信如果细读了苏世民对于每次危机的复盘，每一个年轻人就会开始理解投资不论金额的大小，也都绝对不会跟着大众在股市、楼市、鞋市、币圈中追涨杀跌。也许你还没有资本，但你可以开始做思维的练习，学会冷静观察，期待人生中最为重要且不会出现太多次的机会，那就是下一个大周期的到来。

曾经走过的一些弯路也让我无比赞同书里的观点：第一，创业必须全心。第二，做大事和小事所耗费的心力可能是一样的，所以应该全心去做你自己真正梦想的大事。这里没有歧视事业的大小之意，可是如果在你的创业项目里所有的股东都是在兼职干一件"业余小爱好"，这件事不够"大"到你自己愿意为此付出一切，那么你是不会成功的。

也许你并无成为金融大鳄的志向，但是这本书一定可以给你很好的情商练习。在金融危机前，黑石为了控制风险，当日完成一个大收购又在当日部分拆分卖出的故事让我暗暗称奇。苏世民的敢想敢做不是简单的"胆识"二字就能概括的。从少年时期起,他的很多特质就频频出现在每一个故事中。作为一个普通中学生他把美国最火的乐队请到自己的学校;不直接抗争而是迂回利用民意和媒体打破耶鲁有着百年历史的留宿门禁;让当年还是男校的耶鲁学生最终能和女校生一起免费看纽约最高规格的芭蕾舞……这些故事时常让我会心一笑,可仔细想想,他的人生其实一直在重复这一件事——善于倾听并敏锐观察多方的需求,把这些不同需求匹配到一起,敢于创造一个看似不可能的多赢事件!(也许除了和黑岩的分道扬镳,最终成为他遗憾一生的教训。)

他拥有放之四海皆宜却又并不多见的特质,幸运的是,这些特质普通人也可以通过后天的学习和练习获得。拥有这样特质的一个年轻人,只要身体健康,没有在挫折中放弃自我,怎么可能无法获得成功呢?运气能决定我们走多高,可如果真正学会书中的一些重要品质,我们的人生基本盘就应该不会太差。

李斯璇 央视财经频道双语主持人、财经评论员

目 录

中文版序 // III

前言 所有,并非天生 // VII

第一部分
追 梦

1 小有作为 // 007
2 一切都是相连的 // 030
3 我的成功面试规则 // 054
4 实践是学习的最佳路径 // 059
5 所有交易都暗藏危机 // 069
6 寻找竞争最小、机会最大的领域 // 078

第二部分
决 策

1 为人所不为,为人所不能 // 107
2 保持开放思维,抓住罕见机会 // 123
3 独辟蹊径 // 134
4 不要错过良机 // 146
5 周期:通过市场涨落判断投资机会 // 167
6 如何做正确的决策 // 171
7 创建完美流程 // 183
8 黑石的人才战略 // 186

第三部分 掌控

1 我的经验与教训 // 207
2 公司文化比管理更重要 // 226
3 创业维艰 // 237
4 抓住每个跳动的音符 // 241
5 规避风险,稳赚不赔 // 252
6 推进上市 // 260

第四部分 准则

1 做市场的朋友 // 289
2 化危机为机遇 // 315
3 付　出 // 337
4 斡　旋 // 361
5 识人,用人 // 375
6 使　命 // 389
7 结　语 // 398

致谢 // 411

中文版序

我很高兴我的新书——《苏世民：我的经验与教训》能够由中信出版集团翻译出版，使之有机会与中国读者见面。1990年，我的两个孩子只有13岁和10岁，怀揣着对中国文化——世界上历史最为悠久的文明的好奇，和对了解中国丰富多彩的习俗的渴求，我带着他们首次来到世界上最伟大的国家之一——中国。现在，我的孩子们已经40多岁了，他们时常会提起多年前那次令人难忘的北京、上海、西安之旅。那时的场景仿佛就在眼前，当时，中国的街道上没有呼啸而过的汽车，来往的只有自行车。从第一次来到中国至今，我已经记不清自己到底来过多少次中国了，仅在最近10年里已经超过了50次。弹指一挥间，中国发生的翻天覆地的变化令人惊叹不已。

1985年，我成立了黑石集团，目前其已成为全球最大的另类投资机构，我们的投资业务集中于私募股权、房地产、对冲基金和信贷等。我们服务于许多全球顶级机构和个人投资管理者，为他们管理和投资资产，其中包括主权财富基金、保险公司和代表数千万退休人员的养老基金。与许多伟大的中国公司一样，我们致力于为投资者和我们所处的社区创造长期价值，坚定不移地追求增长，努力不懈地推动创新。

自1992年以来，黑石集团一直活跃在中国市场。我们见证了中国从国有企业占主导地位逐渐发展为一个充满活力的多元化经济体。在中国市场中，民营企业创造了一半以上的经济份额。2007年，中国投资有限责任公司——中国唯一的主权财富基金选择黑石作为其第一笔海外投资。正是通过这项我们意料之外的投资，我们与中国建立了紧密的战略关系，并一直持续到今天。我相信这一关系也将促进中美两国建立更加紧密的联系。

我还加入了清华大学经济管理学院的顾问委员会，这一委员会在中国前总理、清华大学经济管理学院首任院长朱镕基的积极推进下成立，美国财政部前部长汉克·保尔森也为顾问委员会的成立做出了贡献，汉克也是中国的好朋友。在清华大学经济管理学院担任顾问委员期间，我有幸认识了马云、马化腾、李彦宏等许多中国杰出的企业家和商业领袖，结识了许多中国政府官员，并与他们保持了定期联系。在与他们多年来的交往中，我更加深入地了解了中国社会，感悟了中国飞速发展背后蕴藏的中国智慧。在与中国各界人士的交往中，我发现，如果中国想要完成一项壮举，其就能通过无可比拟的中国速度将自己的目标贯彻到底，这一点令我印象深刻。

我坚信中国和西方各国之间开展积极对话会对全球发展的长远前景产生至关重要的影响。这正是我在清华大学开展苏世民学者项目的主要原因：鼓励来自全球各地的苏世民学者通过学术、文化和专业层面的浸入式体验来促进彼此的对话，发展他们的友谊，加强对中国的了解。在中国高等教育项目中，苏世民学者项目十分独特并且取得了空前成功，目前，其已经成为全球前三名的奖学金项目。同时，苏世民学者项目还获得了全球学术领袖、商业领袖和各国政府的认可和重视。

2013年，苏世民学者项目正式启动，在人民大会堂举办的启动仪式上，习近平主席和奥巴马总统分别发来贺电，对这一项目表示支持，对此我倍感荣幸。让我感到非常自豪的是，这个项目可以为团结全球各国做出贡献，为年轻的未来领导人提供独特的机会，让他们了解中国，与中国建立牢固的联系纽带。

基于我在全球范围的从商经验，以及对中美两国领导人的了解，我深信，作为世界两大重要经济体，中国与美国占全球经济规模的40%，中美之间建立友好合作关系才最符合两国根本利益。正因如此，我一直尝试帮助促进中美两国展开建设性对话，我希望能协助两国实现有利于全球经济长期增长的共赢局面。

在过去的50年里，我结识了世界各地的人，在华尔街工作，把黑石发展成为世界一流的金融机构，这些经历让我收获良多、受益匪浅。黑石自成立以来，资产规模每年以大约50%的速度增长，现在，我们管理着全球超过5 500亿美元的资产。

成功绝非易事，一路走来，我遇到了许多艰难险阻、挫折坎坷。我对自己如何取得卓越成就、发挥影响力、追求有意义的人生进行了思考和总结，并将其中重要的见解分享在了《苏世民：我的经验与教训》这本书中。书中记述了许多我在追逐成功的道路上获得的经验与教训，同时对于如何取得成功提供了切实可行的建议。希望这本书能够给那些希望提升个人影响力、实现自我价值，或是志在建立具有独特文化的卓越组织机构的人士以启迪。这本书在美国一经出版就受到了企业家、学生、普通职工等大众读者的喜爱，已成为美国的畅销图书。

我花了将近三年时间来完成这本书，希望它能记录我在黑石以及我个人的所有宝贵经验，以便与大家分享我多年来积累的知识和智慧，最终希望这本书能够帮助读者吸取教训、增长经验，踏上一条宽阔平坦的人生道路。

感谢您阅读本书。希望您享受阅读的过程，获得启发，感到愉悦。同时也希望这本书可以帮助您看到更多人生和事业的风景。

前言
所有，并非天生

1987年春，我飞往波士顿准备与麻省理工学院的捐赠基金团队会面。当时，我正在努力为黑石的首只投资基金募集资金，目标是10亿美元。如果能募集成功，那么我们将成为同类首期基金中最大的一只，全球排名第三。这个目标宏大诱人，大多数人都觉得不可能实现。但我一直认为，实现大目标和小目标的难度相差无几，唯一的区别在于：目标越大，其产生的影响力也越大。人的精力有限，既然每次只能聚焦一项对个人而言至关重要的事业，就应该选择一个真正值得努力和专注的目标，奋力一搏，确保成功。

但是，在遭遇无数次拒绝之后，我开始恐慌了。

我和彼得·彼得森在1985年联合创立了黑石集团。创始之初，我们心存高远并精心制订了公司的发展策略。然而，业务的进展速度远不及我们的预期。创立黑石之前，我们都是华尔街雷曼兄弟的顶尖人物，在这家知名投资银行里彼得曾担任首席执行官,我则主管着全球最活跃的并购部门,而现在如果不能成功募集这笔资金,我们可能就会沦为众人笑柄,我们的整个商业模式都将备受质疑。此时,我们以往的竞争对手希望我们一败涂地,而我也担心会如其所愿。

在前一天对会面进行确认之后,我和彼得一同抵达位于马萨诸塞大道的麻省理工学院,准备推介我们的计划,拿到这笔投资。我们找到一扇装着磨砂玻璃的门,上面写着"麻省理工学院捐赠基金"。我们敲了敲门,里面没有回应。我们又敲了敲,第三次、第四次,还是没有回应。我检查了一下自己的日程,确认我们没有记错时间和地点。彼得站在我身后,满脸不悦。当时,他已经61岁了,比我大21岁,在加入雷曼兄弟之前一直担任尼克松总统的商务部部长。

终于,一个路过的门卫看见我们后停了下来。我们告诉他,我们是来找捐赠基金工作人员的。

"哦,今天星期五。他们早就下班了。"他说。

"但我们约了下午3点会面。"我说。

"我看见他们走了。他们要到星期一早上才回来。"

我和彼得只能扫兴离开,这时外面下起雨来。我们没想到会下雨,没带雨伞和雨衣,所以只能站在麻省理工学院行政大楼的出口处等着雨停。20分钟过去了,雨却越下越大,没有一点要停歇的样子。

我觉得我必须得做点什么了。于是我让彼得站在原地,自己跑到马路上打车。雨水瞬间浇透了我的外套和衬衫,直接渗透到我的皮肤上。衣服像破布一样贴在身上，雨水打到我的眼睛，又在我脸上顺流直下。每次当我以为自己终于要打到车的时候，都会被人抢先一步。正在我感到绝望并且全身湿透的时候，我看到一辆正在等红灯的出租车。当下，我快步跑了过去用力敲了敲后窗，举着一张软趴趴的20美元钞票，希望能买通车上的乘客，让我们一起拼车。那位乘客只是透过车窗玻璃看着我。他一定觉得我很奇怪，穿着湿透的西装，举着钞票敲着出租车的窗户。他拒绝了我的请求。后面两辆出租车上的乘客也没同意我的拼车请求。在我把报价提高到30美元后，终于有人同意让我们拼车了。

这是我几个星期以来唯一达成的一次交易。

我向彼得挥了挥手示意他上车，他慢慢向我走来。瞬间，他浑身变得湿漉漉的，头发紧紧贴在头皮上，好像在洗淋浴。他离我越近，衣服越湿，步子越重，心里越发不痛快。彼得习惯了有车等、有司机拿雨伞等候他上下车的日子。但在一年半之前，我们两个决定一起创业。从他穿过积水向我走来时的表情，我能看出，他后悔了。

就在不久之前，我们两个还可以打电话给美国商界或世界各国政府的任何人，他们也会很乐意接我们电话。我们从来没有想过创业会很轻松，但我们也从来没有想象过会在周五晚上的洛根机场，颓废地坐在自己的座位上暗自神伤：我们浑身湿透，付出巨大努力，却没有换来一分钱。

每个企业家都会有这样的体会：有时现实与自己想象的生

活和事业之间存在巨大差距，这一差距会压得人喘不过气，几乎令人绝望。然而，一旦取得成功，人们只会看到成功的光环，如果失败了，他们也只会看到失败的黯淡，却很少有人关注到那些可能彻底改变人生轨迹的转折点。可正是在这些转折点上，我们学到了事业和人生中最重要的经验和教训。

———

2010年，时任哈佛大学校长德鲁·福斯特来纽约看我。我们聊了很多，但大部分时间都在谈论大型组织的运营。2018年从哈佛大学退休后，她找到了我们见面时她记的笔记，并寄给了我。笔记很长，她记下了很多事情，其中有一句话说得特别好："优秀的高管是在后天磨炼中成长起来的，没有人是天生的。他们吸收信息，研究既往经验，从错误中吸取教训，不断进步。"

这的确是我的成长之路。

与德鲁见面后不久，我又与美国财政部前部长、高盛首席执行官汉克·保尔森聊了聊。他建议我翻翻自己以前的记事本，记录下自己对建立和管理一个组织的想法，并将其整理成文字，万一哪天想出版了，便能用到。他认为会有大批读者对我的经验和教训感兴趣。我接受了他的建议。

我经常与学生、高管、投资者、政治家和非营利组织的人士进行交流。他们问得最多的问题是我们是如何创立黑石的，现在又是怎样进行企业管理的。一个组织从构思、成立到发展，以及打造组织文化、吸引优秀人才的过程让他们十分感兴趣。他们还想知道什么样的人会接受这样的挑战,这个人必须具备什么样的特质、价值观和习惯。

我没有想过要出一本回忆录,事无巨细地记录生命中的每一刻。我认为自己不够资格。相反,我决定撷取一些重要的事件和片段,这些经历让我学到了关于世界和事业的重要功课。这本书记录了我在人生和事业中的重要转折点,正是由于这些转折点,我才成为今天的自己,希望我从中学到的经验教训也能对诸位有用。

我在费城郊区的中产阶级家庭长大,吸收了20世纪50年代的美国价值观:正直诚实、襟怀洒落、吃苦耐劳。我的父母给我定额的零用钱,从来不会多给,所以我和弟弟们必须自己赚钱。我在自家的亚麻布商店打过工,挨家挨户卖过糖果棒和灯泡,做过电话本快递员,还推出过草坪修剪服务,并雇有两名兼职员工——我的那对双胞胎弟弟。草坪修剪服务收入的一半归他们,一半归我,他们负责干活,我负责拓展客户。直到最后员工罢工,这项业务持续了整整三年。

现如今,我的日程里排满了自己此前无法想象的会晤机会:与国家元首、最资深的企业高管、媒体人士、金融家、立法者、记者、大学校长以及杰出文化机构的领袖交流。

我如何走到了今天这一步?

我有良师益友。父母是我的第一任老师，他们培养了我诚实礼貌和自我成就的价值观，也让我知道了为人慷慨的重要性。在高中田径教练杰克·阿姆斯特朗的帮助下，我对痛苦的忍耐程度大大提高，也理解了充分准备的价值和威力。对任何企业家来说，这些都是必不可少的功课。在跟高中最好的朋友博比·布莱恩特一起参加跑步训练和比赛的时候，我明白了忠诚的内涵，了解了团队合作的意义。

在大学里，我努力学习，追求冒险，并发起了一些社区改善项目。我学会了倾听他人，重视别人的欲望和需求，即使他们没有说出口。我学会了在解决难题时坚韧不拔、无所畏惧。但是，我从来没想过自己会从商。我从未选修过经济类的课程，直到现在也没有专门学过。我的职业生涯始于华尔街的帝杰证券公司（DLJ），而我当时连什么是证券都不知道，数学水平也很一般。我的弟弟们一有机会就会大呼惊讶："你，史蒂夫[①]？搞金融？"

虽然在基础经济学方面有所欠缺，但我能够扬长避短——我拥有洞察模式、研究新型解决方案、打造新模型的能力，可以靠锲而不舍的意志力把自己的想法变为现实。事实证明，金融是我了解世界、建立关系、应对重大挑战和实现个人抱负的途径。金融还造就了我将复杂问题简单化的能力——要想解决复杂问题，只需专注于那两三个决定性的影响因素就行了。

[①] "史蒂夫"是"史蒂芬"的昵称。——译者注

创立黑石是我一生中最重要的个人挑战。从我和彼得站在麻省理工学院行政大楼外的雨中以来，公司取得了巨大的发展。今天，黑石是全球最大的另类资产管理机构。传统资产指的是现金、股票和债券，而"另类资产"含义宽泛，包括其他所有类型的资产。我们专注于组建、收购、完善和出售公司和房地产。黑石投资的公司拥有超过50万名员工，这让我们和相关投资组合公司成为美国乃至世界最大的雇主之一。我们找到最好的对冲基金经理，为他们提供投资资金。我们还向公司提供贷款，并对固定收益证券进行投资。

我们的客户包括大型机构投资者、养老基金、政府投资基金、大学捐赠基金、保险公司和个人投资者。我们的职责是为我们的投资者、我们投资的公司和资产以及我们所在的社区创造长期价值。

黑石的非凡成就归功于我们的文化。我们笃信精英管理、追求卓越、保持开放和坚守诚信，并竭力聘用拥有同样信念的人。我们极为注重风险管理，追求永不亏损。我们坚信创新和成长——不断提出问题，预测事件，审时度势，主动进步和进行变革。金融界没有专利权。今天还是一家利润丰厚的优秀企业，明天就可能利润大跌，归于平庸。由于市场存在竞争和变故，如果依赖于单一业务，一个组织就可能无法生存。在黑石，我们打造了一支卓越的团队。一旦选择了要做的事情，我们便会齐心协力为达到世界一流水平而努力。有了这样的基准，我们就能轻松衡量出自己的水平。

随着黑石的业务领域和影响范围不断扩大，我在商界之外也获得了更多机会。我从来没有想过，会有一天凭借自身作为企业家和交易达成者磨炼的经验教训，再加上我在整个行业、政府、教育和非营利组织建立的关系，在位于华盛顿哥伦比亚特区的约翰·肯尼迪表演艺术中心担任主席，也没想过我会在中国发起创立一个享有盛名的研究生奖学金项目——苏世民学者项目。我有幸能把自己的商业原则运用于慈善事业，即经过深思熟虑，通过创造性方案来识别和解决复杂的挑战。无论是创造性地在耶鲁大学校园里建立一个学生和文化中心，还是在麻省理工学院捐赠资金创立一所新的学院致力于人工智能研究，抑或是向牛津大学捐款用以重新定义21世纪人文学科的研究，我现在从事的项目都聚焦于运用资源改变现有范式，并切实对人类社会产生影响（而不仅仅是影响企业盈亏情况）。我捐赠了超过10亿美元来支持这些项目。未来，它们可以带来巨大变革，其影响力将远超财务价值，也会在我离开后长期存续下去。能投身其中，我深感荣幸。

我还花了大量时间接听电话，或是与世界各地面临重大挑战、需要解决方案的高级政府官员会面。直到现在，每当听说有世界领导人希望就国内或国际重要问题听取我的建议或观点时，我仍然会感到惊讶。当然，每次我都会尽全力提供帮助。

无论你是学生、企业家、经理、试图改善所在组织现状的团队成员，或只是想寻找方法、充分发挥自己潜力的普通人，我都希望本书中的经验教训让你有所获益。

对我而言，生命中最大的收获是创造出人意料、影响深远的新事物。我一直在追求卓越。当人们问我如何成功时，我的答案基本都是一样的：我看到一个独一无二的机会，然后竭尽全力去抓住了它。

总之，永不言弃！

WHAT IT TAKES Lessons in the Pursuit of Excellence

第一部分
追 梦

渴望　坚持　成功

　　如果你足够渴望一件事物，即使没有条件，也总会找到方法达成所愿。只要你努力，只要你坚持，就会变不可能为可能，就会功到自然成。

欲望　事与愿违　志存高远

仅仅有欲望是不够的。追求高难度目标，有时难免会事与愿违、不得其所。这是志存高远的代价之一。

追求　决心

　　做大事和做小事的难度是一样的。两者都会消耗你的时间和精力，所以如果决心做事，就要做大事，要确保你的梦想值得追求，未来的收获可以配得上你的努力。

定位　机会

　　在人生的某些阶段，我们必须弄清楚自己是谁。越早认清自我越好，只有这样，我们才能找到适合自己的机会，而不是活在他人创造的梦幻中。

WHAT IT TAKES Lessons in the Pursuit of Excellence

1
小有作为

WHAT IT TAKES
Lessons in the Pursuit of Excellence

弗兰克福德区是费城的中产阶级社区，施瓦茨曼窗帘麻布店就坐落于这一社区高架火车轨道的下面，店里出售帷幔、床上用品、毛巾和其他家居用品。因为产品优质、价格公道，我们的生意极为兴隆，顾客如云。我的父亲头脑聪明，颇有见识，为人忠诚友善，工作也很勤奋，但思想保守。在继承了祖父的生意后，他仅仅满足于按部就班地经营店铺，丝毫没有扩张店铺、跨越自己舒适区的野心。

我10岁的时候开始在商店工作，工资是每小时10美分。很快我就要求祖父给我加薪，涨到每小时25美分，却遭到拒绝。祖父问我："你凭什么觉得自己每小时值25美分？"我知道自己其实不值这个价。当有顾客拿着窗户尺寸来问窗帘需要多少布料时，我完全不知道怎样计算，也不知道该怎样跟她交流，甚至连学着做的欲望也没有。圣诞节期间，我负责在周五晚上和周六向老年女性顾客出售亚麻手帕。我需要花几个小时打开一盒盒几乎完全相同的手帕,供顾客挑选。他们会在这些价格不超过 1 美元的手帕上花上 5~10 分钟以挑选自己喜爱的款式,而我还要把剩下的手帕全部收起来,我感觉这样非常浪费时间。在店里打工的 4 年里,我从一个脾气暴躁的孩子成长为一个争强好胜的少年。这期间,尤其让我不快的是这份工作影响了我的社交生活,我一直被困在商店里,从来没有参加过足球比赛和中学舞会,根本没有机会成为自己理想世界的一员。

尽管我怎么都学不会包装礼品,但我看到了商店的成长潜力。"最伟大的一代"已从二战战场返回美国。我们处在一个和平富裕的年代。房屋建设热火朝天,郊区不断扩建,出生率持续飙升。这意味着美国将会增加更多的卧室、更多的浴室,以及更多的床单需求。我们为什么非要在费城守着一家商店?当美国人想买亚麻布时,他们应该首先想到施瓦茨曼窗帘麻布店。我想象着我们的店铺像现在的 3B 家居一样,从东海岸开到西海岸。为了这个愿景,我可以心甘情愿地叠手帕。但是,我父亲坚决不同意。

"那好,"我说,"我们可以只在宾夕法尼亚州扩张。"

"不行,"他说,"我不想。"

"那只在费城扩张?这样不难吧。"

"我没什么兴趣。"

"你怎么会没兴趣呢?"我说,"已经有那么多人都来逛我们的店,我们能变成西尔斯百货(当时西尔斯生意兴隆,店铺遍地开花）那样。你为什么会不想扩张呢？"

"有人会偷收银台的钱。"

"爸爸，不会有人偷收银台的钱的。西尔斯在全国都有门店，他们肯定已经想到防止偷钱的办法了。你为什么不想扩张？我们能发展得很大。"

"史蒂夫，"他说，"我已经很幸福了。我们有一所漂亮的房子，有两辆车，我也有足够的钱供你和弟弟们上大学。我还需要什么呢？"

"这个跟需求没关系，这是一种追求。"

"我不想要，也不需要，扩张不会让我开心。"

我很无奈，摇了摇头："我真不懂，这可是十拿九稳的事！"

今天，我懂了。一个人可以学着做管理者，甚至可以学着当领导者，却无法通过学习成为企业家。

我的母亲阿利纳是个闲不住的人，她敢想敢做，跟我的父亲完美互补。她一路见证了我们的家庭走向成功。有一次，她决定学习航海（我猜她想让我们像肯尼迪一家那样，从海恩尼斯港出发，微咸的海风吹着头发，就此开始浪漫的航行）。于是，她买来一艘20英尺[①]的帆船，学会了驾驶，还带着我们参加了比赛——妈妈掌舵，爸爸听令。她赢得了许多奖杯。我和我的那对双胞胎弟弟一直非常钦佩她的竞争意识和好胜心。如果换个年代，我的母亲一定会成为一家大公司

---

① 1英尺≈0.304 8米。——编者注

的首席执行官。

在我小的时候,我们一家住在牛津圆环广场①的一幢半独立砖木房子里。这个费城社区里居住的几乎全是犹太人。我玩耍的操场上经常会有碎玻璃瓶,操场周围都是抽烟的小孩。我最要好的朋友住在街对面,他的父亲被黑手党杀死了。母亲不喜欢我跟小混混一起玩,他们喜欢穿黑色皮夹克,大都在卡斯托大道的保龄球馆里打发时间。她希望我们上更好的学校。于是,在我上中学后不久,她就决定全家搬到更富裕的郊区。

在亨廷顿谷,犹太人很少见,约占总人口的1%,大多数居民是白人,信奉圣公会或天主教,满足于自己的社会地位。那里的一切都令人感到无比轻松。没有人试图伤害或威胁我。我学习成绩出色,还带领学校的田径队取得了州冠军。

在20世纪60年代,美国仿佛是全球经济和社会中心。随着美国加强对越南问题的参与,从民权到性,再到对战争的态度,一切都在发生变化。我们这代人能整天在电视上看到总统,这是前所未有的。国家的领导人不再是神话人物,我们这样的小人物也能接触到他们。

高二的时候,就连我就读的阿宾顿高中也成了这一变化的一部分。根据宾夕法尼亚州法律,我们每天早上都要在学校听《圣经》经文,念祷告词。我并不介意,但埃勒里·申普一家觉得不妥。他们是一神论者,认为学校对基督教义的重视侵犯了

---

① 牛津圆环广场,位于费城东北部地区,面积2平方公里,历史上属于费城蓝领阶级集中居住的街区。——编者注

宪法第一修正案和第十四修正案赋予他们的权利。申普的案件被提交至美国最高法院，法院以八票赞成、一票反对的结果裁定宾夕法尼亚州的祈祷法规违宪。这一案件使得阿宾顿高中成为全美大辩论的中心，许多基督徒认为这起案件开启了基督教在公立学校终结的变局。

———

高三结束时（美国高中学制一般为4年制），我当选学生会主席。在职期间，我首次体验了成为"创新者"意味着什么。

虽然父亲否决了我把施瓦茨曼麻布店变成第一个3B家居连锁店的想法，但现在有些事我可以自己做主了。高三的暑假，我们全家开车去加州旅行。母亲开车，我坐在后排，微风轻抚脸颊，我在脑海中盘算着自己能利用新职位做点什么。我不愿成为一长串学生干部中默默无闻的一个。我想做点儿别人没做过甚至没想过的事。我想设计这样一个愿景：它非常振奋人心，以至整个学校都愿意团结起来去共同实现。我们一家从东海岸开到西海岸，又从西海岸开回来。一路上，我不停地把自己的这一奇特想法写在明信片上，每次停车，我就把明信片寄给学生会的干事。他们在家里待着，接二连三地收到我寄出的明信片。而我正在搜肠刮肚地想要策划一个绝妙的创意。

途中，我终于灵光乍现：费城是迪克·克拉克主持的青少年电视节目美国音乐台的所在地。同时，费城的广播电台也做得非常好，WDAS就是顶尖的非洲裔美国广播电台。我是一个音乐爱好者，从詹姆斯·布朗到摩城，到20世纪50年代出色的嘟喔普乐队组合，再到披头士和滚石，他们令我痴迷。在学校、浴室、楼梯间等所有混声效果好的场所都成了学生摇滚乐队听歌的地方，走廊里也总是回荡着他们练习这些歌曲的声音。他们最喜欢的一首歌是小安东尼和帝国乐队的《枕上泪》。这首歌特别符合中学生的心境——枕上有泪，心中有痛。

我心想：如果能请小安东尼和帝国乐队来我们学校的体育馆表演，那该多棒啊！确实，他们远在布鲁克林，是当时美国最受欢迎的乐队之一，可我们没有钱。但是谁说一定不行呢？这样的演出将是独一无二的，每个人都会喜欢。一定有办法搞定，而我的任务就是找到这个办法。

50年过去了，当时的细节已经变得模糊。但我记得，那时我打了很多个电话，动用了很多同学家人的关系。最后，小安东尼和帝国乐队来到了阿宾顿高中。时至今日，我耳边还经常响起那时的音乐声，乐队在舞台上的表演也依然历历在目，每个人都心花怒放，开心极了。所以，我坚信，如果你足够渴望一件事物，即使没有条件，也总会找到方法达成所愿。只要你努力，只要你坚持，就会变不可能为可能，就会功到自然成。

但仅仅有欲望是不够的。追求高难度目标，有时难免会事与愿违、不得其所。这是志存高远的代价之一。

杰克·阿姆斯特朗是我在阿宾顿高中的田径教练，他中等身高，中等体型，灰白的头发别在耳后，总是穿着同一件栗色运动衫和防风夹克，脖子上挂着同一块秒表。每天，他都以积极开朗的态度投入工作，从不大喊大叫，也不会乱发脾气，只是会稍微提高或压低自己的声音，通过最微妙的音调变化来表达自己的观点："看看他们刚才多努力。你们还假装自己在训练！"我没有一天训练完不吐的——因为拼尽了全力，所以感到非常恶心。

有时，他会让短跑运动员跑一英里[①]，我们不喜欢跑这么长的距离，也会把自己的想法告诉他。但我们都知道，教练是个要求非常高的天才，他不会轻易改变自己的主意。我们也很想让他高兴，因此只能按他的要求做。即使在冬天，他也不会放松对我们的要求。他让我们绕着学校停车场跑了一圈又一圈。停车场坐落在小山上，寒风呼啸，天冷路滑，我们都低着头跑，唯恐不慎滑倒。他靠在墙上，裹着外套，戴着帽子和手套，微笑着拍手激励我们。我们的学校没有专门的设施，但我们坚持在恶劣的条件下训练，我们的竞争对手却在冬天什么都没做。春天来了，我们准备就绪，逢赛必赢。

无论是指导未来的奥运选手，还是训练从替补席上场的男孩，阿姆斯特朗教练都一视同仁，他传达给我们的信息简单而一致，即"全力以赴地跑"，达到他训练计划设定的要求。他既不恐吓威胁，也不盲目表扬，而是让我们自觉发现内心的目标。在他的整个职业生涯中，他的田径队只输过4次，总体胜负比为186∶4。

[①] 1英里≈1 609.344米。——编者注

1963年，在获得了宾夕法尼亚州一英里接力赛冠军后，我们受邀去纽约参加一场特别的接力赛活动，地点是位于168街的军械库。在去往纽约的巴士上，我像往常一样坐在自己最好的朋友博比·布莱恩特身边。他是非洲裔美国人，身高6英尺，还是学校的大明星。他热情善良，穿过学校食堂都要花费很长时间，因为他得不时停下来跟每个桌子上的人说笑。他学习很吃力，但在田径场上表现极好。他的家境一直不太好，所以我用自己打工赚的钱给他买了一双阿迪达斯钉鞋。这不仅因为我们是朋友，还因为如果博比穿上一双炫酷的钉鞋跑步，我们都会觉得很有面子。

参加决赛的有6支队伍。我一直跑第一棒，交接棒的时候也从来都是第一名。发令枪响后，我一马当先。但在经过第一个弯道后，我感觉自己的右腿肌腱撕裂了。突如其来的疼痛让我难以忍受。我可以选择停下来，对我的身体而言，这是明智的做法，但是我选择继续坚持，并尽力跟紧，以争取我们获胜的机会。

我偏移到赛道中间，逼迫我身后的选手绕过我向前跑。我咬紧牙关，强忍疼痛，坚持跑完剩下的距离，但也只能眼睁睁地看着竞争对手超过我向前狂奔。当我把接力棒交给第二棒选手时，我们距离第一名已经有20码[①]远。我一瘸一拐地跑到内场，开始俯身呕吐。我已经竭尽全力，但我们不可能缩小差距

[①] 1码≈0.9144米。——编者注

了。我曾想象过获胜，并为之疯狂努力。整个冬天都在跑圈训练，艰难又孤独。而现在，我确信我们要输了。

但当我双手扶膝站在那里的时候，我听到人群开始骚动，呼喊声在砖墙内回荡。跑第二棒的队友开始缩短距离，第三棒选手把差距拉得更小。看台上的观众脱下了鞋，开始敲打赛场旁边的金属围板。第三棒以后，我们跟第一名之间的距离缩短到12码，但这一差距仍然相当大。布鲁克林男子中学最厉害的跑步选手，也是这个城市最厉害的跑步选手，正在等着接棒。奥力·亨特身高6英尺3英寸①，剃了光头，肩宽腰细，双腿极长，是适合跑步的完美身材，他比赛从来没输过。而我们跑最后一棒的选手是博比。

我看着博比在军械库平坦的木制地板上起跑，他目光如炬，死死地盯着亨特的后背。一步接着一步，他逐渐向亨特接近。我比其他任何人都更了解博比，但就连我也不知道他哪来的志气和力量。就在到达终点线之前的一刹那，他猛地向前一冲，取得了最终的胜利！他做到了！观众都疯狂了！这怎么可能！这是一次常人所不能及的努力。比赛结束后，他到内场来找我，用他粗壮的胳膊环抱住我。"我是为了你，史蒂夫。我不能让你失望。"我们一起训练，一起比赛，让彼此变得更优秀。

高三的时候，我了解到哈佛是美国最知名的常春藤联盟大学。我觉得以自己的成绩，可以被哈佛录取。结果哈佛并不这

---

① 1英寸≈0.025 4米。——编者注

么认为。他们把我列入候补名单。阿姆斯特朗教练建议我去普林斯顿大学，参加田径队，甚至做了相关安排。我表现得像一个脾气暴躁的少年，我说不去，因为我觉得普林斯顿大学只是因为我体育好才录取我。耶鲁大学也录取了我，但我就认准了哈佛，这是我给自己设计的未来的一部分。为此，我决定打电话给哈佛大学招生负责人，说服他招收我。我找到了他的名字和招生部门的主机号，带了一大堆25美分硬币到学校打付费电话。我不想让父母听到我打电话，因为我觉得这是需要我自己完成的事情。我把硬币一枚接着一枚塞进电话，全身微微发抖，内心充满恐慌。

"您好，我是宾夕法尼亚州阿宾顿高中的史蒂芬·施瓦茨曼①。我已被耶鲁大学录取，但我在贵校的候补名单上，我真的很想上哈佛。"

"你是怎么找到我的？"院长问道，"我从不与学生或家长交谈。"

"我打电话说找您，他们转了您的分机。"

"我很抱歉，今年我们不会从候补名单上招生。新生班已经满额了。"

"这真的是一个错误，"我说，"我会非常成功，您会很高兴代表哈佛录取了我。"

"我相信你会成功，但耶鲁是一个不错的地方，你会喜欢这

---

① 作者的英文名直译为史蒂芬·施瓦茨曼，中文译名为苏世民，而文中有多处提到的史蒂夫则为作者的昵称。——编者注

个大学,也会在那里拥有一段很棒的经历。"

"我相信我会,"我还在坚持,"但我打电话的原因是我想上哈佛。"

"我理解,但我帮不了你。"

挂了电话后,我几乎要站不住了。我高估了自己自我推销的能力。我不得不接受对方的拒绝,去了自己的第二选择:耶鲁。

在我作为学生会主席的最后一次演讲中,我提出了一个关于教育的理念,这也是我一生始终信奉的一个理念:

> 我相信教育是一门学科。这门学科的目标是学习如何思考。一旦掌握了这一点,就可以将其应用于学习投身一项事业、学习欣赏艺术、学习阅读书籍。教育赋予我们能力,让我们欣赏上帝之手写就的千回百折的剧情——生活本身。在我们离开教室后,教育仍在继续。与朋友联系、参加俱乐部,这些都能增加我们的知识储备。事实上,学习伴随我们的终生。我和我的干事们只是希望在座的各位能够正确认识教育的目的,并在你们的余生中遵循教育的基本原则,不断质疑,持续思考。

那年夏天,我在一个夏令营担任顾问。在开车接我回家的路上,父亲告诉我,我即将进入一个他一无所知的世界。不管是在耶鲁的人,还是上过耶鲁的人,他一个都不认识。在这个新的世界里，他能给予我的唯一帮助就是爱我，让我知道我总有家可归。除此之外，我只能依靠自己。

———————

在耶鲁大学一年级，我和两个室友共用两间卧室和一间书房。幸运的是，我自己住一间卧室。一个室友来自巴尔的摩市的一家私立学校。他在客厅墙上钉了一面纳粹旗帜，在玻璃柜里存放了第三帝国的纳粹奖章和其他小物件。每天晚上，我们都会伴随着一张叫作《希特勒行军》的专辑入眠。我的另一个室友整个第一学期几乎没换过内衣。于我而言，大学可谓是真正的调整。

耶鲁大学的大食堂是一栋砖砌建筑，高耸在校园中间。大食堂建于1901年，旨在纪念耶鲁大学建校二百周年。这里像是一个几百人就餐的火车站。餐桌上的盘子、餐具和托盘叮叮当当，椅子挪动吱吱作响。第一天走进大食堂的那一刻，我停下脚步四处张望，感觉非常不对劲。这个食堂的氛围跟阿宾顿高中的餐厅氛围完全不同。过了一会，我才恍然大悟：原来这里没有女生。在阿宾顿高中，我认识每一个人。而在1965年秋天的耶鲁大学，有10 000名学生，其中4 000名本科生，我却不认识任何人。与两个不正常的室友为伴，没有一个姑娘，没有一张熟悉的面孔，内心的孤独难以名状，所有的人和事都让我感到不快和惶恐。

虽然我跟阿姆斯特朗教练说，我不想去普林斯顿继续赛跑，但具有讽刺意味的是，我是因为短跑成绩才上的耶鲁大学。我拥有宾夕法尼亚州 100 码短跑纪录，在阿宾顿高中 440 码和 880 码接力队里跑第一棒，获得了州冠军，全美排名第四。我的学习成绩和 SAT（学术能力评估测试）成绩虽然都很好，但我被录取的真正原因还是赛跑成绩。

耶鲁当时的教练是鲍勃·吉根加克，他非常有名，前一年曾执教美国奥运代表队。我们这些新来的跑步选手在去参加训练的时候，每个人会领取一张卡片，上面有详尽的个人日常训练计划，然后单独进行跑步练习。然而，没有阿姆斯特朗那样的教练激发我跑步的潜力，没有亲密的队友跟我一起说笑嬉闹，也没有让我拼命地跑到呕吐的动力，我觉得自己将来最好的成绩也不过是拿到常春藤联盟短跑冠军。而且，要拿到这样一个冠军，就必须跟一个平淡无奇的教练和一个不关心我的团队一起训练，这让我心有不甘。于是，我一反常态地放弃了田径训练。当然，我还不确定自己想追求什么，虽然田径曾经塑造了我，但现在似乎已经不再是我达成理想的途径和方式了。

学习方面，我也没做好充分的准备。我选的专业不太寻常，叫作"文化和行为"，这个学术领域诞生于 20 世纪 60 年代，结合了心理学、社会学、生物学和人类学。之所以选这个专业，是因为它听起来很有趣，是对人类的全面研究，有助于我理解人们的目标和动机。但我在基础知识上的学习仍有很长的路要走。班上只有 8 个人，却有 4 个教授。我的许多同学来自美国最好的预科学校。他们不仅彼此认识，也了解这门学科。我的

第一篇英文论文关于赫尔曼·梅尔维尔的《抄写员巴特比》，得了 68 分。第二篇论文得了 66 分。我跟不上课了。我的导师阿利斯泰尔·伍德把我叫到他的阁楼办公室。他是个年轻人，但穿得像个老教授：花呢毛衣，普莱诗便装外套，肘部有补丁贴布，浅底深色方格图案，再加一条绿色针织领带。

"施瓦茨曼先生，我想跟你谈谈你论文的事。"

"真的没什么好说的。"我说。

"为什么？"

"我没什么见解，表达也不好。"

"天哪，你真不傻。你比我总结的还好。所以我必须先教你如何写作，然后再教你如何思考。因为两者不能同时学习，我会给你接下来几篇文章的题目，我们先专注于写作技巧，然后我们再专注于思考方式。"

他看到我的潜力，并且着手系统地为我配置我需要的东西。我永远不会忘记他的耐心和善良。我开始相信，教学不仅仅是分享知识。为人师，就必须消除他人学习的障碍。就我而言，障碍是我所接受的教育与同班同学之间的差距。就在那一年，我入选院长嘉许名单，从一名差等生一跃成为班里的尖子生。

———

大一结束了，我需要一次冒险，做一些与典型的暑期零工不同的事情。在全是男生的耶鲁校园待了一年，我想在海上过夏天，在充满异国情调的港口停留。这也许是我所需的有效的理疗方式。开始的时候，我试着在纽约的码头找到一份工作，但是当时的码头工人联盟被黑帮控制，不会接受一个没什么关系的大学生。他们建议我去布鲁克林的斯堪的纳维亚海员联盟。他们提醒我说，钱肯定不多，但至少可能会找到活儿。我到工会大厅的时候，他们快要下班了。一面墙上贴满了 3 英尺 × 5 英尺的卡片，上面是招聘信息，却没有一份适合我的工作。但前台接待员说如果我加入工会，就可以给我一个地方睡觉，看看明天有什么机会。我接受了他的提议。晚上睡觉的时候，一个身材魁梧的斯堪的纳维亚水手试图爬到我的身上。我吓坏了，落荒而逃，在马路上睡了一夜。太阳出来之后，我去了街对面的一个浸信会教堂参加晨祷，等着工会大厅再次开门。

公告牌的信息已经更新了，我发现有一张卡片上写着"目的地未知"。我问前台这是什么意思。他告诉我，目的地完全取决于运送的货物。船航行到韦拉扎诺-纽约湾海峡大桥后，就能知道是去哪了。如果左转，就是去加拿大，右转就是去加勒比海或拉丁美洲，直行则是去欧洲。这边唯一的工作是发动机室擦洗工，是挪威油轮上最低等的工种。我接受了这个工作，负责擦洗机房油污，保持机房清洁。船航行到韦拉扎诺-纽约湾海峡大桥，我们右转，前往特立尼达和多巴哥共和国[①]。

油轮上的食物只有熏鱼、难吃的奶酪和凌尼兹啤酒。发动机室温度很高，一杯啤酒下肚，可以直接看到汗水从皮肤里渗

[①] 特立尼达和多巴哥共和国，处于中美洲加勒比海南部，紧邻委内瑞拉外海。——译者注

出来。我把西格蒙德·弗洛伊德的书装在木箱里带上了船，不工作的时候，我就读书，他所有的书我都读了。挪威船员跟我没什么共同语言，但在危急时刻，他们会站在我这边。在特立尼达的一家酒吧里，我搭讪错了对象，结果招来一顿拳打脚踢，弄得酒吧桌椅纷飞，像旧西部的沙龙混战，在这关键的时候，船员们团结起来制止了这场混战，我得以侥幸逃脱。

我们向北航行到罗得岛州的普罗维登斯，航行结束后，我乘巴士返回布鲁克林，又找了一份工作。这次的船条件好多了，是丹麦的柯尔斯滕·斯科货轮，白色船体装饰着蓝色线条，看上去非常气派。我的工作是二厨，每天凌晨4点起床，烤面包，做早餐。我非常喜欢这份工作。我们左转驶往加拿大，装载酒和木材，然后前往哥伦比亚运送香蕉。每当货轮停靠港口，就需要用大网来装载和卸载货物。那时候还没有集装箱，整个过程要持续三四天，于是我有充足的时间去附近转转。在圣玛尔塔，我在一个沙滩酒吧度过了一个终生难忘的晚上。当夜幕低垂，沙滩上点起了圣诞灯，不知不觉，我喝得酩酊大醉，人事不省，断片失忆。这是我人生中唯一一次——是第一次，也是最后一次。后来，有人开车送我到码头，把我扔在了那里。当两天后醒来时，我已经在船上，全身淤青。我一定是被抢劫了，还被臭揍了一顿。是船员们找到了我，把我弄到船上，轮流照顾我，直到我醒来。当我恢复意识时，我们已经出海，我几乎连路都走不了。货轮继续前往卡塔赫纳，穿过巴拿马运河到布埃纳文图拉①。后来,我不得不重返耶鲁。

在海上待了三个月,再次回到单调的纽黑文,我感到非常不适应,满脑子都是弗洛伊德、港口、沙滩、酒吧,还有沿途接触的姑娘。整个夏天,在同学忙着打网球、在办公室工作时,我则在发动机房汗如雨下,在哥伦比亚的酒吧与人大打出手。我的暑期经历十分刺激又极具挑战性,并且每次都能幸免于难、死里逃生。相比之下,纽黑文的生活越发显得单调乏味,令人倍感压抑、苦闷。在《耶鲁每日新闻》的头版,我看到一则广告,说如果感到沮丧,那么建议去大学健康系看精神科医生。我决定试一试。精神科医生的装扮中规中矩,拿着烟斗,戴着领结。我跟医生诉说了我的那个夏天,那些航线、那些姑娘、那些港口,还诉说了我有多么不想再回学校。

"你当然不想回来,"他说,"为什么想回来呢?你不需要治疗,这只是戒断症状。坚持一下,把心收一收,过几个月就没事了。"

事实证明,他说的对,时间是最好的解药,渐渐地,我的心归于平静,我准备以自己独特的方式度过在耶鲁的时光。

后来,我转到了达文波特学院,这是耶鲁的一个住宿学院,前总统乔治·W. 布什毕业于此,比我高一届。学院的餐厅比大

---

① 布埃纳文图拉,哥伦比亚最大的港口,也是该国太平洋沿岸最主要的城市。——译者注

食堂小得多,所以在午餐或晚餐后,我不是直接回自己的房间或去图书馆学习,而是倒一杯咖啡,在餐厅里跟其他学生一起坐下聊天。

为了赚取生活费,我获得了耶鲁文具的特许经营权,走遍了整个大学的每一个楼梯,向学生推销带有个性化信头的书写纸。我用赚到的钱给自己买了一个立体声音响——我喜欢听音乐。

我还把目光投向了"高级社团",这是一些秘密俱乐部,其成员有校园里最杰出的学生、体育队的队长、学生出版物的编辑、无伴奏合唱团威芬普夫斯的团长。这些俱乐部的名字都很神秘,像骷髅会、卷轴和钥匙协会、狼首会、书蛇会等。入选成员要发誓永不向他人提及社团,也不讨论俱乐部内部发生的事情。其中,骷髅会是最独特的。在大四前,我还有两年的时间能引起会员的注意。

耶鲁风景最好的地方就是布兰福德学院。我常常坐在院子的长凳上,一边听着哈克尼斯塔的钟琴声,一边思考,组织些什么活动,才能让整个本科生团体热血沸腾呢?哪些活动是别出心裁、吸人眼球的呢?我最不寻常的成就就是在入学体检时创下了大学的跳高纪录——42英寸。但是我知道自己还能做得更多。我和小安东尼在阿宾顿的经历教会了我重要的一课,而我一生都在重复这一课:做大事和做小事的难度是一样的。两者都会消耗你的时间和精力,所以如果决心做事,就要做大事,要确保你的梦想值得追求,未来的收获可以配得上你的努力。

我体会到,耶鲁本科生最迫切的需求就是女性的陪伴。耶鲁校园新哥特式建筑群里,有成千上万的男人都渴望看到女生的身影,更是急切盼望她们的陪伴。这个问题明显需要解决,但没有人在尝试。我决定改变这一切。

16岁的时候,我的父母带我去看了鲁道夫·努列耶夫和芳廷的芭蕾舞表演。他们优雅的舞姿深深地吸引了我。少年时代,我的肩膀严重脱臼,在床上躺了1个月。为了打发时间,我每天听10个小时的古典音乐唱片,从格列高利圣咏开始,以柴可夫斯基伟大的芭蕾舞曲结束。在耶鲁读书时,我们的院长是塔夫脱总统的孙子霍勒斯·塔夫特,他的妻子玛丽·简·班克罗夫特发现了我对芭蕾舞的兴趣。她和我分享书籍,教了我很多东西。我问自己,如果我把自己对芭蕾舞的兴趣和社会活动志向结合起来,请一群芭蕾舞演员来给耶鲁的男人表演,会怎么样?这样,我一定会引人注目!

我需要一个组织,所以我创立了达文波特芭蕾舞学会。然后我开始给七姐妹女子学院①舞蹈系的负责人打电话,邀请他们的舞蹈演员在达文波特芭蕾舞学会的舞蹈节上演出。其中五个学院同意了。最后,我联系了一位杰出的报纸舞蹈评论家沃尔特·特里,说服他从纽约过来对我们的舞蹈节进行点评。从无到有,我把舞者、评论家和观众组织在一起。事实证明,我

---

① 女子学院:19世纪,美国女性高等教育刚刚起步,女子学院如雨后春笋般涌出。其中最为著名的有七所,它们分别是蒙特霍利约克(1837)、瓦萨(1861)、韦尔斯利(1870)、史密斯(1871)、布赖恩莫尔(1885)、巴纳德(1889)和拉德克利夫(1894)。这七所享誉盛名的百年常青藤学校在当时被人们并称为七姐妹女子学院。——译者注

对耶鲁男人的预判是正确的：演出吸引了大量观众，我开始在校园小有名气。

既然我们能从其他大学请来最好的舞者，为什么不尝试邀请专业人士呢？当时，全世界最厉害的芭蕾舞团是纽约芭蕾舞团，由乔治·巴兰钦①担任艺术总监。我坐火车到纽约，在剧院后门晃来晃去，趁保安不注意，钻进后台的办公室，四处询问，最后找到了经理。

"你在后台搞什么鬼？"他问道。"我来自耶鲁大学芭蕾舞学会，我们想邀请纽约芭蕾舞团来到纽黑文演出。"我已经想好了怎么向他推销这个方案，"学生们没有钱，但他们喜欢芭蕾舞，他们是你们未来的观众和赞助人。"我一直介绍这个活动能给他带来什么好处。精诚所至，金石为开，经理终于退让了。

"这样，"他说，"我们不能把整个团都带过去。只带一个小团，没关系吧？"我告诉他，绝对没问题。于是，纽约芭蕾舞团来到纽黑文演出了。这又是个轰动校园的大热门事件。既然与纽约芭蕾舞团建立了关系，我再次提高了赌注，跟经理商量："我们只是上千个喜欢芭蕾舞的穷学生。你为什么不让我们免费看演出呢？我们买不起门票。"

"这个做不到，"他告诉我，"我们靠的就是卖票。但是我们会做彩排，所以如果你想让尽可能多的同学来看《胡桃夹子》的彩排，我们可以安排。"于是，舞团安排了彩排，我安排了

---

① 乔治·巴兰钦，美国芭蕾之父，被西方评论界赞誉为"20世纪最富有创造活力的芭蕾编导家"之一。——译者注

观众，向所有的女子学院发出了邀请。彩排的时候，整个剧场坐满了耶鲁的男同学和女子学院的女同学。彩排结束时，我已经成为学生芭蕾舞主办人，像耶鲁大学的索尔·胡洛克[①]。从此，我名声大噪，我就是那个把不可能变为可能的人。

大约在同一时间，我了解到，耶鲁大学一直试图增加对内陆城市学生的招生数量，这一想法对学校的发展非常有帮助。但和其他常春藤盟校一样，这项工作进展得并不顺利。这是因为耶鲁大学招生部门的人手不足，所以无法走遍美国去寻找合适的候选人。如果不能前往离纽黑文较远的城市、城镇和农村地区，他们就无法广泛宣传耶鲁大学教育的内容和益处，许多潜在的候选人也就不能对耶鲁大学有一个全面正确的了解，进而认为自己肯定不适应这个学校，更负担不起所需费用。最终，他们就不会有申请耶鲁的意愿，这实在是件憾事。于是我想了另外一种办法，并与耶鲁大学招生院院长沟通。我的办法是派出一小批学生，让他们邀请候选人来参观耶鲁大学，费用由学校承担——不是招生院去找候选人，而是请他们来到学校参观。在他们参观学校期间，我们可以向他们介绍耶鲁慷慨的助学金项目，让他们了解到任何人都不会因为缺钱而被学校拒收。

院长非常认可我的想法。我们决定从我的家乡费城开始。这

[①] 索尔·胡洛克，20 世纪美国音乐舞台上最传奇的艺术经理人之一。——译者注

是一个试点项目,也是名校对此类项目的首次尝试。第一次去南费城高中时,我遇到了一个出生在开罗的男孩,他因为犹太人身份被迫离开埃及。他一开始搬到法国,然后去了意大利,最后在5年前搬到了美国。他标准化考试的分数很高,会讲阿拉伯语、法语、意大利语和英语,可以阅读希伯来文。而这位优秀的候选人生活在内陆城市,并且从未听说过耶鲁。我担心当这些学生(主要是来自欧洲的第二代移民或非裔美国人)访问耶鲁时,他们可能会对耶鲁校园里那些自以为是的有钱精英白人团体感到反感,所以我们对参观当天的日程进行了设计,让他们尽可能接触到实用的信息。首批来校参观的80名学生将根据兴趣分成小组,两三人一组,每组搭配一名本科生。他们会参观实验室或使用大学广播室,然后去招生办公室,讨论教育费用支付问题。

我们接触的一些高中担心我们此举只是为了装点门面。我们向这些学校表示:要进入耶鲁并非易事,学生必须通过竞争拿到入学名额,但最重要的是,要让他们知道,自己不仅可以申请其他学校,也可以申请耶鲁,耶鲁的大门始终向他们敞开。后来,那个来自开罗的男孩最终被耶鲁录取,并顺利入学。在我毕业后很久,这个招生方式一直延续下来,并长盛不衰。

———————

在大学最后一年,我决定与"禁止女性在宿舍过夜"这条有着268年历史的校规做斗争,以解决耶鲁大学男性面临的最大问题。我当时正在跟当地大学的一个姑娘约会,所以对我而言，这件事既是个人诉求，也是社会诉求。

传统的解决方式就是约请大学的行政管理人员一起开会，以此推动改变现状。但我知道这样做会发生什么。行政管理人员会西装革履地坐在那里，告诉我女性会让人分心，会让年轻人无心学习，会改变大学宿舍的气氛。他会列举一长串像我这样的年轻人无法理解的原因。他会一直保持微笑，但最终还是一切照旧，因为这条规定已经有近270年的历史。所以，我需要另辟蹊径，从学生入手。我列出了校方可能提出的反对意见，把意见做成了一份长长的问卷：你认为改变禁宿规定会影响你的学习吗？周围女性增加是否会让你分心？等等。

我组织了11名学生，在饭点的时候站在11个学院餐厅的外面，把调查问卷分发给所有的本科生。我们的回复率接近100%。然后我去找了我的朋友里德·亨特，时任《耶鲁每日新闻》副主编（在克林顿总统就任期间，他是联邦通信委员会的负责人）。"里德，我这里有一份废除禁宿规定的调查。"我告诉他，"这是条爆炸性新闻。"

3天后，禁宿规定成为历史，而我也登上了学校报纸的头版——"施瓦茨曼倡议：民意调查投票废除禁宿规定"。校方不想陷入争执，所以把责任推给了我和民意。这是我首次体验到媒体的力量。后来，骷髅会选择我入会，当年6月，我受命负责组织毕业典礼，届时，我将成为耶鲁大学毕业典礼的代言人。

我从第一次孤独无助地在大食堂吃饭，一路走到现在，这真是一段值得回忆的充满戏剧色彩的旅程。

2
一切都是相连的

WHAT IT TAKES
Lessons in the Pursuit of Excellence

毕业前不久,在一次面试中,面试官问我想成为什么样的人。我的答案与众不同。

"我想成为一个像电话交换机一样的人,"我告诉面试官,"从无数的电话线路中收集信息,对信息进行分类,然后将它们传送给世界。"

他吃惊地看着我,好像我是个疯子。但我当时的态度认真且确定,大四毕业前的一次难忘的会面更是坚定了我的这一想法。在一直寻求下一步的方向又毫无头绪的时候,我给埃夫里尔·哈里曼写了一封信,征询建议。他是耶鲁 1913 年届毕业生,骷髅会会员,也是美国外交的"智者"之一,曾担任纽约州州长。

他回信邀请我下午 3 点去他家见面,但后来的见面又变成了共进午餐。

我赶紧跑出去采购了自己的第一套西装,那是普莱诗的灰色西装，上面有白色细条纹。哈里曼的房子位于东 81 街 16 号，距离纽约大都会博物馆半个街区。身穿白色夹克、戴着黑色领带的男仆打开门，把我带到一间挂有印象派画作的起居室。在这里，我能听到隔壁的房间的纽约市前市长罗伯特·瓦格纳说话的声音。最后，轮到我了。哈里曼坐在扶手椅上，他将近 80 岁了，但还是起身迎接我，让我坐在他的右手边，因为他的左耳听力不好。在壁炉架上是被刺杀的总统约翰·F. 肯尼迪的兄弟罗伯特·肯尼迪的半身像，罗伯特是哈里曼的朋友，之前一年也被暗杀了。我们讨论了几分钟我进入政界的可能性，哈里曼问："年轻人，你本身富裕吗？"

"不，先生。我不富裕。"

"好吧，"他说，"财富会对你的生活产生重大影响。如果你对政治感兴趣，那么我建议你先竭尽所能去赚钱。如果你决定要参与政治，那么金钱会确保你的独立性。如果我的父亲不是联合太平洋铁路的爱德华·亨利·哈里曼，如果我不够富裕，我就不能确保我的政治独立性，那么今天你也不会坐在这里征求我的意见。"

他跟我讲了自己的人生历程，他的人生就是一系列不间断的冒险。他在格罗顿的寄宿学校上学，然后在耶鲁上大学。大学期间，他将自己继承的财富用于饮酒和打马球。毕业后，他建立了自己的事业。依靠父亲的支持和关系，他在 1917 年俄国十月革命后前往俄国，带领一批美国企业在那里进行投资。他认识了列宁、托洛茨基和斯大林。在布尔什维克没收了美国企业在俄的大部分资产之后,他回到美国,提出了模仿瑞士圣莫里茨,在爱达荷州修建滑雪度假村的想法,他称之为太阳谷。在第二次世界大战期间,他父亲的朋友富兰克林·罗斯福总统任命他为美国驻苏联大使,他又回到莫斯科。1955年,他成为纽约州州长,后来又回到国务院任职,当时的总统是肯尼迪,他们两家是朋友。1969年初,我们第一次见面时,他在巴黎和平会议中担任美国的首席谈判代表,致力于推动结束越南战争。在我们聊天期间,哈里曼的电话不断响起,在巴黎的谈判代表想请他提供意见和建议。

我听得如痴如醉,忘记了时间。哈里曼说:"我们一起吃午饭吧。你介意用托盘吃东西吗?"在那之前,我从来没有走进过像他家这样精致的房子,但用托盘吃东西,我还是有经验的。

从他家离开以后,我跑去公共电话亭给爸妈打电话。我告诉他们,我去找哈里曼了,他给了我一些人生建议。他告诉我,我可以做任何我想到的事情。他说,在人生的某些阶段,我们必须弄清楚自己是谁。越早认清自我越好,只有这样,我们才能找到适合自己的机会,而不是活在他人创造的梦幻中。但如果我要把自己有价值的理想变为现实,成为一个有信息大量流入的如电话交换机一般的人,那么我需要去赚钱。

———

我提前一小时到达华尔街参加面试——这是我在华尔街的第一次面试,所以不想迟到。我坐在乔弗纳咖啡馆里,抿着唯一杯我买得起的咖啡,每隔几分钟就看一下手表。上午 9 点,我来到位于百老汇 140 号的帝杰证券总部,上了第 36 层楼。我在接待处坐了下来,看到身材高挑的年轻女子戴着黑色的头带,穿着昂贵的鞋子,年纪比我稍大的年轻男子则穿着衬衣,打着领带,他们精神抖擞、意气风发地来回奔忙,整个办公室充满生机和战斗力。

半个小时后,一位助手带我进入帝杰证券联合创始人比尔·唐纳德森①(Bill Donaldson)的办公室。看到坐在摇椅上的是一位如此年轻的男子,我感到非常惊讶,当时肯尼迪总统引领了坐摇椅的时尚。我们的会面是比尔的耶鲁同学拉里·诺布尔安排的,他当时在耶鲁大学招生办公室工作。我跟拉里是在一次耶鲁第 15 届同学会上遇到的。当时他刚成家,带着家人一起参加聚会。出于礼貌,我给他的儿子买了一套《大象巴巴》绘本。我当时和拉里不太熟,但正是由于我的这个慷慨之举,我们两个成了朋友,我也获得了这次面试机会。

"告诉我,"比尔说,"你为什么想在帝杰工作?"

"坦率地说,我不太了解帝杰是做什么的,"我说,"但你似乎招聘了很多出色的年轻人。所以我想做他们正在做的事。"

比尔微笑着说:"这个理由不错。"

我们简单聊了一会,他说:"你要不要参观一下公司,跟我的合伙人聊一聊?"我接受了他的建议。在当天参观结束后,

---

① 比尔·唐纳德森,帝杰证券公司(DLJ)中的 D。

回到比尔的办公室时,我告诉他其他合伙人似乎对我不感兴趣。"听着,"他笑着说,"这两天我会打电话给你。"他如约打来电话,给我提供了工作机会,起薪是每年10 000美元。

"太棒了,"我说,"但是有一个问题。"

"什么问题?"

"我需要10 500美元。"

"不好意思,"他说,"你什么意思?"

"我需要10 500美元,因为我听说另一个从耶鲁大学毕业的人起薪是10 000美元,我想成为我们班里收入最高的人。"

"我不在乎你的想法,"比尔说,"我根本就不该付这么多钱给你。就10 000美元!"

"那我不接受这份工作。"

"你不接受这份工作?"

"不接受。我需要10 500美元。这对你来说不是什么大不了的事,但对我来说非常重要。"

唐纳德森大笑起来:"你一定是在开玩笑。"

"不是,"我说,"我不是在开玩笑。"

"让我考虑一下。"两天后他回电话:"好的,就这样定了,10 500美元。"就这样,我进了证券业。

———

公司给我配了一个秘书,我的办公室窗外是豪华的住宅区。来公司上班的第一天,有人在我的办公桌上放了一份鞋类和服装零售企业格涅斯科的年报。我的任务是进行年报分析。这是我人生中第一次看到这种报告。我打开报告，看到了格涅斯科的资产负债表和损益表。资产负债表的脚注里谈到优先股和可转换优先股、次级债和可转换次级债、优先债和银行债。如果是在今天读到这份年报，我一眼就能看出这家公司的财务状况一片混乱。但当时，我好像在读一份外语报告。没有互联网，也没有人能帮我翻译，我茫然无知。时至今日，当谈到格涅斯科这个名字时，我时常还会脊背发凉，额头冒汗，唯恐这时有人走进办公室，向我发问，戳穿我骗子的身份。在这个圈子里，每一笔交易的金额都很大，却没人来为新人提供培训。他们觉得我们都是聪明人，可以无师自通。我觉得这种做法太离谱了。

我的下一个任务是调查一个新上市的德式香肠连锁餐厅朱姆客，餐厅的运营主体是一家在纽约拥有一些高端餐厅的餐厅联合公司。朱姆客在纽约的主打菜品是德国蒜肠。这是我造访的第一家公司，我来到公司总部，开始向首席执行官和其他公司高管提问。他们似乎不太友好，我获得的信息也很少。我乘地铁回到办公室，因为我业务生疏，我的秘书也通常无事可做，那天她正等着我回去，要告诉我一个消息："詹雷特先生要立刻见你。"迪克·詹雷特是金融界最迷人、最聪明的人之一，也是我日后的密友和知己。但在那天的下午，他是帝杰证券的总裁，我几乎不认识他。

"你对餐厅联合公司的人做了什么？"他说，"他们对我们十分恼火。"

"他们为什么会恼火？"我吓了一跳。

"他们说你在搜集内幕消息。"

"我只是问了一些问题，我需要知道这些问题的答案，才能预测这家公司未来的发展走势。他们有几家店，每家店的利润是多少，开销是多少，诸如此类的问题，这样我才能做分析。"

"史蒂夫，他们不能告诉你这样的信息。"

"那我靠什么来进行预判？为什么这些信息不能给我？"

"因为美国证券交易委员会规定了信息披露的范围，你问的都是内幕消息。如果他们告诉了你，他们就得告诉所有人。以后不要再这样了。"

我不懂，但大家又都懒得给我解释这条规则。

在朱姆客碰了钉子之后，我开始研究全国学生营销公司，这家公司的业务是向大学生出售各种各样的产品。他们销售的一种人寿保险产品，我见过的二十几岁的人都不会想买，他们还有针对大学生宿舍的冰箱租赁业务。我刚从大学毕业，知道学生如何使用家电——他们随心所欲，毫不爱惜。公司的记账方式是把冰箱的使用寿命定为六年。我认识的每个本科生两年内就能把冰箱用报废。去这家公司拜访时，我遇到的第一位高管竟然不知道隔壁办公室的人叫什么，他似乎是局外人，一副置身事外、漠不关心的样子。我不需要任何内幕消息，就能判断这家公司即将破产。我如实撰写并提交了分析意见，但我当时并不知道帝杰证券正在为这个公司安排定向增发。

几年后，一如我的预测，全国学生营销公司倒闭了。帝杰证券遭到起诉，原因在于明知公司经营状况不佳，依然承销定增项目。在庭审时，我不得不面对满屋律师对我的分析意见的质询。我被帝杰证券描述成为一个对业务一窍不通的白痴，以致我的分析意见未被采纳。而原告将我刻画为天才专家，极早就看到了帝杰证券其他高薪专业人士忽视的问题。结果，原告赢得了这场诉讼。

―――――――

在帝杰证券工作的时候，我搬了很多次家，租的都是没有电梯、经常有蟑螂出没的公寓房。有段时间，我住在第49街和第50街之间的第二大道中城窗帘公司的楼上。那个路段略有坡度，所以我整晚都能听到卡车换挡的声音。我大都回家做晚饭，用一个锅在电炉上煮番茄酱意大利面。我没有厨房，浴室在走廊的尽头。一天晚上，我约了一个姑娘。我去接她一起吃晚餐，她穿着一件貂皮大衣。她点餐的时候，我一直盯着菜单，装作若无其事的样子，暗暗希望她没有意识到我只能付得起她一个人的开胃菜和甜点，剩的钱也只是刚好够打车送她回家。在与她告别后，我步行了50个街区才回到家，一路都在想自己的生活什么时候才能发生天翻地覆的变化。

其他在帝杰证券工作的同龄人都是纽约名流的子女，我一个都不熟悉。这一点也一直没有改变，因为我住在陋室空堂，在一家证券公司做着最底层的工作，根本没有与他们交往的机会。我深信，在帝杰工作的他们如果不是教养良好，一定已经让我打扫卫生了。但是有一点,在这里我至少可以偶尔瞥见纽约的繁华。我在帝杰的同事劳拉·伊士曼比我大几岁,出于同情心,她几次邀请我去她家的公寓吃晚餐,在她家地下室里打壁球,她住在第 79 街和中央公园之间。劳拉的妹妹琳达不久之后嫁给了保罗·麦卡特尼①,而她的父亲李·伊士曼也成了保罗的律师。他们家是我去过的第一个公园大道公寓,我以前从未见过这样的公寓。公寓的装饰由美国当时的顶级装饰师比利·鲍德温负责。公寓入口处有一个小图书馆,墙上贴着米色麻布,挂着威廉·德·库宁②的画作。我跟劳拉聊起这些画,她告诉我,这个艺术家在她父亲在东汉普顿的海滨别墅附近生活和工作。德·库宁经常找她父亲进行一些法律咨询,没有报酬,算是以画代酬。德·库宁需要很多法律建议,所以伊士曼家现在有很多他的画作。而在我们阿宾顿的施瓦茨曼家里从没有过这样的事情发生。在家庭聚餐期间,劳拉的父亲给我留下了极好的印象。他极富表现力,与人交往真诚热情,充满了正能量和洞察力。他的纽约生活正是渴望成功的我梦寐以求的。

越南战争打断了我的努力。此前,我选择直接报名参加陆军预备队,而不是等待征兵选拔的结果,因为选拔的结果几乎是百分之百派上战场。而预备队会进行 6 个月的现役培训,然

---

① 保罗·麦卡特尼,英国歌手、词曲作者、音乐制作人,20 世纪的音乐标志性人物,开辟了英国摇滚的黄金时代。——译者注

② 威廉·德·库宁,美国抽象表现主义的艺术家,出生在荷兰鹿特丹,被誉为抽象表现主义的灵魂人物之一。——译者注

后在地方部队再培训5年以上,每月16个小时。加入帝杰证券6个月后,我接到培训通知。比尔·唐纳德森人还不错,约请我进行了离职谈话。我很坦率地告诉他,我在帝杰证券的经历不尽如人意。我几乎没有发挥什么作用,没有人花心思培训我,我一直在东奔西跑,却又碌碌无为。与耶鲁不同,我还没有找到什么成事的途径。

"你到底为什么要聘用我?"我问道。我们坐在小小的员工餐厅,对着塑料托盘吃饭。"你浪费了钱,我也一无所成。"

"我有预感。"

"真的?什么样的预感?"

"有一天,你会成为我公司的负责人。"

我坐在那里,非常震惊:"什么?"

"是的,"他说,"我对这些事情有第六感。"

我离开了帝杰证券,去参加预备队,但比尔·唐纳德森所谓的预感一直在我脑海里萦绕,我觉得华尔街是不是疯了?!

————

1970年1月,路易斯安那州的波尔克堡成为即将参加越战美军的主要作战训练中心。营房里潮湿阴冷,在军事演习期间,我们不得不睡在地上,冻得要命。我们连的受训士兵均来自西弗吉尼亚州和肯塔基州的小城镇,有些几乎不识字,大多数都是应征入伍,准备奔赴战场参加战斗。在经历了耶鲁求学和帝杰工作后,这里的人和环境对我来说是翻天覆地的改变。训练我们的中士在越南战场是一个"沟渠鼠"①。他的专长是在南越和北越的隧道里安置炸药，他所有的装备只有一个手电筒和一把点四五口径的手枪，在战场上根本无法预判黑暗的转角处有没有敌人、前方有什么样的陷阱。他是我见过的最勇敢的人。他现在是一名教官，因为头部有一块金属板，所以不能再参战了。他对战争充满了蔑视。

"打仗真是乱搞，"他告诉我们，"没有任何价值和意义。花时间抢夺一座山头，抢下了，5天后放弃了，又被敌人重新占领。这是我这辈子干过的最蠢的事。我们不知道谁是好人，谁是坏人。谁也不会越南话。他们白天是朋友，晚上就想杀了我们。我们的军官大多是白痴。"他甚至告诉我们，如果为了避免无谓的死亡，必须得杀死一名军官，我们就应该考虑把他杀掉。

他是一个善良勇敢的人，生活却因政府最高层的决策而改变了。他的愤怒和沮丧给我们的经历蒙上阴影。我很快意识到，越战不仅仅是政治家、外交官和将军的战略游戏，也不仅仅是学生激进分子的意识形态玩具，它对成千上万美国人的个人生活产生了重要影响。在我后来的人生中，每当有机会影响具有全国甚至全球重要性的决策时，我都会慎之又慎，谨记自己的行为会对承担后果的个体产生什么样的影响。

我已经没有了高中时期的体格，但还保留着奋发努力的作

---

① 沟渠鼠，即在战争中执行地下搜索和摧毁任务的士兵。——译者注

风。我喜欢早上五点全副武装地长跑，因为这可以让自己变得更强壮。我也喜欢学习如何使用武器，但我不喜欢部队一些不近人情的做法。一天早上，我们整装列队，在倾盆大雨中站了一个半小时，等着吃早饭。我们的中士忘记了我们站在外面，也没有一个人敢破坏队形去找他，结果谁也没能吃上早饭。即使在能吃上早饭的日子，食物也经常匮乏。我们这是在路易斯安那州，不是在越南，应该有足够的食物，为什么会没有呢？于是，我决定进行一番调查。

我们刚到达波尔克堡时，一位上校告诉我们，如果我们发现任何问题，就要向他汇报。我决定听从他的提议，向他汇报我的疑虑。我走进上校的办公室，全身都是训练时的灰尘。他的书记员问我有什么事。我把自己的名字和士兵编号报给了他。"滚一边去。"书记员说。我拒绝离开。他叫来了一名中尉。我说我只想和上校谈谈。

"你以为自己是谁？"中尉说，"这里是军队。让你做什么你就做什么，滚回连里。"一个连长过来了，我们进行了同样的对话。我感觉自己的连长会随时破门而入，抓着我的脖子，把我扔到沼泽地。但因为我的坚持，我最终还是坐在了上校面前。他人很瘦，短发偏分，头发花白。

我描述了我们的饮食情况，告诉他我们早餐、午餐和晚餐都吃了什么，他看起来非常震惊。他掏出一张纸，上面详细记录了我们连的能力得分情况。我们连是整个旅中最差的一个。他告诉我回到连里后，今天的事一个字都不要说。两天后，我们连所有的军官都被撤职了。原来他们一直在偷卖我们的食物。上校把我叫过去,感谢我打破了军队的组织架构障碍,向他汇报了我的观点。这就是他向所有新受训人员发表讲话的初衷,但没有人敢找他。

储备军的经历加深了我对等级制度的怀疑,也坚定了我在发现问题时挑战权威的信心。大家在波尔克堡不同的命运也让我意识到运气的重要性。无论你多么成功、聪明或勇敢,都有可能身陷困境。人们常常认为自己是唯一的现实,但每个个体都有自己的现实。见得越多,就越有可能理解他人的处境。

我从军队中学到的另一条人生经验是,我们的服役人员所做出的承诺和牺牲必须毫无例外地得到尊重。多年后,这种信念促使我在2016年参与了海军海豹突击队基金会工作。当时我带领黑石集团筹集资金,用以帮助和抚慰在执行任务过程中丧生的海豹突击队队员的家属。我把拜访每个商业团体当成个人使命,我想确保他们能够充分理解回馈那些保障了我们日常自由的人是多么重要。最后,黑石集团的每一位美国员工都参与了捐款,海军海豹突击队基金会筹集了创纪录的930万美元。

———

我在7月离开路易斯安那州,8月底,我坐在了波士顿的一间教室里。在离开耶鲁之前,我提交了研究生申请。我的首选是法学院,最好是哈佛大学、耶鲁大学或斯坦福大学的法学院。但唯一接受我这一申请的是宾夕法尼亚大学的法学院,而我还没有准备好回到费城。我几乎是事后才想起要申请哈佛商学院。当时,商学院还不是优秀学生的首选。人们认为商学院培养的是大公司中层管理人员,而不是企业家或知识分子。1970年,获得MBA(工商管理硕士)学位意味着将就职于军事工业巨头陶氏化学(凝固汽油弹的制造商)或孟山都公司(橙剂的制造商),这两家公司生产的化学制品都曾被用于杀害或伤害越南人民。但是当哈佛商学院给了我入学通知时,我还是决定接受。我想,也许这就是埃夫里尔·哈里曼推荐的财富之路。

我初到哈佛跟刚去耶鲁的感觉是一样的:内心孤独,无人交往,而且感觉到处都是出色的人物。我去哈佛的同年,比尔·克林顿和希拉里·克林顿都去了耶鲁大学法学院就读。未来的国家领袖在模拟法庭上进行着高智商的辩论,而不是在研究生产小部件的公司。

我的第一堂课是管理经济学。课程核心是绘制决策树,这个逻辑链可以把概率应用于不同的行动方案,并根据自己的预测结果计算出最佳结果。与步兵训练的见闻和经历相比,决策树的概念显得无比抽象。我们的第一个案例研究对象是一家寻找沉没宝藏的公司。摆在我们面前的问题是,分析埋在海底大帆船中的黄金的预期价值,判断淘金的成本支出。我们的教授杰伊·莱特只比我们大一点,是第一年教书。刚开始上课时,我举起手来,杰伊示意我:

"施瓦茨曼先生,你想做开头陈述吗?"

"实际上,"我说,"我有一个问题。"

"好的,什么问题?"

"我读了这个案例,"我说,"但感觉这是无稽之谈。如果以后所有的课都是这种内容,那对我这样的人来说基本没有什么实际作用。"

杰伊盯着我:"告诉我,施瓦茨曼先生,为什么这么说呢?"

"因为这个关于预期价值的案例有个前提,就是寻找黄金的潜水次数是没有限制的。我这辈子不能进行无数次潜水。如果我下水,就必须百分之百地找到黄金,否则企业就会让我搞垮。你说的这种情况适用于那种不用限制潜水次数的大公司。但大多数公司不是埃克森,它们的资源有限。至于我个人,我完全没有什么资源。"

"噢……"杰伊说,"我从来没有思考过这个问题。让我再想一想,然后我们再继续。"[1]

几个星期后,我得出结论,哈佛商学院虽然开设了不同的课程,但教授的理念其实只有一个,那就是:企业的一切要素都相互关联。如果企业要取得成功,那么每一个部门既需要独立运转,又需要与其他部门顺利协作。一个企业就是一个封闭

---

[1] 杰伊·莱特不得不继续忍受我的挑战。虽然我尽自己最大的努力要破坏他的职业生涯,但他后来还是成为哈佛商学院的院长,并且一直是黑石董事会的长期成员。无论我对他的沉没宝箱案例研究持什么看法,我都很幸运,能够在此后的人生中一直得到他的建议。

的综合系统,而经理就是组织者。以汽车制造商为例,他们需要进行良好的市场调研,了解目标客户需求和市场潜力;需要出色的设计、管理和制造,生产出优质的产品;需要制订有效的方案,进行员工招募和培训;需要良好的营销方案,激发消费者对产品的需求欲望;还需要可以达成交易的优秀销售人员。如果系统中的任何一个环节出现问题,又无法快速修复,企业就可能会面临亏损和破产的风险。我已经熟知这一课了。下一步是什么呢?明天还有3个案例,重复同样的道理。在那之后呢?又是3个案例,继续不厌其烦地阐述这一理念。

到12月假期时,我已经准备好退学了。我百无聊赖,波士顿又天寒地冻。学院教学主要由仍在探索自己的教学风格的年轻助理教授完成,乏善可陈,了无新意。我为什么要在这里浪费时间和生命?我准备重返职场了。

曾在帝杰聘请我的比尔·唐纳德森离开了公司,去华盛顿担任副国务卿。迪克·詹雷特接替他担任公司总裁。我之前最后一次见到迪克,还是在他因为我不经心地在餐厅联合公司询问内幕消息而教训我的时候。但是他曾经在哈佛商学院就读,所以我决定征询他的建议。

"亲爱的迪克,"我写道,"我讨厌这里。我已经理解了他们教授的理念,现在正考虑辍学。也许我可以回到帝杰或去其他地方。请告诉我你的想法。"

令我惊讶的是,迪克不吝时间手写了6页纸的回复,他的建议改变了我的人生。他在回信中说道:"亲爱的史蒂夫,我知道你在想什么。我曾经也在第一年的12月准备从哈佛商学院退学。我发现商学院无法满足我对智力活动的追求，我打算转到经济学系攻读博士学位。但最后我还是留了下来。这是我一生中最好的决定，而这正是你应该做的。不要离开，留下来。"

我接受了他的建议，时至今日，我仍然不胜感激。每当年轻人写信或打电话向我寻求建议时，我都会回想起迪克周到体贴的回复。像杰伊·莱特一样，迪克·詹雷特后来也成为黑石董事会的长期成员。在决定留在哈佛商学院后，我开始刻苦学习自己在帝杰没有学到的知识，从公司财务的基础知识到会计、运营和管理。我以优异的成绩完成了第一年的学习，并被教师团队选为世纪俱乐部的成员，而该俱乐部是由1972年每个学院的前三名学生组成的。接着，我又被俱乐部的其他成员选为主席，像在高中和耶鲁那样，我开始为每个人提供更好的独一无二的体验。我发起一个项目，邀请只比我们大几岁的成功的年轻人，与俱乐部成员座谈。我的前两位嘉宾，一位是约翰·克里，他是反对战争的越战老兵，后来成为参议员、国务卿和民主党总统候选人；另一位是迈克尔·蒂尔森·托马斯，他当时是波士顿交响乐团的助理指挥，后来成为伦敦和旧金山交响乐团音乐总监。在哈佛的第二年，我还遇到了艾伦·菲利普斯，并和她结了婚，当时她在哈佛商学院担任课程助理。

我还决定推动改善哈佛商学院的管理现状。由于我成功地改变了耶鲁的禁宿规则，并有解决波尔克堡食物混乱问题的经验，我信心满满地邀约了哈佛商学院院长拉里·福雷克见面，想就改善学校状况提出建议。福雷克并非院长这一职位的最佳人选，他普普通通，没什么过人之处，是一个做事机械的行政管理人员，大部分时间并不在学校，而是在企业的董事会就职。尽管学院依然名声在外，但其实已经出现了严重衰落的迹象。我花了5个月时间才与福雷克约上。我开门见山：

"学院的老师无法教学，学生无法学习，课程陈旧过时，行政部门又效率低下。"我举例说明了每个问题，也提出了解决方案。

"施瓦茨曼先生，"他回应说，"你一直都这么我行我素吗？"

我告诉他，我是初中学生会主席、高中学生会主席，主持了耶鲁大学的毕业典礼，现任哈佛商学院世纪俱乐部的主席。所以，不是，我和"我行我素"这个词没有任何关系，但院长可能存在这个问题。耶鲁大学的规模是哈佛商学院的许多倍，业务繁忙程度可想而知，耶鲁校长金曼·布鲁斯特却会特意安排时间，一定在4天之内会见预约的人，福雷克却让我等了足足5个月。我告诉他，哈佛商学院为什么会走下坡路，对我来说原因是显而易见的。"我告诉了你问题的所在，甚至向你提供了解决方案，你却没有任何兴趣。"我说，"我真的很遗憾，竟然过来试图帮助你。"

"我觉得谈话可以到此结束了。"福雷克说。

我并不是觉得自己比院长更聪明，而是我通过学生生活的视角，多了一个看问题的角度。尽管哈佛商学院存在缺点，但我还是关心着母校的发展。在自己的工作实践中，艾伦也对教学和学生的素质形成了类似的悲观看法，我对院长的建议也吸收了艾伦的意见。我唯一的失误就是过高地估计了自己的经验和对方的谦虚程度，认为他可能会重视我的坦诚和直率，而他把我的提醒和建议视为冒犯甚至侮辱，不想跟我交流。

于是，我向自己保证，如果我经营一个组织，一定会尽可能降低人们与我见面的难度，我会一直实事求是，无论情况多么困难，只要你能够保持诚实、理性，能够解释自己的想法，就没有理由感到不自在。再聪明的人也无法单独解决所有问题，但是一群聪明的人如果能够彼此坦诚地沟通，就会战无不胜。这是我从拉里·福雷克那里得到的唯一收获。

在哈佛商学院的求学经历使我确信，虽然我在帝杰出师不利，但可能我还是适合做金融的。在我们研究的案例中，我能够发现模式、感知问题，也能提出潜在的解决方案，而不会迷失在数据中。课外活动加深了我对自己的认识——我喜欢和他人一起努力应对困难，甚至是完成不可能的挑战。尽管我在帝杰的开局很差，尽管我的数学技能平平（当时和现在都还是平均水平），但随着毕业的临近，我决定在华尔街再试一次。

当时，投资银行的主营业务有两个。第一个是销售和交易，就是买卖债券、股票、期权、国库券、金融期货、商业票据和存款证等证券。第二个是为企业提供金融替代方案、资本结构或兼并和收购方面的建议。这些业务吸引了不同类型的人。20世纪70年代早期，在计算机彻底改变市场运作方式之前，交易大厅充满了情绪不稳定的交易员，既疯狂又嘈杂。咨询工作往往更考验脑力，需要长期谈判和耐心以建立客户关系，必须努力让主要公司的高级管理人员相信我所说的话，根据我的建议采取行动。我必须进行创新，说服客户接受我的咨询建议，达成交易，与同行竞争。这似乎正是我的强项。

我申请了6家公司。当参观他们的办公室时，我回想起自己在耶鲁学习的文化和行为课程，突然又想到哈佛商学院最重要的课程高级论文应该选的题目——《银行办公室氛围所反映的企业文化》。库恩勒伯公司的历史氛围厚重。在正门内侧，悬挂了一幅创始人雅各布·希夫的巨幅肖像，还有公司历史上每一位合伙人的小幅肖像。合伙人坐在独立办公室里，与办公区的同事和外面的活动隔离开来。公司气氛凝重，显得故步自封，将来可能难以适应和生存。

摩根士丹利和帝杰在同一栋楼里，但它在大楼的顶部，办公室光线明亮。合作伙伴区域的金色地毯和古董卷盖式办公桌提醒人们不忘过去，除此之外，公司的氛围是现代化的，可以随时改变。然后是位于威廉街1号的雷曼兄弟，这是一座巨大而华丽的石头建筑，像一座意大利宫殿，顶部是罗马式塔楼。每层楼都被分成了一小部分办公室。在我看来，它像一座封建时期的城堡，充满了阴谋诡计，完全不透明。在那里工作的任何人都必须互相拼杀才能成功。我想，雷曼兄弟会做得很好，直到内斗将其摧垮。

我的毕业论文写得容易、轻松，里面既没有数据，也没有调研。我的教授却认为论文很有创意，给了我很好的成绩。

然而，我的求职面试就没有这么顺利了。第一波士顿银行在 1972 年没有一个犹太员工，显然我不会成为第一个。高盛说他们喜欢我，但担心我个性太强，也没有给我录用通知。

摩根士丹利当时是世界上最负盛名的投资银行，它为最重要的公司提供服务，是名副其实的大行。摩根士丹利有一位犹太人——合伙人刘易斯·伯纳德。除了他之外，全都是盎格鲁-撒克逊新教徒。他们邀请我回来进行第二轮面试，并给我指派了一位向导，也就是一位年长的员工，带我参观公司，去见合伙人。我的向导谈到了精确度在起草招股说明书中的重要性。对摩根士丹利的文化来说，精确度显然非常重要，但它并不能令我兴趣盎然。

最后，我被邀请会见公司总裁罗伯特·鲍德温。鲍勃此前一直担任海军部长，他的办公桌后面矗立着海军旗帜和美国国旗。摩根士丹利那年仅招聘 7 名员工，鲍勃给了我成为其中一员的机会。这是一个巨大的荣誉，但有 个重要的附加条件：我必须改变我的个性。摩根士丹利的等级文化老套古板，在这里，我不能彰显自以为是、狂热激进的自我。鲍勃认为我有在这里工作的才能，只是需要一个适应的过程。

我对他的邀约表示感谢，但表示自己不能接受。我希望在符合自己个性的地方工作。他应该收回邀约，把机会提供给更合适的人。但鲍勃拒绝了。他说，如果摩根士丹利给你一个邀约，邀约就是你的了，应该由你自行处理。他的公司会永远信守诺言。这件事情令我对他肃然起敬。在接下来的 10 年中，鲍勃改变了摩根士丹利的文化，摆脱许多古老的传统，使其更为现代化。但是，因为要尊重自己所继承的文化，他必须遵循一些条条框框和前提条件。他知道我很难驯化，但也预感到我可能会帮助公司朝着他想要的方向前进。

对我而言，雷曼兄弟更有吸引力。这个公司招录的并不全是MBA，而是聚集了很多有意思的人——前中央情报局的特工、退伍军人、前石油行业从业人员、家人、朋友和各种各样的人。每层办公室的设计都不同，30个合伙人和30个经理之间没有任何隔阂。这里看起来是一个风起云涌、令人兴奋的地方。

面试当天，参加面试的人坐在合作伙伴餐厅的桌子旁，合伙人坐在后面。公司董事长弗雷德里克·埃尔曼扎着一条带有大银扣的牛仔腰带，这非常不符合华尔街的穿衣风格。他告诉我们，我们会成对接受面试：两位候选人为一组，与另外一组候选人进行45分钟的讨论，全天如此。我当时觉得，这种分组策略可能会以灾难性后果而告终，因为两位候选人会互相竞争，争取比对方表现更好。如果我在这9次面试中都展现竞争意识最强的自我，一天下来，地面上会"鲜血四溅"。所以我认为最好的方法是与我的搭档——一个与我同龄的女士——保持风度和友好。事实证明我的决策是对的：公司拒绝了在面试过程中激烈竞争的人，那些相互合作的人则收到了录用通知。

我正确的决策还有一个更长远的好处，我的同事贝蒂·艾维拉德在投行从业已久，有着相当成功的职业生涯，我们经常在工作场合遇到对方。在那个危险的面试日过去数十年后，我们一起在弗里克收藏馆的董事会任职，这是一个位于曼哈顿上东区的艺术博物馆，她后来成了主席。人生早先遇到的人、交到的朋友，总会在后来的人生中以另外的方式再次出现。

在帝杰，我独自一人在华尔街的迷雾中摸索。而在我刚开始在雷曼兄弟工作的时候，公司就指派了一位合伙人史蒂夫·杜布鲁指导我。他也毕业于哈佛商学院，曾在中央情报局工作。史蒂夫这个企业金融家长得像电影明星：高挑，苗条，英俊，黑发侧分。他是前任主席罗伯特·雷曼的门徒。他带我去吃饭，给我介绍公司的运作方式。

但就在我接受雷曼兄弟的工作一周后，史蒂夫往我的住所打来电话："我不希望你因此有任何的苦恼，但我要从雷曼兄弟离职了。我加入了拉扎德公司。"

"等等，"我说。"你是和我一起吃饭的人。现在你要走了？这怎么会不影响我呢？"

"这与雷曼兄弟的价值没有任何关系，在这里你一定会如鱼得水，声名显赫。但我以前的职业生涯都是在雷曼兄弟度过的。现在是我继续前进的时候了。我想亲自告诉你，让你明白这只是一个个人决定，跟公司没有关系。你应该对自己在雷曼兄弟工作感到开心。"

"如果你要去拉扎德，"我说，"那么也许我应该和你一起去。"

"你不应该忠诚于我，而应忠诚于公司。但如果你愿意的话，我可以帮你安排面试。"我接受了他的提议，飞往纽约，与拉扎德颇有名气的兼并和企业融资顾问菲利克斯·罗哈廷会面。罗哈廷身材矮小，穿着皱巴巴的西装，却是金融界叱咤风云的人物。二战之初，还是小孩子的他与母亲一起逃离欧洲，来到纽约。他大学毕业后就加入了拉扎德，成为纽约最杰出的投资银行家。他最伟大的举动是在1975年拯救纽约市于破产的边缘。我们在他的办公室聊了一个小时左右。最后，他说："史蒂夫，你是一个有趣的人。如果你想在拉扎德工作，我现在就能为你提供工作机会，但我建议你不要接受它。"

"为什么？"

"因为在拉扎德，有两种类型的人：像我这样的主人和像你这样的奴隶。我觉得做奴隶你肯定会不快乐，但你现在还不够格做主人。你应该去雷曼兄弟工作，让他们训练你，然后你再以主人的身份来到拉扎德。"

我飞回波士顿，艾伦问我事情进展如何。"罗哈廷给了我一份工作机会，然后告诉我不要接受它。拉扎德真是个匪夷所思的公司。"

就这样，我去了雷曼兄弟接受训练，驻扎华尔街，接受来自世界各地的信息，成了一个如电话交换机一般的人。

3
我的成功面试规则

WHAT IT TAKES
Lessons in the Pursuit of Excellence

任何企业家都需要具备诸多关键技能，其中最重要的技能也许就是可以高屋建瓴、客观公正地对人才进行评估。从早年在华尔街参加面试开始，我就一直在思考如何做好面试官。

在金融这个行业，能力出色、雄心勃勃的人比比皆是，他们希望成就大业、雁过留声。然而只有能力是远远不够的。在对黑石候选人进行面试时，我会分析这个人是否符合我们的文化。至少，这个人得通过机场测试：如果我们乘坐的航班延误，我是否愿意跟这个人一起在机场等候？

在面试了上千人以后，我已经形成了自己的面试风格。我会捕捉一系列语言和非语言的线索，我会尝试与候选人深入交流，然后观察他们的反应。我没有什么固定的套路，但在每次面试的时候，我的目标都是调动我的洞察力直入候选人的大脑，以评判他们的思维模式，了解他们真实的自我，判断他们是否适合黑石。

我准备面试的方式跟大多数人一样，就是先研究候选人的简历。我会看他们的简历前后是否一致，也会特别留意任何异常或突出的信息。因为我读简历读得特别仔细，所以有时在谈到某一个细节性问题时，连候选人都会感到非常惊讶甚至紧张。但是当我提出一个他们熟悉的话题或兴趣时，他们大多都会如释重负。

一般情况下，我都是把候选人和我共同感兴趣的话题作为交流的切入点。但这个切入点因人而异，只有当我跟候选人面对面时，我才能确定如何开始对话。我都是凭直觉选择交流的内容。

有时我会直接问到候选人简历中的一条不同寻常的信息。有时候，候选人还没开口，我就可以从他们的肢体语言中洞悉他们的心理和情绪：快乐还是悲伤，警觉还是疲倦，兴奋还是紧张。我会设法让候选人摆脱面试的氛围，进入自然的交流状态，这样的转变做得越好，我对他们思考、反应和适应能力的评估难度就会越低。

有时候，我会问候选人跟公司员工见面的感受：他们享受这次会面吗？我们的员工符合他们的期待吗？黑石和他们曾经就职或求职的其他机构有什么不同？

还有的时候，我可能在面试前刚完成一件大事，我会告诉候选人事情的前因后果，看看他们如何反应。大多数候选人都想不到我会这么快就跟他们分享自己的世界，这时他们的反应就很能说明问题。他们是会退却回避，还是会找到方法积极参与？意想不到的情况会让他们感到紧张或胆怯吗？如果这是一个他们一无所知的话题或体验，那么他们是否能够找到共同点、享受对话呢？

另外，我会就一些奇闻逸事或有报道价值的事件提出问题。如果他们熟悉这个话题，我就会观察他们如何开展讨论。他们有自己的观点吗？他们的评估是否符合逻辑？他们是否擅长分析？如果他们不知道我在说什么，那么他们是否会主动承认、找到继续沟通的方法，还是会试图掩饰自己的不知情？

事实上，这些都是为了评估他们应对不确定性问题的能力。金融圈，尤其是投资界，是一个变化万千的世界，从业人员必须迅速适应新的信息、人员和情况。如果候选人不能在一场对话中表现出与人共鸣、深度交流、随机应变和转换话题的能力，那么这个人在黑石也应该不会表现很好。

黑石的员工各具特色，但他们有一些共同的特点：满怀信心，求知欲强，为人礼貌，可以适应新情况，在压力下也能保持情绪稳定，追求零缺陷，不遗余力地致力于诚信行事，在我们选择的所有事业中，全力以赴地追求卓越。而且，他们也都与人为善，做事周到，为人体贴，处世体面。我不会雇用任何心术不正、居心叵测的人，无论他的才能如何。黑石永远不能出现内部政治斗争，这一点对我来说非常重要。所以如果你天生爱争权夺势，喜欢钩心斗角，那么对不起，黑石不欢迎你。

以下是我的成功面试规则：

1. 要准时。准时是你对面试重视程度和准备程度的首要指标。

2. 要真实。面试是一种相互评估的过程，有点像闪电约会——每个人都在寻找合适的人选。要从容不迫、落落大方，对方会喜欢真实的你。如果你展现真实的自我，顺利通过面试，得到工作机会，结果自然很棒。但如果面试不成功，那么这个组织可能也不适合你，倒不如了解真相、继续前进。

3. 做好准备。研究要面试的公司，熟知公司的重要人物和事件。面试官总是喜欢讨论自己身边发生的事。此外，这也可以使你更好地描述公司吸引你的地方和理由，让面试官知道你对公司的热情和向往，并了解你入职的动机，以此判断你是否符合组织的文化要求。

4. 要坦率。不要害怕谈论自己的想法。不要只想着给面试官留下深刻印象，而要更多地关注如何进行开放坦诚的交流，直言不讳地发表自己的见解。

5. 要自信。以平等的姿态参加面试，而不是作为请求者。在大多数情况下，雇主都是在寻找能够把控局面的人。当然，前提是这些人并不刚愎自用。

6. 保持好奇心。最好的面试是互动型面试——候选人提出问题，征求意见，询问面试官在公司工作时最喜欢哪一点。要找到方法与面试官进行积极交流，并确保双方始终你来我往，有问有答。面试官也喜欢聊天，喜欢分享自己的知识和心得。不要讨论不合时宜的政治问题，除非面试官首先发问。在这种情况下，要直截了当地描述你的信念和理由，但不要争论。

7. 可以谈到你在申请机构中认识的人，但前提是你喜欢并尊重这个人。你的面试官会以此来考察你对于人的判断。

4
实践是学习的最佳路径

WHAT IT TAKES
Lessons in the Pursuit of Excellence

我在雷曼兄弟接受的第一个任务是由赫尔曼·卡恩安排的。他是一位脾气暴躁的老牌合伙人，我以前见过他，但我们两个并不熟悉。他希望我针对一家航空公司座椅制造商准备一份"公允意见"分析。当公司想要对交易中要支付的价格进行客观评估时，其会要求银行提供公允意见。在这笔交易中，3年前在飞机座椅市场达到顶峰的时候，这家制造商已经被高价出售。而自那时起，飞机的销量开始下降，公司的价值暴跌。卡恩让我弄清楚1969年支付的价格是否合理。

这个分析并不简单。今天，我们可以使用计算机和相关数据库进行研究和计算。但那时候，我需要在雷曼兄弟的地下档案室花上几天的时间，翻阅此前发行的《华尔街日报》和《纽约时报》。每天我都会在地下档案室待10个小时，弄得满身都是油墨味，然后再回办公室用计算尺进行计算。这项工作烦琐复杂，令人不胜其烦，但对学习金融分析的相关技能来说，这是必不可少的环节。

我写了一篇长达 68 页的报告,介绍公司历史及其价值的不断演变过程。我的分析不仅以股价的走势为基础,还综合了公司前景、市场趋势和我认为相关的其他一切因素。我还附上了附录和脚注,以便做进一步阐述。我带着这份得意之作来到合伙人办公室所在的楼层找赫尔曼·卡恩。他没在,于是我把报告放在了他办公桌的中间,这样他回来第一眼就能看到。我回到自己办公室等着。几个小时后,我接到了电话。

"是史蒂芬·施瓦茨曼吗?"赫尔曼·卡恩听力不太好,说话嗓门很大,鼻音很重,听上去很严肃。

"是我。"

"施瓦茨曼!我是赫尔曼·卡恩!我收到了你的备忘录!第 56 页有一个排印错误!"然后他用力地把电话挂断了。

我翻到第 56 页,能找到的唯一错误是一个逗号的位置放错了。老天,我想,这又不是哈佛商学院,这些人有点吹毛求疵了。看来,我做事也必须要严谨认真,最好是循规蹈矩。关于这个项目,赫尔曼·卡恩再也没有跟我联系过。

———

几个月后,我们一群人,包括交易团队以及公司的其他人,被召集到董事会会议室。当时,雷曼兄弟是学生贷款营销协会 IPO(首次公开募股)的主承销商,而该协会正是萨利美的前身。作为主承销商,我们应该募集 1 亿美元,但到当时为止,我们只募集了 1 000 万美元。雷曼兄弟的首席交易员和二号人物刘易斯·格卢克斯曼想知道原因何在。我是团队中资历最浅的成员，是一名初级经理，只负责几个数据。刘易斯怒气冲冲地环顾四周，最终盯上了我。

"你以为自己是谁？"他尖叫道，"你为什么不坐直？"

我感到自己的脸变得通红。周围的人都把目光移开了。在会议结束回到办公室之后，我仍然浑身发抖，手足无措。后来，同事们一个接一个地过来安慰我，说我没有做错什么事情。这个会议带来了两个结果。第一，直到今天，我都会在重要会议中坐得笔直。第二，我吸引了刘易斯·格卢克斯曼的注意力。他一定是在事后四处询问了我的情况，听到了其他人对我的肯定意见，因为此后不久，他就打电话让我搞定这个失败的 IPO。我从来没有筹集过资金，也压根儿不知道该怎么做，但我知道不能闭门造车，于是便去寻求帮助。

我的高级经理是史蒂夫·芬斯特，他后来成为我在雷曼兄弟最亲密的朋友。在进入金融领域之前，他曾是罗伯特·麦克纳马拉的"优等生"（这是一群在 20 世纪 60 年代被国防部招聘、推进现代化改革的年轻人）之一。他善于探索，有引发人思考的才智，还有一种难得的天赋——他可以从一堆事实中找到别人看不到的形势。我们几乎每天晚上都在一起讨论，他向我解释了 IPO 和并购的运转原理——贷款结构、债务工具、兼并收购以及金融公司的机制。

史蒂夫是公司的怪人之一。他每天都穿着深色西装和翼尖鞋，打着条纹领带，只有在度假时才会穿休闲鞋。有一次，他要从度假的地方直接去见客户，结果发现自己打包带来的两只翼尖鞋都是左脚上的。他不能接受穿着休闲鞋参加商务会议，于是穿了两只左脚的鞋。客户也都注意到了，但史蒂夫实在太出色了，出于对他的尊重，大家并不介意这一点。

"这个不难，"他谈到我的最新任务，试图让我平静下来，"你只需要建立一个模型，说明为什么这是一个好投资。一切问题都是差价的问题。"这家公司的主营业务是提供贷款，赢利模式是贷款收取的费用高于为了提供贷款而借资需要支出的费用。我所要做的只是计算公司的贷款规模，这样就可以确认公司的赢利潜力。"然后你去拜访金融机构，向他们阐释他们为什么要购买公司的股票。"我必须确定可能感兴趣的投资者和机构，然后制订一个可以说服他们投资学生贷款营销协会的方案，让协会股票成为他们投资组合的一部分。

由于这是一家向学生发放贷款的公司，我认为可以从大学开始进行推销。哈佛拥有规模最大的大学捐赠基金，所以我以一个应届毕业生的身份，给哈佛大学的财务主管乔治·帕特南打了电话。帕特南在20世纪30年代末创立了一家大型共同基金公司帕特南投资公司，本人担任公司主席。对一个第一年上班、拿着不起眼的路演材料、到处求投资的银行小经理来说，与帕特南见面就好像求见新英格兰的众神之一。

我打开了自己的项目建议书，准备开始发挥。

"施瓦茨曼先生，"帕特南打断了我，"你可以把建议书合上吗?"我紧张地合上了建议书。"施瓦茨曼先生,你有没有听说过 UJA(联合犹太求助会)?"我从来没想过乔治·帕特南的嘴里能说出这三个字母。

"是的,我听说过 UJA。"

"你有没有听说过'名片呼叫'?"名片呼叫是 UJA 筹款晚宴的常见做法。主席会喊出所有潜在捐赠者的名字,宣布他们去年的捐款金额,而每个人都会注意听他们今年的捐款金额。这种方式可以营造一种期待的氛围,给捐款人带来同伴压力。

"让我们重新开始这次会面,施瓦茨曼先生。你说,'帕特南先生,您是哈佛大学的财务主管,而我正在开展美国未来规模最大的学生贷款借贷业务,我决定让你出资 2 000 万美元'。现在你说吧。"于是我照他的话说了一遍。

"这是一个好主意,施瓦茨曼先生,"他说,"我出 2 000 万。"在我走进房间之前,他已经读完了公司的介绍内容,因此他不会通过我的营销表现决定是否出资。他只是希望我能够帮他迅速决定出资多少。"现在你要做的就是拿你的材料,坐火车去纽黑文,去耶鲁见张三,然后说,'张三先生,我正在为学生贷款营销协会筹集资金,该协会将成为针对美国学生的最大的贷款机构。我决定让耶鲁出资 1 500 万美元'。试试吧。看看会发生什么。然后坐火车去普林斯顿,问他们要 1 000 万美元。"

在我的大学推销之旅结束时,1 亿美元的绝大部分已经募集成功了,这笔钱后来用于创立萨利美。帕特南给我上的这堂筹资课伴随了我的整个职业生涯,使我在黑石募集了一笔又一笔基金。投资者一直在寻找极好的投资，你越是降低他们决策的难度，每个人获得的利益就越大。

———

史蒂夫·芬斯特和乔治·帕特南都是很好的老师，但我也从自己的错误中学到了很多。第一年工作的晚些时候，我和埃里克·格莱切坐在一架飞机上。埃里克·格莱切聪明而严肃，之前曾在海军服役，比我大几岁，刚刚成为合伙人。我们正在飞往圣路易丝，去考察一家食品加工公司，研究拆分其连锁便利店业务的问题。

我准备了财务细节材料，列出了各种选择。埃里克则要进行演讲。与当今团队庞大的投行相比，当时银行的规模要小得多，也没有像现在这样精益求精——对演示文稿要进行无数遍检查。我们在飞机上坐好后，我把自己准备的材料交给了埃里克。他刚翻了第一页，眉头就皱了起来。他更加疑惑地往下翻。看完了第三页，他说："史蒂夫，我认为你犯了一个错误。"我从一开始就搞错了一个数据，这对大约半数的计算结果造成了影响。"乱七八糟，"埃里克说，"但我们还是得去推介。把算错的部分拿掉，剩下的我来讲。没关系。"

赫尔曼·卡恩曾因我的一个排印错误大发雷霆。现在，我搞砸了整本交易建议书。我把所有推介材料中错误的书页都取了出来，在整个过程中，埃里克都把头埋在报纸里。我们在圣路易丝降落，打车到了客户的公司。埃里克仍然保持沉默。我们坐在董事会会议室里,埃里克分发了我们的推介手册。双方简单介绍了一下,然后他开始演讲。

"如分析所示……我认为我们有一个统计错误。"他一边说着,一边几乎扑到桌子上,把对面董事会成员面前摆的推介材料收回来。"不看数据的话,我也可以给诸位做整体介绍。"

因为犯错,我吓得六神无主,所以当时在飞机上撕掉的不是错误的书页,而是正确的。我就差找个地洞钻进去了。离开客户公司后,我们打车去机场,一路上两人一言不发。就在飞机起飞前,埃里克转过来对我说:"你要再敢给我捅娄子,我就当场开了你。"

虽然在雷曼兄弟的经历非常痛苦,但这些提供了我所需的教育。与其他任何技能一样,金融也可以习得。正如马尔科姆·格拉德威尔在他的著作《异类:不一样的成功启示录》中所指出的那样,披头士乐队在1960—1962年前往汉堡,才把自己从车库乐队转变为甲壳虫乐队;青年时期的比尔·盖茨在能为首批个人电脑编写软件之前,也是在他家附近的华盛顿大学的电脑上花费了很长时间的。同样,在金融方面取得成功的人必须先从重复练习开始,这样才能掌握这个技能。在雷曼兄弟,我观察了整个过程的每一步,并接受了所有细节的培训,其中任何一个细节的错误都可能会导致全盘皆输。

有些人是从法律或媒体等其他行业转行做金融的,但我合作过的最出色的人都是科班出身。他们学习的路径就是做最基本的分析。他们因为早期犯的错误而包羞忍耻,因此,他们认识到任何一个细节都极为重要，这也为他们的职业生涯打下了坚实的基础。

———

在雷曼兄弟的第二年，新任董事长兼首席执行官到任。彼得·彼得森曾担任媒体设备制造商贝尔豪威尔的首席执行官，他的前一个职务是尼克松总统的商务部部长。他的关系网络强大，在商业和政府领域受到广泛尊重。在他加入雷曼兄弟时，公司已经陷入了财务困境，挣扎在生存的边缘，充满了各种内斗（我在哈佛商学院论文中曾预测，内斗会导致公司倒闭）。

彼得和乔治·鲍尔是盟友，乔治·鲍尔在肯尼迪总统和约翰逊总统就任期间担任副国务卿，最终担任驻联合国大使，现在是雷曼兄弟的合伙人。他们运用了自己的国际关系，说服意大利商业银行提供资金帮助雷曼兄弟渡过难关。在雷曼兄弟度过了最危急的时刻后，彼得立刻向整个公司发出了一份备忘录，要求大家提出建议。在公司工作一年后，我认为我已经足够了解情况，于是写了一份涉及资金管理和投行业务的战略计划。在计划提交一周后，彼得给我打电话，让我来找他。会谈结束时，他说："你看起来是一个有能力的年轻人。我们两个应该合作。"

大家对彼得的评价是：聪明，但没有金融或投行经验。他问的问题数量是别人的5倍，大家觉得和他共事很累。他不厌其烦地问问题，以了解公司问题的核心，但这个过程很艰难。

如果他真的不知道自己在做什么，而我又还有许多东西要学，那我们合作就是外行指导外行。我建议我们再等等，等我准备得再充分一点。彼得欣然接受了我的坦诚。大约两年后，他又打来电话：他想要我加入他的团队。我们搭档得很默契。我掌握他不了解的情况，同时，我资历尚浅，也左右不了他。

有一天，他邀请我和通用电气首席执行官雷金纳德·琼斯共进午餐。彼得和雷金纳德都是通用食品公司的董事会成员，两个人成了朋友。雷金纳德向彼得介绍了一位在通用电气工作的年轻高管。

"这是杰克·韦尔奇。"琼斯说。

"嗨，史蒂夫。很高兴见到你。"杰克音调很高，有些刺耳，带着浓重的波士顿口音。

"雷金纳德之所以在这里和我们共进午餐，是因为杰克将成为通用电气的下一任首席执行官——但目前这还是个秘密，"彼得说，"雷金纳德希望我们教给杰克金融知识。这就是你的任务。"

"好的。"我犹豫地说。

"对对对，"韦尔奇说，"很好。"这个刺耳地说着"对对对"的家伙将成为通用电气的首席执行官？要么韦尔奇是世界上最聪明的人，要么就是雷金纳德看走了眼。

当杰克开始跟我学习金融知识时，我只花了一分钟时间，就发现雷金纳德·琼斯的判断完全正确：杰克正是最佳人选。和杰克·韦尔奇一起工作，大脑就好像被接上了一个吸尘器，他会吸走你知道的一切。我再也没有见过像他这样的人，他对学习充满渴望，孜孜以求，总是无休无止地提出这样那样的问题；他善于思考，思维敏捷，能立刻理解一个想法与另一个想法之间的联系，即使这两个想法对他来说都是全新的知识。他就像人猿泰山似的以极快的速度抓着藤蔓穿梭于树木之间，从不失手，学的比我教的还快。

通过了解杰克，观察他的行动，我更为确信，商业中最重要的资产就是信息。你知道得越多，你拥有的视角越多，可以建立的连接就越多，进行预测的能力就越强。

杰克于1981年成为通用电气的首席执行官，开始主持公司的运营，成为美国历史上最伟大的首席执行官之一。由于彼得的引荐，我和杰克也建立了长久的友谊。几十年后，杰克依然令我惊讶不已。我在职业生涯早期就加入了一家大公司，遇到杰克是这一决策最大的收获之一。华尔街和商业都是很小的世界。如果你以一所优秀的学校或一家大公司为起点，与你们这一代最优秀的人交往，你将来就会不断地再次遇到他们。我在耶鲁大学、哈佛商学院、陆军预备队和华尔街早期结识的许多朋友现在都还是我的朋友。我在生命早期交到的朋友，用他们的信任和理解，以我无法预测的方式极大丰富了我的生活。

5
所有交易都暗藏危机

WHAT IT TAKES

Lessons in the Pursuit of Excellence

投资银行家的工作是应对变化和高压情况——针对收购或出售某个业务部门提供咨询建议,确定购买标的或买方;建议公司融资进行扩张,或在股票价格较低时回购股票。如何启动和管理变化是衡量成功与否的标准。

到1978年底,我已经在雷曼兄弟做了6年的经理。我的责任越来越大,公司正在考虑升我为合伙人。一个星期五,我接到橙汁公司纯果乐的首席执行官肯恩·巴恩贝的电话,当时我正在芝加哥出差。当年早些时候,我在位于佛罗里达州布雷登顿的纯果乐公司总部见过他,向他提出了各种财务建议。那是一次非正式的会面,目的是建立联系,彼此认识。当然,我也希望有朝一日彼此能开展业务合作。

"我们遇到一个非常敏感的情况,我想和你谈谈,"他说,"我们找到了一家想要收购我们的公司,我们正在考虑该怎样处理。"他说,如果不存在雷曼兄弟内部的业务冲突,那么他希望我星期六上午8点半在布雷登顿与他的董事会见面。我打电话给纽约办公室，我的同事泰迪·罗斯福询问了相关部门，确认不存在业务冲突。如果雷曼兄弟的其他任何部门在处理涉及纯果乐的交易，我就无法接手。我打电话给肯恩，他描述了竞标的条款。价格已经原则上达成一致，但买方提出了卖方可能会接受的不同的现金和证券组合，不同的组合对他们的价值是不一样的。我的工作是代表董事会评估这些不同的报价结构，并提出建议。

当时正值芝加哥漫天风雪，所有飞往萨拉索塔－布雷登顿机场的航班都被延误了。我登飞机时已经很晚了，机上几乎没有乘客，飞机起飞后穿过几场暴风雪，一路向南。能帮助我理解交易计划的所有资料就是一本《股票指南》，里面包含了上市公司的基本财务知识。我在书中找到纯果乐，看到了该公司的收入状况和其他几个比率。我可以看到这家公司此前的赢利情况，利润占收入的百分比，以及资产负债表上的债务和权益总额——这些都是公司财务状况的简单指标。我还可以查看其他食品公司，把这些公司与纯果乐的财务情况做对比。但自1973年股市崩盘以来，食品行业几乎没有合并案例，因此我没有近期可比较的交易来加以参考。

飞机在凌晨4点降落，我又花了一个半小时找到一辆出租车送我到我的汽车旅馆。我在床上躺了几分钟，然后洗了个澡。我原本打算从芝加哥直接飞回纽约，所以只带了自己穿的这身衣服。我穿上了这套衣服，尝试着理清自己的思路。早上7点半,我走进了纯果乐的办公室。

"我们的时间非常紧张,因为我们原则上已经批准了这笔交易,"肯恩说,"比阿特丽斯收购公司也批准了。我们必须宣布在星期一开市时开盘,所以现在就得处理好所有的问题。比阿特丽斯提供了三种不同类型的结构:一种是普通股和直接优先股的组合,一种是普通股和可转换优先股的组合,一种是普通股和现金的组合。我们需要你就选择哪一种报价组合提供咨询意见。一个小时后开董事会。"

我一夜没有睡觉,身边没有合伙人,甚至没有其他同事,我从来没做过合并交易。我告诉自己,你麻烦大了,现在该怎么办?

刚进入金融行业时,我对工作压力没有足够的思想准备。其实,每次谈判中的每一节点都是一场战斗,有人赢,也有人输。这个行业的人对瓜分蛋糕、给每人都分一点儿不感兴趣,他们想要的是整个蛋糕。我留意到,当周围人的音量飙升、脾气爆发,而此时又需要我做决策时,我就会心跳变快,呼吸变浅,工作效率变缓,自我认知能力和应变能力的把控也随之下降。

我找到的缓解压力的方法是专注于自己的呼吸,减缓呼吸速度,放松自己的肩膀,直到呼吸变得深长。这一做法效果惊人,我的思路渐渐变得清晰,对眼前形势的认识变得更为客观和理性,也更加清楚自己如何才能获得胜利。

在佛罗里达州的那天早上,在我孤军奋战、倍感压力时,我尝试放慢急促的呼吸，放松紧缩的肩膀，直到我能够与所有人进行顺畅的沟通。后来，我顺利解决了所有问题，好像根本没有压力一样。

在我相对较短的职业生涯中，我认识到交易需要把握的几个关键点，这几点对每一方都至关重要。如果你可以将其他所有内容都屏蔽掉，把专注力集中于这些要点上，就能成为一个卓有成效的谈判者。你需要冷静应对所有不同的声音、文书工作和截止日期，不能让这些无关紧要的东西成为你谈判的负担。肯恩和董事会现在需要的就是这样一些清晰的想法。

如果纯果乐的股东接受比阿特丽斯公司以股票的形式支付50%以上的收购金额，则付款结构中的权益部分将免税。最简单的结构是普通股和现金，在4.88亿美元的收购价格中，51%的金额以比阿特丽斯股票的形式支付给纯果乐的股东，其余部分支付现金。其他两个结构的吸引力取决于公司对和纯果乐合并前景的看法。如果有足够的信心，就可以选择直接优先股，这种股票没有投票权，但会在向普通股股东派发股息之前，支付有保证的股息。如果对这笔交易极有信心，那么可以选择可转换优先股，这种股票股息较低，但可以在任何时候转换为普通股。如果股价下跌，那么仍然可以享受股息，而一旦股价上升，则收益无限。我自己肯定不能做出正确的判断。我已经筋疲力尽，睡眼蒙眬。我需要得到指点——如果这笔交易出现差错，我也需要保护自己，免于责难。于是我给彼得打了电话。

"我一小时后就要见到纯果乐的董事会。该怎么办？"他建议我打电话给刘易斯·格卢克斯曼,然后打电话给高级银行合伙人之一鲍勃·鲁宾。我给刘易斯打了电话,把他叫醒了。"刘易斯,这是我根据《股票指南》算出来的倍数。"

"我觉得价格合理。"他说,并推荐了三种结构中的一种。

然后我打电话给鲍勃·鲁宾:"鲍勃,我坐在纯果乐总部,我和刘易斯谈过,也跟彼得谈过。现在情况是这样,我该怎么办?"

"价格听起来不错,"鲁宾说,"至于结构的话,只是一个品味问题。"

董事会的5位成员陆续到来,此时,我至少感觉稍微自信了一点儿。然后我在房间里看到了速记员和两台录音机。我所说的每一句话都会被记录下来。主席安东尼·罗西让我想到了《教父》这部电影。教父正和孙子在番茄地里享受天伦之乐,下一幕就倒地身亡了。安东尼·罗西的模样和声音都跟这一幕的马龙·白兰度一样。"来吧,施瓦茨曼先生。"他指了指旁边的椅子,"坐在我身边。"

罗西年轻的时候从西西里移民来到美国。到达佛罗里达州时,他开了一家杂货店,然后开始做柑橘生意,并创立了纯果乐。他对公司的管理极为严格,甚至不允许任何人的办公室有窗户,以防他们分心。他是唯一一个办公室有窗户的人,因为他要看着卡车把橘子运进来,确保没人偷东西。这笔交易是他毕生心血的完美结局。他是一位浸信会教友,计划将他即将获得的大部分钱捐给宗教基金会。他不是金融家,但他非常精明,建立了强大的公司。我应该对他直截了当，这是最起码的尊重。

"告诉我们，施瓦茨曼先生，"他说，"你给我们的建议是什么？"

在压力管理方面，我学到的另一个诀窍就是花点时间让自己舒缓下来。人们总愿意给我一点额外的时间，这似乎能够让他们放下心来。一旦我准备好，他们就会更加渴望听到我要说的话。所以我停顿了一下，然后开始。

"首先，您不必出售这项业务。"这个信息对罗西来说非常重要。听到之后，他会感觉自己仍在把控全局。"但是，既然您已经决定，接下来就必须弄清楚价格是否具有吸引力。我知道你已经对此感到满意，这也是我的看法。"

我告诉董事会，鉴于比阿特丽斯的财务状况，他们应该对比阿特丽斯感到满意。我借鉴了刘易斯和鲍勃的见解，详细介绍了各种报价结构、税收和时间问题。我向罗西解释说，可转换优先股会带给他稳定的收入，如果股票上涨，可能就会有进一步的上行空间。经过一个半小时的讨论，他们选择了可转换优先股和现金的组合，并要求我与比阿特丽斯的代表银行拉扎德公司确定最终的交易条款。

离开会议室后，我打电话给艾伦。她前一天晚上一直在等我回家。

"亲爱的，我很抱歉……"

"你在哪儿？"

"佛罗里达州布雷登顿。我刚完成一个惊人的交易。"我自己也不太相信。

"什么？我们今晚有个晚宴。"

"我不能参加晚宴了。我现在面临着巨大的压力，必须完成手里的工作。过一会儿再打给你。"

洛马·珀尔马特是拉扎德公司的大师之一，高级合伙人兼并购专家，而我初出茅庐。他本来可以轻而易举地刁难我，但是他没有。

"史蒂夫，这笔交易注定要达成，"他说，"我会按规则走完流程。你只要同意就行了，我不想再讨价还价，因为讨价还价只会弄得一团糟。"

洛马·珀尔马特知道比阿特丽斯并不是唯一一家对纯果乐感兴趣的公司。其他人正在等待机会。纯果乐的董事会不懂金融，聘请的银行家资历尚浅，所以他不想周旋太久。他所需要的就是快速说服董事会，达成交易，各自回家。洛马·珀尔马特知道，如果他有意干扰我，我会发现，或者雷曼兄弟的其他人会发现，这笔交易就会被搁置。所以他尽自己所能简化了交易流程。我们在当天剩下的时间里一起相互配合着工作。

我坐飞机回家的时候，前一天晚上袭击芝加哥的暴风雪正在影响纽约的空中交通。我在凌晨4点半左右回到家，已经48个小时没有睡觉了，困乏交加，精疲力竭，我却没有办法上床睡觉。我把一些原木放在起居室的壁炉里，点着了木头。我原本几乎不喝酒，但这时我给自己倒了一杯拿破仑干邑，开始播放比吉斯乐队的《周六夜狂热》专辑。我坐在安乐椅上，一边想象约翰·特拉沃尔塔①在迪斯科舞池里跳舞,一边回想着前一天发生的一幕幕。4.88亿美元,真是不可思议!这可是当年全球第二大并购交易!这真的是我做的吗?

早上7点,电话响了。是菲利克斯·罗哈廷打来的。他和洛尔·珀尔马特聊过了。我的脑袋仍然充满了干邑、疲惫和《周六夜狂热》专辑,菲利克斯说:"我刚刚听说了纯果乐的交易,首先,我要祝贺你。非常精彩。其次,你才30岁,已经做了一件大事。我知道的情况是,没有合伙人或任何其他人,只有你自己。所以这是你职业生涯中一个巨大的突破。很多人都会嫉恨你。不过,别担心。你与他们不一样,不要让这些事情干扰到你!"

"最后,你现在有责任在公开场合发表自己的意见。当看到可以纠正的错误时,你要大胆地说出来,不要畏缩,因为这是一些人的社会责任。我是其中一个,你现在也是其中一个。"

菲利克斯对银行家能够做出的贡献有自己独到的见解。但我满脑子想的只有谁会嫉恨我。

不一会儿,电话又响了,这次是雷曼兄弟的副主席彼得·所罗门打来的。

"你以为自己是谁?你把纯果乐给卖了?我正在帮菲利普·莫里斯②收购这家公司!正准备做收购要约。菲利普·莫里

---

① 约翰·特拉沃尔塔,美国演员、制片人,代表作品包括《变脸》、《低俗小说》等,自幼学习舞蹈,多次获得奥斯卡提名。——译者注
② 菲利普·莫里斯,全球第一大烟草公司,总部位于美国纽约。——译者注

斯是我们最大的客户,你却要横插一刀?!我周一就去找执行委员会。我们要开了你!星期一,你就变成过去时了!"

"我知道泰迪·罗斯福与你谈过,"我回答道,"你从来没有向他提起有关纯果乐的任何事情。"

"周一早上,史蒂夫。周一早上你就从公司滚蛋了!"啪的一声,他把电话挂了。

不过我知道真相,于是给彼得打了电话。我向他保证,泰迪特意问过所罗门,是不是存在冲突,当时所罗门没有说菲利普·莫里斯对纯果乐有兴趣。

"荒唐,"彼得说,"别担心。"

星期一,所罗门怒气冲冲地找到执行委员会,汇报了自己跟菲利普·莫里斯的交易被我破坏的事。办公室里的每个人都在揣测我的未来,我好像被豺狼包围着。但感谢上帝,彼得在支持我。他完全不吃所罗门那一套。

6
寻找竞争最小、机会最大的领域

WHAT IT TAKES
Lessons in the Pursuit of Excellence

由于纯果乐的交易，我晋升为合伙人。我的庆祝方法是重新装修自己的办公室。如果每天要花12个小时办公，那么我希望自己的办公室能够帮我疏解工作带来的一切心理压力，是一个舒舒服服的空间，就像英式房子里漂亮的起居室或图书馆。我把一部分墙面涂成了红褐色，其余的墙面贴上了我在李·伊士曼家里见到的那种草布。我选择了巧克力色的地毯、印花棉布椅子，还有一张19世纪90年代的合伙人桌子。办公室装饰得精致典雅。公司没有其他人做过类似的事情。他们对工作的感悟不是这样的，但我觉得自己不是在工作。办公室是我的第二个家，我希望这里漂亮舒适，赏心悦目。

1969年，刚加入帝杰证券时，我感觉自己的脸紧紧地贴在一面玻璃上，玻璃的另一边是彼时只存在于我想象中的生活。而差不多10年后，这已经成为我的现实人生。1979年的一天，我刚刚完成了一笔交易，另一个合伙人从我的办公室门口探进头来，问我和艾伦是否愿意和他一起去埃及。明天就去，在金字塔旁边吃晚餐。我们的一位客户赞助了此次活动，雷曼兄弟认购了一个桌子的席位，需要大家出席。第二天，我们和其他100位客人一起乘坐泛美航空公司的飞机出发。飞机在巴黎加油的时候，舱门打开，款款而来的是50个我这辈子见过的最漂亮的女人，她们将去开罗为我们走秀。在开罗，我们直接越过海关，一路都有摩托车队开道，把我们护送至斯芬克斯旁边的酒店。那天晚上，我们参加了设计师皮埃尔·巴尔曼的时装秀。第二天下午，我们与埃及总统安瓦尔·萨达特和他的妻子杰汉一起喝茶。萨达特因与以色列积极谈判用和平手段收复失地获得1978年诺贝尔和平奖。在最后一个晚上，我们在金字塔和狮身人面像前的沙丘上与500人共进晚餐。我的餐桌在萨达特总统餐桌的旁边。晚上，法兰克·辛纳屈唱着《纽约纽约》。这是我一生中最难忘的夜晚之一。

乘飞机回家时，几乎每个人都拉肚子，我也不例外。但瑕不掩瑜，这次旅行依然无与伦比。这就是我之前梦想拥有的非凡经历。现在我想要的更多。

1980年，《纽约时报》周日商业版的头版刊登了一篇关于我的报道，配了一张照片，把我誉为雷曼兄弟的"合并交易达成者"。记者这样写道："他拥有争取成功的强大动力，锲而不舍的坚强意志（他曾经在一场越野比赛中跌断手腕，但依然完成了比赛），充满了活力和感染力，周围的人都喜欢跟他共事。"我是九年级的时候参加的越野赛，赛后立刻被送往医院。文章接着说,"施瓦茨曼先生表示,他处理问题的方式是换位思考,'如果我面临他们的处境,我会怎么做'。他认为这一思维模式成就了他与别人的融洽关系。他仍然在学习如何与人相处,他会认真倾听别人的表态,相信他们肯定事出有因。这种倾听的艺术赋予他超强的记忆力"。

这篇文章准确地描述了当时的我。对我而言,倾听他人的看法是理所应当的做法,这却让我在华尔街独树一帜。在与他人交往过程中,我从不急于表达自己的观点,极力推销自己手里的东西,而总是选择倾听。我会静静等待,关注对方要什么、想什么,然后着手满足对方的需求。我很少在会议上做笔记。我只是非常关注对方说话的内容和表达的方式。如果可以的话,我会尝试找到一些可以与对方产生联系的触点,一些一致之处,或一些共同的兴趣或经历,让公对公的交流变得更富有人情味。这种做法听上去是常识,但在实践中,显然很少有人能够做到。

我会全神贯注地倾听对方,由此带来的一个结果就是,我可以回想起事件和对话的细节,好像这些细节已经印在了我的大脑里。许多人失败是因为他们从自身利益的立场出发,只选择性地听取与自己有关的话题,至于其他的话题他们总觉得"这对我有什么用",他们永远无法从事最有意思和最有价值的工作。仔细聆听对方谈话的内容、认真观察别人表达的方式,这种做法能极为有效地帮我找到"我能提供什么帮助"这一问题的答案,这也是我一直以来在问自己的一个问题。如果我可以帮助别人,并成为解决其问题的朋友,那么其他的一切都会随之而来。

人们最感兴趣的话题永远是"自己的问题"。如果你能发现对方的问题所在，并提出解决方案，那么他们一定愿意跟你沟通，无论他们的等级或地位如何。问题越困难，解决方案越少，你的建议就越有价值。为人人避之不及的问题提供解决方案，才是竞争最小、机会最大的领域。

20世纪80年代早期，不仅仅是我自己发展得不错，雷曼兄弟也连续5年获得了创纪录的盈利。我们的股本回报率击败了所有竞争对手。我成了兼并和收购部门的主席，为公司一些最大的客户提供咨询服务。在雷曼兄弟位于沃特街的办公室，每天我的时间都不够用。我们的部门在交易规模上仅次于高盛，但我们的交易量超过高盛，在华尔街稳居第一。

到那时，彼得担任雷曼兄弟的首席执行官和董事长已有10年时间。是他把雷曼兄弟从深渊边缘拉了回来。虽然他并不特别喜欢金融，但他的优势在于他在商业和政治方面的关系。他可以打电话联系到任何人。他比我大21岁，但我们已经建立了密切的工作关系，我们相互补充。他可以凝聚团体，培养人际关系；我可以发起并执行交易。他是一个思想家，宽容大度，善于反思。而在必要情况下，我会守土有责、寸土必争。我执行完成了彼得发起的很多交易。公司的人认为我们俩是一个团队。我们存在一种默契的信任。但在雷曼兄弟这个大家族里，不同势力分裂割据，而彼得由于易于轻信别人，最终让自己陷入困境。

在20世纪80年代早期,雷曼兄弟的交易部在牛市中赚取了巨额利润。他们的主管是刘易斯·格卢克斯曼,在纯果乐的交易中,他为我提供了帮助。但总的来说,他的情绪波动如资本市场一样剧烈。他完全不知"自我情绪控制"为何物。他穿着皱巴巴的西装或衬衫在交易大厅里漫步,衬衫下摆露在外面,嘴里叼着一根未点燃的雪茄。有一次,他大发雷霆,把一部电话机从墙上拽了下来,砸到一个平板玻璃窗上。还有一次,他火气大到把自己的衬衫撕开,衬衫扣子散落一地,而他自己赤裸上身,满脸怒气地走来走去。1983年,他去找彼得,要求晋升。彼得同意他担任公司总裁。彼得认为这是正确公平的做法。但他不了解刘易斯·格卢克斯曼这样的男人。几个月后,刘易斯走进彼得的办公室,说总裁的职务只是一挂香蕉中的一根,现在他想要整挂香蕉,他想成为联合首席执行官。彼得不想与他发生争执,于是默许了。8周后,刘易斯回来了:"我想自己担任首席执行官,我希望你离开。"他和交易合伙人组织了一场政变。直到彼得让步后,他才把刘易斯的最后通牒告诉了我。我感到非常震惊。

"你为什么不反击?"我说,"你可以利用自己的资源,把这个人赶出去。很多合伙人支持你。你至少该跟我谈谈啊!""不用跟你谈,我也知道你会怎么说。"他说,"你会想把他杀了。我了解你。我跟你不一样。我已经在这里待了10年了,是我让雷曼兄弟从濒临崩溃转危为安,现在我们又都赚了大钱。我为什么要破坏这一切呢?反击是不值得的。再说了,我也不懂交易。如果把格卢克斯曼踢出局,那么交易部怎么办?"

"你不需要懂交易,"我说,"只需要聘请高盛或摩根大通最好的交易员就行了。"

"公司会四分五裂的。"

"如果有人挑战你,你就得把公司搞到土崩瓦解。再重建就是了。"

"不要,"彼得说,"这是你的做法,不是我的。我在这里跟人争斗了10年,我已经厌倦了。"于是彼得离职了。他当年57岁,刚做了脑瘤手术,结果是良性的。等他到60岁时,公司会要求他开始卖出股票,进行资金兑现。如果他能得到一个好的离职补偿方案,那么这对他和他的家人来说似乎是最好的选择。

我知道这样的结果对公司极为不利。就在彼得离开后几个月,雷曼兄弟陷入了困境。刘易斯和他在伦敦办公室的一些伙伴进行了大量的商业票据交易。商业票据是为没有抵押品的公司提供的贷款,如果借款人违约,票据的所有人就无法获得任何资产的索取权。此类贷款加杠杆后可以带来丰厚盈利,而且通常期限很短(30天、60天或90天),这意味着此类交易风险较小,一般情况下借款人可以确保能在较短的规定期限内偿还。

由于市场不断上涨,刘易斯和他的团队变得贪得无厌,他们购买了久期为5年的票据,这些票据的利率更高,但也意味着其风险水平大大增加。不久，市场震荡逆转，票据价值暴跌。他们在交易中的损失超过了公司的总权益。雷曼兄弟又回到了破产的边缘。

刘易斯的这些交易是秘密进行的，但市场上出现了流言蜚语，开始是在伦敦，后来传到了纽约。我是从伦敦办公室的好朋友史蒂夫·伯沙德那里听说的。总部派他去英国打理公司的企业融资业务。交易部门的操作令他非常不安，于是他安排了审计人员进行审查。"公司破产了，"史蒂夫在电话里告诉我，"我们的自有资本已经赔光了。"

刘易斯召集了所有合伙人开会。我们70多人坐在33楼的大型会议室里，他说："我知道伦敦有一些关于仓位的谣言。这些谣言完全是无中生有。我们没有问题，我会立刻开除那些造谣生事的人！"

刘易斯没有公开问题、寻求帮助，而是选择继续自欺欺人。我预想公司董事会的个别高级合伙人会质询他。相反，他们默然地听着，然后窃窃私语地离开了会议室。显然，他们是受到了惊吓，颇感困惑。事实证明，刘易斯的领导特质是有害无益的，人们立即想知道如何在公司破产前确保自己的权益。谢尔顿·戈登是雷曼兄弟投行部门的负责人，也是公司的副主席。他和刘易斯一起做过交易员，人们通常认为他是刘易斯最亲密的盟友之一。但我知道他做事聪明，为人体面，也听说他正在与董事会的其他成员探讨各种选择。于是我去找他。

"你知道纸里包不住火。"我说，"很多人都知道刘易斯在撒谎。我知道公司已经破产了,你也知道公司破产了,如果外面的人发现我们的资金没了,那么公司一定会崩溃的。合伙人不会去找他谈的,因为怕被炒鱿鱼。如果我们不出售公司,一旦这事传扬出去,你不觉得我们就完蛋了吗?"

"是的,"他表示同意,"我们就完蛋了。"

"你想出售公司吗?"我问。作为兼并和收购业务的负责人,我认为自己应该可以找到方法,让一家更强大的公司介入并拯救雷曼兄弟。虽然我们出现了各种各样的问题,但雷曼兄弟仍然是一家伟大的公司,拥有全球知名品牌和才华横溢的人才队伍。

"当然。"谢尔顿说,"如果发生这种情况,我们就死定了。但是你需要在几天内完成交易。时间不等人,我们没有时间了。"他说得很对,所以,在他说话的时候,我已经在思索潜在的收购者了。

我名单上的第一个人是美国运通旗下西尔森投资业务的董事长兼首席执行官彼特·科恩。他与我年龄相仿,是华尔街最年轻的首席执行官之一。美国运通有收购雷曼兄弟的资金,我也知道科恩很有野心,早就希望西尔森能进军投行业务圈。他也是我在汉普顿的隔壁邻居。我们在一些社交场合打过交道,私下做个提议应该不难。当周周五,我给他打了电话。第二天早上,我去看他。我们在他家的车道上见了面。

"我们的交易出现了很大的损失,"我解释道,"我们真的不想出售公司,但目前我们也只能这样做。如果你有兴趣,并能在接下来的几天内采取行动,我就给你一个一次性的特别方案。"那个周末,他与美国运通首席执行官吉姆·罗宾逊进行了沟通。周一,他打电话给我,说他愿意与雷曼兄弟做一笔交易,并给出了3.6亿美元的报价。所罗门兄弟两年前以4.4亿美元的价格被出售,但所罗门的交易业务规模更大,也没有处于破产边缘。在事态紧急、时间紧迫的情况下,3.6亿美元也许是我们能拿到的最好的报价了。

谢尔顿把这个消息告诉给了合伙人。他表示,这样大家都会得到丰厚的回报,但如果他们再等下去,就可能什么也得不到。其他合伙人在将刘易斯排除在外的情况下进行了讨论。除了其中一个刘易斯最亲密的盟友之一,剩下所有的合伙人都批准了这笔交易。两天后,《纽约时报》的头版报道了这一消息。还有一些细节没有敲定,交易也有可能无法达成。但我们通过这个方式控制了新闻内容,这种公开报道的方式也控制了美国运通,防止他们改变主意。这是一个爆炸性新闻,宣布之日,投资者和新闻记者蜂拥而至,要求提供更多信息。雷曼兄弟成立于1850年,在华尔街拥有超过125年的历史。这笔交易无论是时间点还是标的额,的确都出人意料,令人震惊。

直到傍晚,我才意识到我还没有和刘易斯交流。谢尔顿和其他合伙人以智取胜,刘易斯败局已定。公司已经被出卖了,他的首席执行官之旅也就走到了尽头。我去了他办公室,这是彼得以前的办公室。房间里很黑。我觉得他肯定已经回家了,但还是敲了敲虚掩的门。

"你好，有人吗？"我问。一个小小的声音回应了我。我看到刘易斯坐在靠墙沙发的尽头。

"你为什么坐在黑暗中？"我问道。

他说他很惭愧。他摧毁了自己所爱的公司。"我正在考虑给自己一枪。"

我说："我能坐下吗？"他摆了摆手，让我过去。

"刘易斯，你不是故意的。有时候就是会发生意想不到的事情。"

"我知道，"他说，"但我有责任，所以这是我的错，不管我是不是故意的。"

"你试图做一些好事，结果出问题了。这对公司来说确实是一个可怕的结果。但大家都必须要继续生活。如果你自杀，什么都不会改变。这只是悲剧中的另一场悲剧。你还不算老，永远都有未来。你应该以某种方式重新塑造自己。"

我们聊了差不多半个小时，然后我回到了自己的办公室。我36岁，卖掉了雷曼兄弟。我可以自由地离开这家后期让我忍无可忍的公司，我倍感轻松，兴奋异常。但始作俑者刘易斯·格卢克斯曼却坐在自己的办公室，羞愧自责，甚至想到自杀，只是担心这会对他的女儿造成负面影响。他说自己热爱这家公司，也许这种感情是真实的，但可悲的是，最终他葬送了他热爱的公司。

我只想尽可能快地离开雷曼兄弟。在谈判的早期，我就告诉彼特·科恩，当雷曼兄弟的合伙人没有解雇刘易斯时，我就对他们失去了信心。彼特·科恩准许我随时可以离职。然而在谈判期间，他打来电话，让我到公司来一趟。他坚持要求雷曼兄弟的所有合伙人签署非竞争协议，在离开公司三年内，不可以在竞争对手公司供职。我告诉他，非竞争协议跟我没有关系。因为之前他就知道我要离开雷曼兄弟了。

"问题是，美国运通董事会昨天开会，"他说，"彼得森走了，格卢克斯曼等于也不在了，所以现在你就是董事会成员最为熟悉的人。他们昨天在会上说的是我们正在招揽人才，如果留不住人才，我们就没有理由收购雷曼兄弟。你就是人才队伍的代表性人物，所以公司要求你必须签署非竞争协议，这也是交易的条款之一。如果你不想遵守这个条款，那就不要做这笔交易了。"

"可是，这笔交易已经宣布了。"我说。

"我知道已经宣布了。但是如果你不签署非竞争协议，我们就宣布交易无效。你的公司将会破产。破不破产跟我没关系。你决定吧。"

"你开玩笑的吧？"我说，"我们两个已经说好了。"

"我不是在开玩笑，我是认真的。"我知道，目前我是唯一一个没有签下非竞争协议的合伙人。整个交易能不能达成现在完全取决于我。如果我拒绝了，这笔交易就会失败，而雷曼兄弟也会破产。但是，我非常渴望获得自由，三年的代价实在是太高了。艾伦说三年没什么大不了的，相信我能想出办法舒心度过。我的伙伴也蜂拥而至，希望我采取合作态度。

我刚开始在雷曼兄弟工作时，一位合伙人告诉我："在雷曼兄弟，没有人会在背后捅你。他们会走到你面前捅你。"公司内部充满争斗，人人为己。我从公司的建筑风格看出了这点，也在哈佛商学院的论文里写过。但我曾经喜欢过这一点。所有内斗都有一丝黑色幽默的味道。我的朋友布鲁斯·瓦瑟斯坦曾担任第一波士顿兼并收购业务的主管，他曾对我和埃里克·格莱切说："我不明白为什么雷曼兄弟的所有人都互相仇视。我和你们两个相处得就很好啊。""如果你在雷曼兄弟，"我告诉他，"我们也会嫉恨你。"

而现在，彼得走了，公司卖了，这是我离开雷曼兄弟的最好时机，我知道我总能通过某种方法赚到钱。到底该何去何从，我需要一些思考空间。我在中央公园南的丽思卡尔顿预订了一个房间。我在公园里走了很长时间，一直不断地思考，终于想到一个妥协的方案。我打电话给彼特·科恩，说我可以留在雷曼兄弟一年，而不是三年。之后我会自己创业，而不是加入雷曼兄弟的大型竞争对手公司。他同意了。最后，不管他说了什么，他还是像我一样想达成这笔交易。

收购完成后，美国运通首席执行官吉姆·罗宾逊邀请我来见他。

"我希望我们能够建立一种非常富有成效的关系，"他说，"但我听说你不太开心。"

"为什么会开心？"我说，"我在一个我不喜欢的地方工作。"他说他对彼特·科恩的谈判内容一无所知。

"我们对你做的这件事非常不厚道,"他承认道,"不如你到我旁边的办公室来,就在我和路易斯·郭士纳中间的办公室。"郭士纳当时是美国运通旅行和信用卡业务的负责人,后来成为美国运通公司的总裁、RJR 纳贝斯克的首席执行官,后来担任 IBM 的首席执行官。"你可以处理美国运通的一些交易,并向郭士纳传授金融方面的知识。他是负责运营的。"

这似乎好过一直在雷曼兄弟办公室里坐着。于是我有了两个办公室,并开始坐在吉姆·罗宾逊旁边的办公室,把大量时间花在美国运通。我很感激他的厚待,但他很快就能感觉到我是多么渴望离开。他提议在非竞争协议有效期内,我可以再在华盛顿找一份工作。他甚至帮我安排了与当时的里根总统办公厅主任吉姆·贝克会面。

在首都工作一段时间的机会对我充满吸引力。从事金融行业的人不可能不被政府对经济的影响所吸引。埃夫里尔·哈里曼和菲利克斯·罗哈廷计我相信商业和政治相互交汇的生活是那样动人心魄、令人神往,两个世界运行的方式目的不同,却又时时出现交叉重叠之处。我曾在 1982 年在白宫见过吉姆·贝克,那是一次关于刺激经济的会议。当时,整个经济萎靡不振,即便是评级最高的公司,借贷成本也高达 16%。会议室里大约有 20 个人,我永远不会忘记那些家伙看起来多么惶恐不安,他们担心美国经济永远无法恢复增长。不过,华盛顿的贝克在充满钩心斗角的世界中通达圆融,做事高效,令人印象深刻。

我与吉姆的面谈进展顺利。我们还讨论了一下我成为白宫办公厅第四号人物的可能性,然后贝克成为财政部部长。财政部唯一的空缺职位就是政府债务发行主管,这个职位已经空缺两年了。所以我告诉吉姆,显然这不是一项急需做的工作。对我而言,时机尚早。

我还剩余 6 个月的时间,但我已经开始进行退出谈判。我想退出并非易事。彼特·科恩并没有告诉董事会他是如何将我留下来的。我需要为自己找一个律师,但考虑到西尔森美国运通公司的规模,我很难找到律师愿意接受我为客户。最后,我找到了一位勇敢的律师,史蒂夫·沃尔克,他是谢尔曼·思特灵律师事务所的首席并购律师(此后担任花旗银行副董事长)。他的同事是菲利普·道曼(此后担任维亚康姆的首席执行官兼董事长)。他们听了我的故事,答应为我而战。

结果证明,我对科恩的预感是正确的。尽管他做出了承诺,但他从来没有打算让我离开。他担心我会把客户带走,也担心如果走漏风声,别的合伙人知道了我的特别优待,他们就会提出同样的要求。西尔森要求我不跟美国运通抢夺这一组客户,如果我坚持跟另外一组客户合作,就需要支付他们一定比例的费用。我们的谈判耗时漫长,双方都怒气冲天,争得面红耳赤,不可开交。但我想离开,继续自己的生活。彼得的介入帮助我们达成了最终协议。签署协议过程中,科恩和他的团队不止一次爽约,他们两次让我一个人坐在空荡荡的会议室里,桌子上摆满了所有最终的文件。最后我们确定交换签名协议时,彼此的愤怒和怨恨都写在脸上,一目了然。对一场了不起的合作而言，这是一个可怕的结局，但也是一个重新开始的机会。

那时，我已经非常了解自己了。从高中到耶鲁大学、哈佛商学院，以及在雷曼兄弟一次又一次的经历，事实证明，几乎任何困难都压不倒我。我可以构思出有价值的伟大设想，并把设想变为现实。阿姆斯特朗教练让我理解了坚持的价值，他教导我，额外的付出一定会换来意外的收获，每次都要让我多跑几英里，让我付出额外的努力。日久天长，日积月累，这些付出逐渐变成了一种志在必得的信念，一种锲而不舍的精神。这就是我无形的资产，当我需要的时候它就会在那里供我撷取，取之不尽，用之不竭。此时此刻，我已经想好利用这些无形的资产进行怎样的投资，以此推进我的职业生涯。

初入华尔街，我曾打错过字、算错过数，随之而来的尴尬让我了解了一丝不苟、消弭风险和寻求帮助的重要性。今天在华尔街，只需轻击键盘就可以完成我们以前必须手动完成的计算。但是，通过这种方式，我体察到了设计交易的复杂之处，体验到了必须协商的微妙之处。这样的精通需要经验、耐力和对痛苦的忍耐。这个过程产生了最大的回报。

纯果乐的交易让我了解到，在压力面前，我的能力远远超过我的想象。彼得·彼得森向我展示了伟大导师和合伙人的价值。我与一些优秀人才建立了宝贵的关系，包括公司的同事和像杰克·韦尔奇这样的高管（杰克·韦尔奇后来不断出现在我的职业生涯里）。我曾经历过最好的华尔街，享有过执行复杂交易的巅峰，体验过处于宇宙中心的感觉，也有幸与世界上一些最有趣的人交流信息，沟通思想。

从雷曼兄弟退出的经历让我看到了最糟糕的华尔街，每个人都只是为自己着想。雷曼兄弟合伙人没有人敢站出来跟刘易斯·格卢克斯曼较量，我从中看到恐惧和贪婪是如何扭曲了品行和道德。我曾见到他人的报复心和嫉妒心。我卖出了雷曼兄弟，又被迫留在雷曼兄弟，这个经历不仅使我认识到一个优秀律师的价值，还让我了解到，厄运当头，金钱也不是良方。

苏世民成功人生的十大信条

❶ 卓越成就 = 原则 + 经验 + 教训 + 做法。

❷ 有意义的人生 = 创造出人意料、影响深远的新事物。

❸ 成功的秘密：发现机会、抓住机会、永不言弃。

❹ 面对问题时，要勇于挑战权威、挑战等级制度。

❺ 忧虑是一种积极的心理活动，它可以开阔人的思路。

❻ 人生有无限可能，你可以成为你想成为的任何人，做成你想做的任何事。

❼ 了解问题的角度越多，越接近问题的答案。问题越困难，解决方案越少，你的建议就越有价值。

❽ 追求卓越的人往往对学习充满热情，孜孜以求，他们善于提问、勤于思考，能够敏锐地捕捉到想法之间的联系，从不失手。

❾ 成功就是充分利用那些你无法预测的罕见的机会，但抓住这些机会的前提是你必须时刻保持开放的思维、高度的警觉和严阵以待的姿态，并愿意接受重大变革。

❿ 有时现实与自己想象的生活和事业之间存在巨大差距,这一差距会压得人喘不过气,几乎令人绝望。人们往往只能看到成功的光环或是失败的黯淡,却忽视那些可能彻底改变人生轨迹的转折点,可正是在这些转折点上,我们学到了事业和人生中最重要的经验和教训。

决策　难度　利益

　　投资者一直在寻找极好的投资,你越是降低他们决策的难度,每个人获得的利益就越大。

信息　视角　连接　预测

　　商业中最重要的资产就是信息。你知道得越多,你拥有的视角越多,可以建立的连接就越多,进行预测的能力就越强。

竞争　机会　价值

问题越困难,解决方案越少,你的建议就越有价值。为人人避之不及的问题提供解决方案,才是竞争最小、机会最大的领域。

付出　信念　资产

付出会逐渐变成一种志在必得的信念，一种锲而不舍的精神。这是无形的资产，当你需要的时候它就会在那里供你撷取，取之不尽，用之不竭。

WHAT IT TAKES   Lessons in the Pursuit of Excellence

第二部分
决 策

企业 10 分人才观

得 8 分的人是任务执行者，得 9 分的人非常擅长执行和制订一流策略。如果公司都是 9 分人才，就可以获得成功。但 10 分人才，无须得到指令，就能主动发现问题、设计解决方案，并将业务推向新的方向。

创业　成败　时机

　　创业的成败往往取决于时机。创业太早，客户还没准备好。创业太晚，竞争对手又太多。

时间　伤害　交易

　　时间会对所有交易产生负面影响。等待的时间越长，越有可能出现意料之外的棘手事件。

坚持　获得

　　仅仅凭借锲而不舍的意志力，你就可以让世界筋疲力尽，做出让步，把你想要的东西给你。

WHAT IT TAKES Lessons in the Pursuit of Excellence

1
为人所不为，为人所不能

WHAT IT TAKES

Lessons in the Pursuit of Excellence

    现在，我和彼得已经摆脱了雷曼兄弟，可以再次合作了，于是我们开始认真讨论自己创业。我们以及我们的妻子在彼得东汉普顿的家中进行了第一次讨论。

    "我想再次与大公司合作。"彼得说。离开雷曼兄弟后，他开办了一家小公司，做了一些小额交易。

    "我只是想和彼得再次合作。"我说。我 38 岁，在雷曼兄弟所赚的钱已经可以供养自己年轻的家庭。当时，我们有两个孩子，吉比和泰迪，他们身体健康，也都在很好的学校就读。我们在城里有一套公寓，还在靠近海滩的地方有一所房子。在职业发展方面，我已经达到了想自己创业的阶段。我觉得我所积累的专业知识和经验，以及丰富的个人和专业资源可以确保创业成功。艾伦在此前一年见证了我在雷曼兄弟所承受的痛苦和煎熬，她表示："我希望史蒂夫能够开心起来。"

    彼得的妻子琼是儿童电视节目《芝麻街》的创始人。她有一个连大鸟①都能理解的简单而直接的目标:"我想要一架直升机。"

"好的。"我说,"既然我们知道每个人都想要什么,那么现在开始行动吧。"

————

从惠普到苹果,硅谷的许多优秀企业都是在车库中创立起来的。在纽约,我们的创业则从吃早餐开始。1985年4月,彼得和我每天在东65街和公园大道的梅菲尔酒店的庭院餐厅开会。我们总是第一个到达,最后一个离开,一谈几个小时,反思我们的职业生涯,研究我们可以一起做的事情。

我们的主要资产是我们的技能、经验和声誉。彼得是一位顶尖的学生,是美国大学优等生协会的成员。他做事循规蹈矩,有条不紊;他善于分析,可以通过逻辑推理弄清事情的来龙去脉。他认识纽约、华盛顿和美国商界的每一个知名人士,可以与这些人轻松随意地相处。我认为自己更相信直觉,可以快速读懂对方,洞察对方的心理,了解对方的需求。我果断而坚定,可以准确地做出决定并快速执行,是当时颇具名气的并购专家。我们的技能和个性迥异,正好可以互补。我们相信我们会成为好伙伴,市场会青睐我们的服务。即使大多数初创企业都失败了,我们也确信自己的公司不会。

---

① 大鸟,《芝麻街》里的卡通角色之一。——译者注

通过观察父亲经营小店的做法和得失，以及凭借后来为很多企业和企业家提供咨询建议的经验，我得出了关于创业的重要结论：创立和运营小企业的难度和大企业相差无几。一个企业的创立，无论规模大小，都有一个从无到有的过程，你会承受相同的经济负担和心理压力。筹集资金并找到合适人才的难度也同样大。在同样的困难和压力面前，要确保创业成功，唯一的办法就是全身心的投入。因此，如果你要将自己的生命奉献给一个公司，就应该选择一个发展潜力巨大的企业。

在我职业生涯的早期，我曾问过雷曼兄弟一位年长的银行家，为什么与类似规模的工业公司相比，银行借款必须得支付更高的利息？"金融机构破产只需要一天时间，"他告诉我，"一家工业公司可能需要数年时间才会失去市场地位，最终破产。"我已经在雷曼兄弟近距离看到了这种情况——在金融界，突如其来的运气逆转，一笔糟糕交易，一笔不良投资，都可能将你击垮。我们不会在一艘随时都有可能倾覆的小船上开始创业之旅。我们希望因卓越而广受赞誉，而不是靠勇猛而草率起航。

从一开始，我们就致力于建立一个强大的金融机构，可以经受数次所有者和领导层更替的考验。我们不想成为一家典型的华尔街集团：成立公司、赚钱、失败、继续前进。我们希望与业内最伟大的品牌并驾齐驱。

我们最了解的是并购业务。当时，并购仍然是大型投行的重要业务领域。在这一领域，我们既有非凡的业绩，又享有很好的声誉。并购需要人力和智力资本，但不需要资金，这个业务在给我们带来收入的同时，还能让我们有时间研究可能从事的其他服务。我唯一担心的是并购存在周期性，仅凭这一个业务未必能维系我们的生计。如果经济萧条，我们的业务也会随之衰微。但我们相信市场对新型精品咨询公司服务的需求会与日俱增。我们最终还是希望获得稳定的收入来源，而并购是一个很好的起点。然而，要建立一个稳定持久的机构，我们需要做的工作还有很多。

当我们坐在梅菲尔酒店构思设计时，我们不断讨论到一条潜在的业务线：杠杆收购（LBO）。在雷曼兄弟，我曾为世界上最大的两家杠杆收购公司KKR（科尔伯格-克拉维斯-罗伯茨集团）和福斯特曼-利特尔公司提供过咨询服务。我认识亨利·克拉维斯，和布赖恩·利特尔打过网球。关于他们的业务，有三件事让我印象深刻。第一，无论经济环境如何，杠杆收购都可以从经常性费用和投资利润中收集资产、赚取收入。第二，你可以真正改善所收购的公司。第三，你可以赚大钱。

典型的杠杆收购是这样的：一个投资者决定收购一家公司，部分资金自付，类似于购房的首付款，剩余的资金进行借款，即加杠杆。如果被收购的公司是上市公司，收购后，公司就会退市，其股份也会私有化，变为私募股权。公司通过自己的现金流支付其债务利息，而为了公司发展，投资者会改善企业运营的各个方面。投资者收取管理费，在投资最终变现时，获得部分利润。投资者所采取的运营改进措施包括：提高制造、能源利用和采购效率，新产品线投产，新市场拓展，技术升级以及公司管理团队的领导水平提升。几年之后，如果这些努力能够获得成功，公司就会取得长足发展，投资者可以以高于收购价格的定价将公司出售，或者可能再次使公司上市，从而获得原始股权投资的利润。这就是杠杆收购的基本主题，围绕这个主题可以衍生很多变化，但基础不会变化。

所有投资的关键都是充分使用手中的一切工具。我喜欢杠杆收购的概念，因为这种操作提供的工具比任何其他形式的投资都多。首先寻找合适的收购资产标的，与标的所有者签署保密协议，并获得关于拟收购企业的更多详细信息，完成尽职调查。接下来，与投行银行家研究资本结构，以确保在经济环境转向不利的情况下，保持财务灵活性，进行投资，获得盈利。之后是选择自己信赖的经验丰富的高管来改善所收购企业的运营。如果一切顺利，在出售企业时，前期投入的债务会提高股本价值的回报率。

这种投资比股票投资要困难得多，需要常年付出、出色管理、努力工作、持之以恒，还需要老练的专家团队。但如果能一次又一次成功地进行杠杆收购，就可以获得极为可观的回报，像阿姆斯特朗教练在阿什顿中学那样，创下186赢4输的纪录，赢得投资者的信任。成功的投资可以为投资者——包括养老基金、学术和慈善机构、政府和其他机构以及散户投资者带来回报，还有助于保障和提高数以百万计的教师、消防员和企业员工的退休金。

　　与并购不同，杠杆收购并不需要不断涌现的新客户。如果我们能够说服投资者将资金投入基金，锁定10年，我们就有10年的时间来赚取管理费，并不断改善我们收购的公司，为投资者和我们自身带来巨大的利润。即使经济衰退，我们也可以幸存下来，如果幸运的话，甚至还会发现更多的机会，因为恐慌的人会以低价出售他们的优质资产。

　　早在1979年，我就研究了KKR集团收购工业抽水机制造商乌达耶的资金募集说明书。这是最早的大型杠杆收购案例之一，是收购界的罗塞塔石碑①。在收购制造商乌达耶时，KKR仅用现金支付了交易额的5%，其余的资金全靠借款。这一杠杆比例意味着，如果乌达耶公司增长5%，KKR的权益则将增长20%~30%。我一直想使用雷曼兄弟的资源做类似的交易，但因无法获得足够的内部支持而作罢。

　　两年后，媒体和电子产业巨擘RCA公司决定出售吉布森贺卡公司，请我担任银行家。吉布森贺卡公司当时是美国第三大贺卡公司，但这一资产与RCA的其他业务领域不相匹配。我们联系了70位潜在买家，只有两个机构感兴趣，一个是撒克逊纸业，后来我们发现这是个骗子公司。另一个是韦斯雷公司，它是由财政部前部长威廉·西蒙参与创立的小型投资基金。韦斯雷给吉布森贺卡公司开出的报价为5 500万美元，我们设定了

---

① 罗塞塔石碑，高1.14米，宽0.73米，制作于公元前196年，刻有古埃及国王托勒密五世登基的诏书，是当前研究古埃及历史的重要里程碑。——译者注

完成交易的日期。韦斯雷的投资者只投入了100万美元的自有资金，但向我们保证，他们能在截止日期前搞定剩余的资金。但是，他们没有做到，于是我们给了他们一个月的延期。一个月后，资金依然没有到位。当时还是没有其他的买家。他们请我们再给一次机会。后来我发现他们试图卖出吉布森的制造车间和仓库，然后回租。他们本来想通过这样的操作获取所需的交易资金，但没有成功。我想：就这样算了吧。

与此同时，吉布森的利润开始走高。虽然我们还没有找到合适的买家，但我建议处理这笔交易的RCA主管朱利叶斯·科佩尔曼提高吉布森的报价。他提出再加500万美元。我告诉他们，由于吉布森的利润不断增加，即使提高500万美元，新报价也远远不能反映吉布森的价值。但他们没有接受我的建议：RCA迫切希望把这个公司卖掉，希望迅速完成交易，对卖出最高价格并不感兴趣。我极不赞同这一做法，所以，当RCA让我出具有关6 000万美元出售价格的公平意见时，我拒绝提供，这个表态带来了争议，当时极少有人这么做。6个月后，交易达成，科佩尔曼离开RCA，成为韦斯雷的顾问。

在韦斯雷收购吉布森之后，我特意去找彼得和刘易斯·格卢克斯曼，把我的看法告诉了他们。我表示，将来某一天，韦斯雷会赚很多钱，而我们会被指责没有胜任这项工作。如果对客户的选择有异议，一定要进行书面记录，这样一旦事情出错，你也不会被责备。果不其然，16个月后，吉布森上市，估价达到2.9亿美元，雷曼兄弟遭到了RCA的投资者和媒体的强烈批评，因为售价太低了。韦斯雷在一笔交易中赚的钱比雷曼兄弟一年赚的钱还多。吉布森被广泛誉为首批成功的高利润的杠杆收购案例之一。这也是我和彼得希望在我们新公司做的交易类型的完美案例。

令人欣慰的是，吉布森上市后，杠杆交易引起了雷曼兄弟的关注。当时的首席执行官彼得不遗余力地开展这项业务。在他去芝加哥出差之前，他让我整理一份可能开展的收购清单。我选择了斯图尔特-华纳公司，这是一家仪表板和体育场馆记分牌制造商。一如彼得的风格，他恰好认识公司主席本内特·阿尔尚博。我们在他的男士俱乐部跟他见面。这个俱乐部风格古典，墙上安装了木镶板，挂着驼鹿头。彼得建议阿尔尚博把公司私有化。我向阿尔尚博介绍了整个交易流程：我们如何筹资购买股票，如何支付利息、提升价值、改善公司运营，以及长期来看，这些操作对各方意味着什么。

"我觉得你自己可以大赚一笔，"彼得对他说，"你的股东也可以获得收益。每个人都能获利。"阿尔尚博理解了这个概念。现有股东将得到我们支付的溢价。作为一家私营公司的负责人，他可以对公司进行长期改善，而不用担心季度盈利会影响股价走势。他最终还能扩大对公司的所有权。"似乎没有什么理由不这么做。"他说。

回到雷曼兄弟后，我立刻展开行动。我为这笔交易配备人员队伍，请盛信律师事务所的迪克·贝蒂着手为雷曼兄弟设立一个基金，专门做杠杆收购。迪克曾在卡特政府担任法律顾问，后来成为杠杆收购法律专家，精通其中错综复杂的条款。我们有信心筹集 1.75 亿美元，实现斯图尔特 – 华纳的私有化。我和彼得积极推动交易通过雷曼兄弟的审查程序，但当我们把交易报给了执行委员会时，执行委员会拒绝批准。

他们认为这笔交易存在固有冲突。他们觉得我们不能一方面向客户提供并购建议，另一方面尝试购买我们的客户可能感兴趣的公司。我了解他们立场的基本逻辑。但我确信只要设计一个折中方案、找到一个切入点，就能妥善解决潜在的冲突。当然，我们不可能收购所有想收购的公司，但总有办法收购其中的一些公司。这项业务的机会太大了，不容忽视。

在执行委员会拒绝我们提议后的几年里，一波杠杆收购的资金改变了美国的公司买卖方式。大量买家出现，急于购买以前买不起的资产。银行正在开发新的债务，为收购提供资金（这些债务提高了收益率，或创新了偿还条款）。从公司来看，他们有机会出手自己不想持有的业务，而买家又可以改善这些业务的运营。要成为真正的并购专家，我们必须掌握这个充满活力的新金融领域。但是我和彼得认为，更大的机会就是自己成为投资者。

作为并购银行家，我们只能通过提供服务收取服务费，而作为投资者，我们可以大大提高我们在金融收益中的占比。在私募股权企业里，有限合伙人（LPs）把资金委托给普通合伙人，普通合伙人代表有限合伙人进行投资的识别、执行和管理。普通合伙人也投入自己的资本，结合有限合伙人资金进行投资业务，一般获得的也是双重收益。他们收取一定比例的管理费（以投资者投入的资本为基础），也会从每一次成功投资中获得一部分利润，即"附带权益"。

私募股权业务模式对企业家的吸引力在于，开展私募业务所需的员工数量要远远低于纯粹的服务业。对服务业而言，服务人员的数量需要不断增加，才能接听电话和开展工作。而在私募股权业务中，同样的一小群人就可以筹集更多资金、管理更大规模的投资，不需要额外招聘几百个人来做这件事。与华尔街的大多数其他业务相比，私募股权公司的结构更简单，财务回报集中在少数人手中。但要在私募领域取得成功，就需要掌握相关技能并了解一定的信息。我相信在这两个方面我们已经具备了相应的优势，将来一定可以获得更多收益。

我们商讨如何开展业务的第三个也是最后一个的方式，就是不断追问自己一个开放性问题：为什么不呢？如果我们能够找到合适的人，在一个绝佳的投资类业务中大展身手，那么为什么不呢？如果我们能够运用自己的优势、人脉和资源来使这项业务取得成功，那么为什么不呢？我们认为，其他公司的自我定位过于狭窄，进而限制了它们的创新能力。它们是咨询公司、投资公司、信贷公司或房地产公司。总而言之，无论是何种类型的公司，它们都在追求金融机会。

彼得和我认为，我们需要"10分人才中的10分人才"来运营这些新业务。我们两个人都有多年的阅人经验，可以判断出哪些人是10分人才。得8分的人是任务执行者，得9分的人非常擅长执行和制订一流策略。如果公司都是9分人才，就可以获得成功。但10分人才，无须得到指令，就能主动发现问题、设计解决方案，并将业务推向新的方向。10分人才能够为企业带来源源不断的收益。

我们的设想是，一旦我们的业务开展起来，10分人才就会主动加入我们，提出想法，要求我们提供投资和机构支持。我们会拿出一半的资金，让他们担任合伙人，为他们提供机会，做自己最擅长的事情。我们会培养他们，也在此过程中向他们学习。有了这些聪明能干的10分人才加入公司，我们将获得更多的信息，业务会发展得更好，他们会帮助我们寻找到超出我们想象的机会。这些人才将扩大和丰富公司的知识库，我们则要尽力提高自己的信息处理能力，把这些丰富的数据转变为重大决策。

我们需要打造公司文化，以吸引这些10分人才，而这一文化必然包含某些既对立又统一的内涵。我们要具备规模优势，但必须保留一个小公司的灵魂，让员工可以自由表达自己的想法。我们要成为纪律严明的顾问和投资者，但又要反对官僚主义，在接近新想法时，不要忘记自问"为什么不呢"。最重要的是，即使日常的创业事务缠身，我们也要保留自己的创新能力。如果我们能够吸引合适的人才，打造正确的文化，在三个业务板块（并购、杠杆收购投资和新的业务线）中立足，我们就能获得更多信息，为我们的客户、合作伙伴、贷款人和我们自己创造真正的价值。

创业的成败往往取决于时机。创业太早，客户还没准备好。创业太晚，竞争对手又太多。1985年秋，我们在创立黑石时，有两大主要利好因素。第一利好因素是美国经济。在里根总统的领导下，美国经济已进入复苏的第三年。贷款利率很低，借贷很容易。大量资金在寻找投资机会，而金融业正在调整结构以及提供新型业务，以满足市场的需求。信贷市场快速发展，杠杆收购和高收益债券正是其中一部分。同时，市场上还出现了对冲基金，作为一种投资工具，其采用高度技术性的方法来管理资产风险，从外汇、股票等各类资产中获得收益。这些投资形式的潜力刚刚显现，竞争还不激烈，是尝试新事物的好时机。

第二大利好因素是华尔街的解体。纽约证券交易所在18世纪后期成立，成立以来一直提供固定佣金，向经纪人提供每笔交易的固定百分比。美国证券交易委员会（SEC）判定这种操作为限价，下令在1975年5月1日结束这一佣金制度。在旧的制度下，华尔街的经纪公司几乎不必竞争，当然也没有必要进行创新。而现在佣金可以商讨了，于是价格和服务的重要性就提高了。技术加速了这一过程，规模小、成本高的经纪人出现亏损，那些能够提供更好服务和更低价格的公司则获益。自美国证券交易委员会改变规则以来的10年间，勇于创新的公司变得越来越大，而那些因循守旧的公司最终以倒闭收场。

这一变化改变了华尔街的文化。在我 1972 年加入雷曼兄弟时，公司雇用了 550 人。我离开雷曼兄弟，西尔森 – 雷曼兄弟有 20 000 人（雷曼兄弟在 2008 年倒闭时有 30 000 人）。不是每个人都喜欢成为大型公司的一部分。在大公司工作，职员会失去彼此认识的亲密感，也感觉不到是在为一个整体连贯的实体工作，他们会从灵活团队的一员变为庞大的官僚机构的一部分。我刚入职雷曼兄弟的时候，刘易斯·格卢克斯曼遇到了我，他因为我坐得不直对我大喊大叫。但随后，别人告诉他我是有潜力的，他便给我安排了工作。在一家 550 名员工的公司里，这是有可能发生的。但如果公司有 20 000 人，管理者发现优秀年轻人的难度就会大大增加。20 世纪 70 年代早期，在雷曼兄弟，职员中有来自中央情报局和军队等各种不同领域的人，他们在工作中学习金融。他们为我们的工作带来了广泛的技能、观点和联系。但到了 20 世纪 80 年代中期，各个银行都在招聘大量的 MBA，他们入职后便可以立刻开展工作。

我和彼得相信，大型企业的文化变化会导致优秀人才和伟大创意的流失。如果这些人才与我们类似，那么他们会另寻出路。我们要为接受这样的人才做好准备。

———

关于公司的名字，我们冥思苦想了好几个月。我喜欢"彼得森和施瓦茨曼"这个公司名，但是彼得已经把自己的名字放到其他几家企业了,他不想再用了。他更喜欢中立的名字,这样如果我们增加新的合作伙伴,就不用讨论加名字的问题了。一些律所的信笺上会有5个人名,我们觉得这种叫法非常蠢笨,因此不想这样。我向自己认识的所有人征求意见。彼得的妻子琼启发了我们:"我刚开始创业的时候,也是想不出名字。最后就自己给节目起了一个名字,叫'芝麻街'。这个名字太俗了。但现在这个节目遍布全球180个国家。就算创业失败,也没有人会记得你的名字。如果成功,那么人人都会知道。所以就选择一个名字,一直用下去,然后大获成功后使之名满天下。"

艾伦的继父为我们想了一个名字。他是空军的首席拉比、塔木德学者。他建议借用我们两个人名字的英文译法。在德语里,施瓦茨(Schwarz)是黑色的意思。而在希腊语中"Petropoulos"即"Petros"意为石头或岩石。我们的公司名可以是Blackstone(黑石)或Blackrock(黑岩)。我更喜欢"黑石",彼得也愿意用这个名字。

经过了几个月的讨论,我们确定了公司的名字并制订了公司发展计划,我们要打造一家独特的公司,其中包含三大业务板块:并购、收购和新业务线。我们的文化将吸引最优秀的人才,为我们的客户提供非凡的价值。我们在合适的时间进入市场,有着巨大的发展潜力。

我们各自出资20万美元。这笔资金足以让我们开始营业,但我们还是得节俭持家、精打细算。我们在大中央车站北面的公园大道375号西格拉姆大厦租了3 000平方英尺的办公室。这个大厦开放现代，很有设计感，由现代主义建筑师路德维希·密斯·凡·德·罗设计。办公室位于市中心，远离华尔街，但靠近许多公司的办公室，也和四季酒店在同一栋楼内。四季酒店是一个很有名的社交地点。1979年，《时尚先生》杂志将其描述为"权力午餐"的诞生地。彼得可以很轻松地跟很多公司联系人联络。如果我在金融公司建筑分析的商学院论文中谈到我们自己的公司，那么我会特别提到，我们对外展示的形象是渴望声望。

我们买了一些家具，聘请了一位秘书，并分配了我们的角色。彼得曾两次担任首席执行官，他表示自己不想再操心企业的经营了。他让我担任首席执行官，兼任公司总裁。我上任做的第一件事就是设计公司的徽标和我们的名片。我聘请了一家设计公司，让他们提出各种各样的方案，花了大量时间仔细研究。我们当初的设计一直使用到现在：黑色和白色，简约、干净、体面。当时，我们没有钱，也没有时间，但我觉得花时间和金钱来设计合适的徽标是一件非常值得的事。在进行自我展示的时候，公司的整体形象一定要协调、有整体感，给对方线索，让对方了解到你是谁。如果美感出现问题，一切就都变得虚无缥缈。我们的名片是打造公司形象的第一步。

1985年10月29日，在我们在梅菲尔吃了6个月的早餐之后，我们在《纽约时报》上发了一整页广告，向全世界宣布：

我们高兴地宣布

私募投资银行公司

黑石集团

正式成立

彼得·彼得森，主席
史蒂芬·A. 施瓦茨曼，总裁
10152，纽约公园大道375号　（212）486-8500

2
保持开放思维,抓住罕见机会

WHAT IT TAKES
Lessons in the Pursuit of Excellence

为了推动业务发展,我们给每个认识的人写信介绍我们的新公司。在发出的400多封热情洋溢的信中,我们介绍了自己的业绩记录,回忆了我们共同完成的业务;我们列举了公司的计划,表示希望对方跟我们合作。然后我们开始等待。我的预期是电话会响个不停。但结果只有几个电话打进来,还都是为了恭喜我们,祝我们好运。

"给我们点儿生意好吗?"我问。

"现在还不行,但将来我们会考虑你。"

在我们的广告出现在《纽约时报》的第二天,我听到敲门声,打开门,发现外面站着一个穿着皮裤和黑色机车夹克的男人,戴了一顶带尖头的皮革摩托车帽子。我们本来在等熟悉的并购客户,可出现的却是类似《飞车党》电影里的帮派头目。

"这里有个叫史蒂芬·施瓦茨曼的吗?"他说。"你送什么的?"我问。

"我不是来送东西的。我叫萨姆·泽尔。利亚说我应该见见你。" 1979 年，我们在雷曼兄弟聘请了利亚·泽尔。她毕业于哈佛大学的英语专业，刚刚获得博士学位。我跟她聊了几分钟，就发现她的思维异于常人。她对金融一无所知，但我决定给她一个机会。她后来成长为一位非常出色的分析师。这个骑摩托车的人是她的兄弟。

"为什么穿成这样？"我说。

"我骑摩托车来的，把它停在了楼下。"

"楼下的哪个地方？"

"锁在公园大道上了，"他说，"消防栓上。"

公司营业的第一天。"真是前途无量。"我想。

当他看到我西装革履地坐在空荡荡的办公室，电话悄然无声的时候，他肯定和我有着一样的想法。

"抱歉，我们今天刚搬过来，还没什么家具。"

"没关系。"萨姆说。他坐在地板上，靠着墙，对面是还没有铺开的地毯。他开始介绍自己的情况：他有一些房产，想收购一些公司，但对金融知之甚少。"不如你来教教我。"他说。

之后，我发现人不可貌相。萨姆所谓的"有一些房产"，足以打造美国最大的房地产投资组合。那天他告诉我，他收购了一些破产的房地产企业，想建立一个帝国。我们坐在地板上聊了两个半小时。之后的几年，我们共同开展了大量业务。这个曾经的不速之客成了黑石宝贵的客户，他的价值超过了我们创业早期预计会来洽谈生意却从未出现的所有潜在客户的价值。

为了配合我们新公司的问世，《华尔街日报》计划发表一篇介绍我们新公司的重要头版文章，这个报道会对我们的新业务产生巨大的推动作用。文章发表前一天，记者给我打电话，说主编准备毙了这篇稿子，他向我道歉说："西尔森的人听说我们要发表这篇文章，他们打电话过来说由于许多不好的原因，你是被原公司解聘的。根据西尔森为我们提供的背景资料，你的人品不好，因此，我们觉得这篇文章还是不能发。"

我早应该想到自己的创业会让西尔森不爽。我一度想离开雷曼兄弟，因为公司里存在各种歪风邪气——贪婪怯弱、苟且偷安、追名逐利、尔虞我诈。这次对我们出手再次验证了其道德品质的低劣。我坐在空荡荡的办公室里，还没拆封的办公设备散落一地。人的报复心为什么这么强？

虽然遇到了挫折，但我们依然信心满满，我们的声誉、经验和数百封信可以带来大量业务。但几周过去了，仍然一无所获。彼得配了一位拿工资的秘书，我则需要亲自打电话、去前台收快递。我每天都环顾四周，看着我们租来的办公室，感觉好像在盯着一个沙漏，时间和金钱在慢慢流逝，生意却一笔也没有。不久前，客户还争先恐后地找我们。虽然彼得和我并没有什么改变，但自从我们自立门户后，再没有人在意我们了。随着时间的推移，我开始担心我们只是另一个失败的初创公司。

最后，我们在雷曼兄弟合作过的制药公司 SBN 请我们做咨询，费用是 5 万美元。上份工作中，5 万美元还不够支付一笔交易的法律费用，现在却成为公司的救命钱。后来，又来了一个小活儿,是中西部的一家中型钢铁公司美国轧钢公司,也是雷曼兄弟的客户。我们的收入可以支付租金和其他基本费用,但这只能基本维持公司运转。这是1986年的初夏,公司经营的第9个月,彼得没有在公司,我的家人在海边度假,我独自一人在曼哈顿,做着两项微不足道的工作。

一天晚上,闷热异常,我独自一人去了列克星敦大道,在一家20世纪30年代风格的日本餐馆的二层吃饭。坐定之后,我突然感到一阵眩晕,好像整个身体都要垮了。我觉得自己各个方面都失败了,自怨自艾的情绪将我淹没。华尔街的人最喜欢幸灾乐祸,他们最大的爱好是观赏他人的失败。我和彼得曾经在雷曼兄弟大权在握,对创业成功深信不疑,我们的失败会让很多人感到高兴。我不能允许这样的事情发生。我不能失败,因此,必须找到一种成功的方法。

———

我体悟到一个实实在在的道理:无论我们之前取得了什么成就,现在,我们都是一家初创企业。我已经深深体会到创业维艰,而我尚未体验到的是,所有烦琐庞杂的工作,我用铅笔和滑尺建立自己的金融模型所耗费的职业生涯,我从同事那里学到的所有与金融有关的知识和技能,都即将显现其宝贵价值。

在日本餐厅孤独地吃过那次晚饭后不久,大型铁路公司CSX的首席执行官海斯·沃特金斯给我们打来电话。1978年,我主导了CSX旗下一家报纸公司的出售。标准的出售模式是英式拍卖，也就是在拍卖行见到的那种拍卖，投标人依次举手，逐渐增加他们的报价，直到出价第二高的人退出。要赢得拍品，只需要比其他投标人多出1美元就可以。此类拍卖的问题在于无法确定获胜者愿意支付的费用。有人可能以5 000万美元购买凡·高的画作，但如果存在另一个竞标者，价格就可能会被推高到7 500万美元。

在CSX报纸公司的竞拍中，我安排了两轮密封拍卖。每一轮拍卖中，投标人会把自己的报价放在一个密封的信封中，提交给我们。他们不知道其他人的报价。第一轮拍卖会淘汰掉出价太低的投标人，他们也只是试探而已。而认真的买家可以在审查目标公司的财务状况，拜访公司的管理层之后，再提交另一份密封投标。这种拍卖的神奇之处在于，如果买家迫切希望获得这笔资产，他们就不会尝试只比其他人多出1美元，而是会提出自己能够承受的最高价格，确保能够获胜。在我采取密封拍卖的时候，这一做法在并购界还鲜为人知，而现在已经成为标准操作。沃特金斯表示，他对我的印象就是善于创新，可以解决别人难以解决的难题。

"我们有一个项目，"沃特金斯说，"才刚刚开始，也许你们可以参加。"也许我们可以参加？我们每天无所事事，担心公司会倒闭。但我知道，如果情况很简单，他就不会来找我们，因为很多其他的咨询公司都可以提供相应的帮助。显然，沃特金斯遇到了一个难题，需要一个创造性的解决方案。我开始在投行工作，后来自己做投资，在这个过程中，我发现问题越难，竞争就越有限。如果问题很简单，那么愿意帮忙解决的人总会很多。但如果问题很棘手，大家都避之唯恐不及。可以解决此类问题的人非常罕见。有难题的人会找你，出大价钱让你解决问题。为人所不为，为人所不能，以此建立自己的声誉。对于两个试图寻求突破的企业家来说，解决困难问题将成为自我证明的最佳方式。

CSX公司希望把业务版图扩展到远洋运输，他们想收购集装箱公司海陆联运公司，并以友好的姿态提出了一个慷慨的报价。海陆公司的管理层很想接受，但他们要听从于强硬的得克萨斯州投资者哈罗德·西蒙斯。西蒙斯对拥有海陆公司本来是兴趣索然，但他一直在买入股票，目的是在等到外部收购的时候，可以控制收购节奏，直到拿到自己想要的价格。他待价而沽，直到收购方超额支付，他才会同意出售。金融业称这种做法为"绿票讹诈"。

CSX公司的初始报价是6.55亿美元，这个报价非常合理。如果是在雷曼兄弟，那么我会有一整支团队来协助我做这样规模的交易，而现在我必须独自上场。西蒙斯持有海陆公司39%的股份。我们无法强迫他出售，但按照CSX的报价，西蒙斯也可以获得相当可观的利润。尽管如此，他还是处于居高临下的位置，可以坚持不松口，获得更高的报价。我给他打了电话，分析了按照现在的报价，他能赚多少钱。时至今日，我还能回想起他的得克萨斯口音："施瓦茨曼先生，我已经跟你说了很多次了。我的股份不卖，我不卖！"我必须想方设法说服他，最终我决定带着我们的律师飞去得克萨斯州找他。

西蒙斯瘦高个,脸上有麻点。他 50 多岁,但非常显老。他的办公室完全不能体现他客观的身价。其办公室位于休斯敦郊外的一幢廉价建筑内,内墙上贴着装饰木板,表面都已经脱落了。

"我们真心诚意地想要收购这家企业,你却在那里当拦路虎。"我说,"我们希望你能换一换思路,挪一挪地方。我们想买你的股票,也告诉了你,我们会提供溢价。"

"我知道你想要什么,"他说,"我都告诉你了,我的股票不卖。"

"我想到了你会这么说,"我说,"所以,针对不想参与我们要约收购的股东,我还准备提供一个特殊的安排。"他是唯一一个不想参与的股东。"如果你不想要现金,我可以用定向增发来代替,给你 PIK(实物支付,即非现金)优先股,没有到期日。"

这个方案意味着他可以拿现金,不然我们就会把他的资产变成严重的债务。如果他想把 CSX 当作抵押品,我还是会采取同样的做法,我会使用要约收购,强制进行合并,把他踢出局。他的优先股不能在任何交易所交易,所以无法轻易卖出。从公司资本结构的角度看,这些股票在公司债务中也是次级债务,如果出现任何问题,他就得等到债权人获得赔偿后才能拿到钱。然而由于没有到期日,他甚至都没有机会兑换自己的股票,因为这些股票永远不会到期。他别无选择,只能在未来无限期地持有股票,支付越来越多的税费。这个方案非常不厚道,极不寻常。

西蒙斯看着我，然后看着他的律师。"他们可以这样做吗？"西蒙斯问道。

"嗯嗯，"律师点头，"他们可以。"

西蒙斯转向我："快从我的办公室滚出去！"我和我的律师走了出去，上了车，然后开车回机场。我用休息室的付费电话给我的秘书打电话，得知西蒙斯刚刚打电话告诉我他要卖掉自己的股票。

如果任务简单，他就肯定不会找到我们。要找出西蒙斯的弱点，就需要创造力和心灵洞察力，拿着CSX问题的解决方案与西蒙斯抗衡，则需要勇气。对我们来说，这项任务是一个突破。这是我们咨询业务的第一笔大额费用，也奠定了黑石"并购专家"的名声。

交易结束后，海斯告诉我他请所罗门兄弟公司对他们支付的价格提出公允意见。自从赫尔曼·卡恩的任务后，我在雷曼兄弟曾写过十几份公允意见书。我告诉海斯他不需要所罗门，我们可以做。我了解海陆公司和CSX的情况，因为我刚刚完成了这笔交易。海斯同意了，我甚至免除了这笔费用。但自此，黑石成为第一家撰写公允意见书的大型特色咨询公司。

1986年秋，公司成立快一周年了，我们认为是时候开始筹集我们的第一个并购基金了。我们需要说服投资者，让我们用他们的钱进行并购，对并购企业进行完善，然后卖出。几年后，我们会把他们的本金和巨额利润一并还给他们。这是我们的商业计划的第二步：从提供咨询和交易服务到更复杂的投资业务，我们希望投资更具持久性和营利性。我和彼得都没有经营管理过这样的基金，更不用说为这样的基金筹资了。虽然我们两个人往往能达成一致，但这次，我们就基金的规模产生了意见分歧。

我认为首只基金应该募集10亿美元，成为有史以来最大的首次募股基金。彼得觉得我在白日做梦。

"我们从未做过一笔私募交易，"他说，"我们两个人都没有为自己筹集过任何投资资金。"

"那又怎样？"我说，"我熟悉那些做这件事的人。我在雷曼兄弟的时候，他们是我的客户。我了解情况。"我向彼得保证，如果他们能做到，那么我们也可以。

"我们还没有做过交易，你不担心吗？""我不担心。"

"我担心，"彼得说，"我觉得我们应该从一个5 000万美元的基金开始，了解私募投资的规律，然后再扩大规模。"

我告诉彼得我不同意，有两个原因。首先，当投资者将资金投入基金时，他们需要知道自己的资金不是唯一的资金。因此，如果要筹集5 000万美元的资金，就可能需要以500万~1 000万美元的量级来筹集资金。如果费尽千辛万苦，就只是筹集500万~1 000万美元，反正都是跑了一次，倒不如直接要5 000万~1亿美元。其次，投资者会希望我们建立一个多元化的投资组合。如果只有5 000万美元，我们就必须做一系列小额交易才能实现目标。我们的专长是与大公司合作，因此小额交易毫无意义。

彼得仍然很担心。"我们什么经验都没有，为什么会有人给我们钱呢？"他问道。

"因为是我们啊，还有时机稍纵即逝。"

初入职场，我就像其他大多数雄心勃勃的年轻人一样：我相信成功是一条直线。作为婴儿潮的一代，我在成长过程中，看到的只是发展和机遇。成功似乎是必然的。但是，在经历了20世纪70年代和80年代初的经济起伏后，我逐渐明白，成功就是充分利用你无法预测的那些罕见的机会，但抓住这样机会的前提是你必须时刻保持开放的思维、高度的警觉和严阵以待的姿态，并愿意接受重大变革。

投资者对杠杆收购交易的需求正在上升，但供应量有限，能够执行这些交易的人更是凤毛麟角。对我们两个拥有特定技能的创业者而言，目前的情况可谓万事俱备。我们一向领先于传统思维，多年前，我们无法让雷曼兄弟的执行委员会对杠杆收购感兴趣。现在，如果再不大胆出击，我们就会错失良机，其他公司就会捷足先登，吸引急切希望进行买断交易的资金。到时我们真的会追悔莫及。

"我确信现在是筹集资金的合适时刻，而这一刻可能永远不会再出现在我们面前。"我告诉彼得，"我们必须抓住机遇。"

作为营销人员，我学到，仅靠一次推销是不行的。你对事物存在信念，但并不能保证其他人也这样。你必须一遍又一遍地推销你的愿景。大多数人不喜欢改变，你必须用你的论点和个人魅力压倒他们。如果你相信你推销的东西，对方却拒绝，你应该假设他们并没有完全理解，所以你要再给他们一次机会。经过多次讨论，彼得以他自己的方式屈服了。

"如果你真的强烈推荐，那我就同意。"

3
独辟蹊径

WHAT IT TAKES
Lessons in the Pursuit of Excellence

我们认真推敲提案,并将其做成了发行备忘录——用于解释投资条款、风险和目标的法律文件。我们把发行备忘录发送给近 500 个潜在投资者:养老基金、保险公司、大学捐赠基金、银行以及其他金融机构和一些富裕的家庭。我们打了电话又发送了跟进信。电话再一次安静下来。我们犯了一个致命的错误,那就是给我们最熟悉的人、最有可能成为我们客户的人发送了宣传材料的半成品。他们不能原谅我们的粗疏草率,因此简单地选择了拒绝。只有两家公司约我们见面。美国大都会人寿保险公司承诺投资 5 000 万美元,纽约人寿保险公司承诺投资 2 500 万美元,但前提是他们的投资分别不能超过基金的 10% 和 5%。也就是说,我们至少要筹集 5 亿美元,不然他们的投资承诺毫无意义。

彼得建议我们先等几周,之后再打电话跟进,完善我们的方案。这次,我听从了他的劝告。在进行第二轮推介的时候,我们做了更加精细完备的准备，对推销活动更具信心，并与18位潜在投资者安排了会面。

衡平保险公司给我们安排了两次会议，相隔10天。当公司打过来电话，约我们第二次见面的时候，我们希望这一安排只是为了签约。但在第二次会议上，我们在10天前见过的人甚至认不出我们。"黑石？"他说。他对我们毫无印象。我们真希望是会议安排错了，但不是。我和彼得离开的时候，感到沮丧又困惑。我们已经无关紧要到这种地步了吗？别人甚至不记得我们是谁。

达美航空的投资基金同意与我们见面，前提是我们去他们在亚特兰大的办公室。我们约的上午9点。会面的前一天晚上，彼得出席了在白宫举行的晚宴。我在亚特兰大的哈兹菲尔德－杰克逊机场跟他会合，随后，两个人搭车去开会。彼得无论去哪里都会带上一个巨大的公文包，现在还带着一个燕尾服包。下了出租车后，我们距离三角洲大厦还有几百米。他们的办公大楼远离公路，天气炎热潮湿，我帮彼得拉着包，当走到大楼的时候，我们两个人气喘吁吁，大汗淋漓，衣服都湿透了。

秘书没有把我们带到行政楼层，而是去了地下二层。那里的煤渣墙上刷着绿色的漆。我们在小会议室坐下，我和彼得全身黏腻，衣衫不整，但我们努力端正地坐着。招待我们的人问我们要不要咖啡，彼得说不喝了；他不想在炎热的夏天再喝一杯热咖啡。我当时想，我们是在美国南部，应该入乡随俗，于是我说："好。"接待的人走到一个四腿牌桌旁边，从加热板上拿起金属咖啡壶,把咖啡倒在一个棕色杯子里,连同一块白色的塑料杯垫递给了我:"咖啡是25美分。"我翻了翻口袋,找到了一枚25美分的硬币。

我们的目标是从投资人那里募集1 000万美元。公司高管会在研究了我们的材料之后,请我们过来。我们提供的基金也是他们经常投资的类型。我们像往常一样热情而诚恳地对项目进行了推介,强调了我们的专业性、拥有的人脉和我们在市场中看到的机会。推介结束后,我问那位刚刚为我倒了一杯咖啡的人:"您对这项投资感兴趣吗?"

"听起来倒是非常有意思,但达美航空不投资首期基金。"

"你早就知道我们是首期基金,为什么还让我们大老远飞到亚特兰大?"

"因为你们都是金融界的知名人士,我们想见见你们。"

我们走的时候,天气比到达时还要闷热潮湿。我们拉着行李,向公路走去。走到一半,彼得看着我说:"如果下次你再这样让我碰钉子,我就杀了你。"

拒绝是可怕的,它会让人羞愧难当。挫折似乎无穷无尽。我们遇到过骗子,也曾经跨越整个美国去赴约却没有等到对方,也遭到过与我们关系很好的权威人士的拒绝。在苦苦挣扎中,彼得与我交流沟通。他不是一个历经失败的人,他痛恨失败。与此同时,他已经60岁了,和我处于人生的不同阶段,心态不一样。我有动力和热情,他有耐心和平静。他能稳定我的情绪,帮助我继续前进。他鼓励我,如果你相信自己的选择是正确的,那么无论任务多么困难,道路多么曲折,即使你感到绝望,也必须继续前进。的确,我们的遭遇几乎让我感到山穷水尽,我们的事业几乎让我深感挫败无望,我几乎看不到前面的路。但我绝不能回头,我必须勇往直前,百折不回!

彼得来自一个移民家庭。他的父母从希腊来到美国,在内布拉斯加州的科尔尼开了一家餐馆,彼得小时候就在餐厅打工。后来,他考上了大学,读了研究生,他头脑聪明,很擅长与人打交道,因此进入商界。他能理解我的心路历程、我对创业成功的执念。他也曾经经历过这一切,只是我们经历的时间不同。

"山高路远,"每次会见前他都会告诉我,"我们要开山辟路。"然后事情搞砸了,我们再去见下一个投资者,然后再被拒绝。

创业6个月以来,我们已经拜访了每一个愿意见我们的潜在客户,但除了纽约人寿和大都会人寿最初的投资承诺外,我们还没有募集到1美元。在拜访保诚的时候,我们几乎跑遍了选择的18家目标公司。保诚是杠杆收购的头号金融家,是金本位。在这家公司里我们没有熟人,所以我们选择最后拜访这家公司,而且那个时候,我们的推介材料应该已经完善得差不多了。保诚集团副董事长兼首席执行官加内特·基思邀请我们在新泽西州纽瓦克共进午餐。

加内特吃的是金枪鱼白面包三明治,他把三明治切成了4块。我开始介绍的时候,加内特咬了第一口。在我说话的时候,他会咬掉一些面包,咀嚼,吞咽,一言不发。他的下巴会动,喉结也上下移动。在他吃了 3/4 的时候,我的推介做完了。加内特把最后一块三明治放下,嘴巴不嚼了。他说:"这很有意思,我出 1 个亿。"

他的语调如此随意,完全出乎我的意料。为了这 1 亿美元,我愿意在法律允许的范围内做任何事。这是一个伟大的范例,如果保诚认为在我们公司投资是个好主意,那么其他公司也会纷纷效仿。我想伸手抓住最后一块三明治,以确保加内特不会噎到。

我们终于扬帆起航了。

———

拿到保诚的出资承诺后,彼得前往日本,作为发言嘉宾出席聚集了日本企业和机构的下田会议①。他建议我们在此期间,开展一点募资活动。1987 年,日本的工业公司购买了大量美国资产。我们认为,日本的券商会紧随其后,寻找美国资本市场的机会。

日本有四大券商:野村证券、日兴证券、大和证券和山一证券。我们和这些券商没有任何关系,需要有人引荐。于是,我去找了第一波士顿的两位顶级投资银行家布鲁斯·瓦瑟斯坦和乔·佩瑞拉,他们在日本有极佳的人脉关系。我和乔是哈佛商学院的同学,一直是朋友。我和布鲁斯经常在做交易的时候

---

① 下田会议(此前名为日美会议),美国和日本代表之间展开的一系列非官方对话,最初始于 1967 年,每 2~4 年举行一次,一直持续到 1994 年。——译者注

遇到，周末会在汉普顿一起打网球。他们为我引荐了一位他们公司中了解日本市场的银行高级职员。

但是当我向这位职员提出我的计划时，他告诉我没有必要去向日本券商推介，因为他们从未投资过我们这种类型的基金。我请他试试，他拒绝了。当我威胁要他的老板解雇他时，他才安排我与野村证券和日兴证券会面，日兴证券当时正在纽约开设办事处。日兴证券的日本员工几乎不说英语，他们看起来很迷茫，对美国公司或投资一无所知。我问他们在美国开展了哪些工作。他们告诉我说，他们希望做一些并购。我尽可能礼貌地告诉他们，如果他们英语说不利索，就没有机会成功完成美国的并购任务。当时，我就冒出这样一个想法：为什么不组建合资企业呢？他们可以将日本公司带到美国，黑石可以与他们合作。如果他们还投资了我们的第一只基金的话，双方就可以把收入五五分成。

这种创造性合作方式可以满足双方的需求——我们的基金需要资金，而他们需要开拓并购业务。处于困境中的人往往只专注于他们自己的问题，而使自己脱困的途径通常在于解决别人的问题。我们不仅关注自己的需求，还关注了日兴证券的需求，因此有可能找到能解决双方问题的方案。

"按照现在的这种情况，"我告诉他们，"你们开展并购业务绝对不会成功，所以也就没有任何利润可言。但是，我可以帮助你成功，唯一的要求就是你们要投资我们的基金，这就是我所关心的。通过这笔投资你们会赚到很多钱，但对你们来说，重要的不是这笔投资，而是我能为你们做的事情。"他们基本上认同了这个想法，我们约定在日本见面。

一周之后，我、彼得还有一名来自第一波士顿的代表一起去了日兴证券东京总部拜访了负责国际业务的神崎康夫。黑石将与日兴证券合作，为来到美国寻找收购的日本客户提供服务，这一前景令他高兴。他说："我知道只靠我们自己的人，是永远不会在美国取得成功的。"我对他的信任表示感谢，并告诉他，除合资企业外，我们还希望他投资我们的基金。我解释了我们的投资策略，并强调，我知道我的推介异乎寻常。

"我会和执行委员会的同事们沟通。我只有一个请求，在我们做出决定之前，你们不要去拜访野村证券。"野村证券是他们的主要竞争对手，是日本最大的券商。日兴证券排名第二，但与野村证券差距很大。我们同意了。第二天，我和彼得早早起床，参加其他会议。我们两个人都在倒时差，在车后座上迷迷糊糊地睡着了。车停下来，我也醒了过来，看到车窗外大楼上的标志：野村证券。

"我们来这做什么？"我对代表说，"我们昨天不是告诉你不能去野村证券吗？"

"日程里有这个安排。"他说。

"那现在告诉我们怎么处理这个情况。我们向日兴证券承诺了不会见野村证券。我们不能言而无信。"

"但你们不能辱没野村证券。他们是日本最重要的券商。你约见的是国际业务的执行副总裁，跟日兴证券那个人的职务一样。"

"我们不能这样,"我说,"现在有什么选择?""第一个选择是取消会面,但这样做非常糟糕,后果堪忧。第二个选择是去野村证券,但不说是开会,然后希望日兴证券不会发现。你也不要推介任何业务,只是进行单纯礼节性的拜访。第三个选择就是去参会、做推介。"

这三个选项似乎都不太好。我们不能再犹豫不决了。"必须给日兴证券的人打电话解释情况,听听他怎么建议。我们不了解日本的做事习惯,也不想冒犯他。"我告诉彼得,他同意了。我们车上有一个巨大的车载电话,我们两个人都得把耳朵靠近电话才能听清,两个人几乎脸贴脸、嘴对嘴。彼得给神崎康夫打了电话。我们解释说,我们无意中已经来到了野村证券的门口。神崎康夫在电话那头发出咝咝的声音——日本人在不满意的时候,会从牙缝里倒吸凉气。

"你们现在在野村证券吗?"

"安排有误,"我说,"我们很抱歉,现在还没有进去,所以我们想征求您的意见。我们应该怎么做?我们应该取消预约吗?还是非正式地见个面?我们不想做任何冒犯您的事。"

"好,"神崎说,"日兴证券对你们的基金非常感兴趣。你们要多少钱?"

彼得捂住电话,低声说:"5 000万?"

"1亿。"我低声说,"保诚集团就给我们这么多。"

"我们考虑的是1亿美元。"彼得对神崎说。

"好的,没问题。1亿美元。就这么定了。现在你可以去野村证券,非正式地拜访一下。"在彼得挂断电话后,我向彼得低声说道:"刚才该要1.5个亿。"彼得在我60岁生日的时候回忆起这件事,他认为,我的特质之一就是"总是设定高远且不断增长的目标,以至在目标达成时,连自己都不敢相信对方肯定的回答"。

在野村证券的接待处,我们表示要见野村证券国际投资负责人中川纯子。前台的人不会说英语,所以我们的沟通有点障碍。最后,他们找到了一个会说英语的人。

在他们找到会说英语的人之前,情况十分混乱,大家都搞不清状况。"我很抱歉,"他说,"这里不是野村证券的总部,您现在是在我们的营业部。"

在日本,迟到是一件非常不礼貌的事情。而在这次我们不想参加的非正式会面中,我们迟到了半个小时。我们赶到野村证券总部,说明要见中川纯子女士,并表示道歉。15分钟过去了,中川纯子女士还是没有出现,这非常不符合日本人的处事风格。最后,终于有人来了。"我很抱歉,"他说,"中川纯子女士今天没在东京,我们的会面安排肯定是出错了。我是总经理,虽然我人微言轻,但我可以接待您这次礼节性的拜访。"于是,我们就顺水推舟,对野村证券进行了礼节性的非正式的拜访。在此期间,我的脑海里全是我们刚从日兴证券拿到的1亿美元。

日兴证券的出资承诺改变了我们的命运。它是三菱集团的投资银行,而三菱集团是日本最大的财阀(即关联公司家族)。

一旦日兴证券表示同意，财阀中的所有其他公司也会纷纷表示同意。就这样我们所有的推介对象都同意出资。我爱日本。前几个月我们被各种机构拒绝，而现在，销售情况一发不可收拾。当我们坐飞机回美国的时候，我们的基金募集金额已经增加了3.25亿美元。我们带着好运回家了。

几个月来，我一直在给通用汽车的养老基金做推介。通用汽车的养老基金是美国当时最大的养老基金。我对该基金进行了5次推介，每次面对的都是不同的人，但我每次通过不同的方式得到的答案都是一样的：我们缺乏业绩记录。后来，第一波士顿的一位合伙人把我介绍给通用汽车房地产部门的汤姆·多布罗夫斯基，他们两个是在教会认识的。当我见到汤姆时，他戴着主日学校[①]的奖章。

成年人还戴着这样的奖章，这让我觉得有点奇怪。但第一波士顿同事的推荐没错，汤姆很聪明，我们一拍即合。在听了我和彼得的推介演讲之后，他说："哎呀，真的很有意思。也许我们应该和你们一起做点儿什么。"于是通用汽车投资了1亿美元。

从此，我们一路通畅，好像沿途所有的信号灯都从红色变为绿色。我打电话给老朋友通用电气首席执行官杰克·韦尔奇。

"你们不知道自己在做什么，对不对？"杰克说。"是不知道，"我说，"但做事的人是我们——我们一如往常。"

[①] 主日学校，基督教教会于星期日早上在教堂或其他场所进行宗教教育的机构。——译者注

"好，好，好。我爱你们。听着，我给你 3 500 万美元。为什么？因为你们很棒，你们俩都很棒。这样的话，你可以利用通用电气的名声拿到其他人的投资。我们也可以开展一些业务，赚得再多我也不会感到惊讶。"

在募资金额接近 8 亿美元的时候，我们把所有的潜在客户几乎都拜访了一遍。我希望募集到 10 亿美元。但自从我们发出最初的募集备忘录到现在，一年的时间已经过去了。这一年感觉像是《宝莲历险记》[①]，接二连三地经历让人心惊肉跳的事件。我们经历了遭人拒绝、悲观失望和心如死灰，最终，我们还是顽强地挺了过来。

金融界有一种说法：时间会对所有交易产生负面影响。等待的时间越长，越有可能出现意料之外的棘手事件。我讨厌拖泥带水，喜欢速战速决。即使任务不紧急，我也希望尽快完成任务，以避免因为延迟而带来不必要的风险。在创立基金这个问题上，我沿袭了我的一贯作风。到 1987 年 9 月，股市创下历史新高，如果股市转向，投资人承诺给我们的资金就有可能被套牢，这是我们不想面对的。于是，我们决定尽快关闭基金。而此时，急需做的就是要尽快明确关闭基金的法律细节，由各投资人签署协议文件。

我们共有 33 位投资者，每个投资者都有一个律师团队，每

---

① 《宝莲历险记》，美国 1947 年拍摄的电影，讲述了活泼的制衣女工帕尔·怀特偶然成为舞台剧演员，并暗恋上剧院经理和主演迈克尔·法林顿的故事。——译者注

位律师都希望一切妥当无误。这就像在 33 个国家同时打 33 场比赛一样,紧张忙碌的程度可想而知。但是我们拼尽全力,终于在 10 月 15 日星期四之前把所有的协议都签字盖章完毕。我们唯一的经理卡罗琳·詹姆斯负责签约工作,在协议签署工作完成后不久,她就离开了公司,后来成了一名心理治疗师。仅仅是跟我一起处理签约工作的这个经历,就为她提供了取之不尽的心理治疗案例资料。

过完周末,我在 10 月 19 日星期一早上到达办公室,我们的基金关闭了,投资的钱都拿到了。那一天,道琼斯指数下跌了 508 点,这是股市历史上最大的单日跌幅,比引发大萧条的那次暴跌更为严重。如果再拖延一两天的时间来关闭基金,我们就会陷入黑色星期一的股市下跌期,投资人的钱可能已经没了,我们所有的努力都可能付之东流。我们的紧迫感和高效率拯救了自己。此后,我们准备开始投资了。

4
不要错过良机

WHAT IT TAKES
Lessons in the Pursuit of Excellence

我们的首次杠杆收购交易就是我们理想的那种类型：规模巨大，情况复杂，既富有挑战性，又有可能带来优厚收益。这种棘手的情况需要一个传统智慧无法解决的独创方案。因为我们基金的规模不是业界最大的，我们的业绩也不是最好的，所以我们需要寻找最难解决的问题作为目标，并且这样的问题，必须只有我们才能提供推进的方法。USX 始于美国钢铁公司。美国钢铁公司于 1901 年由约翰·皮尔庞特·摩根创建，当时他从安德鲁·卡内基及其合伙人亨利·克莱·弗里克等人手中购买了卡内基钢铁公司，创下当时历史上最大的杠杆收购纪录。到 1987 年，距离美国钢铁公司成为美国标志性企业品牌已有 75 年。由于钢铁生产很容易受到大宗商品价格急剧上涨或下跌及客户需求波动的影响，所以美国钢铁公司采取了多元化发展策略，在能源行业进行投资，收购了马拉松石油公司，并将其更名为 USX。但 USX 的棘手问题层出不穷，特别是劳工罢工使其工厂几乎陷入瘫痪。与此同时，一名类似哈罗德·西蒙斯的企业狙击手卡尔·伊坎大量买入公司股票，其所持份额足以抢夺投票代理权或进行恶意收购竞价。他要求公司做出改变来提振股价，而公司的管理层宁愿付钱给他，也不愿意让他如愿以偿。为了筹集应对绿票讹诈所需的资金，USX 计划剥离部分运输业务（即用来运输原材料和成品钢铁的铁路和驳船），组建一家独立的公司。这也就是我们准备收购的这一部分。

在黑石创立之初，我和彼得就达成了一致意见：公司永远不会进行恶意交易。我们认为，企业是由值得尊重的人组成的。作为收购方，如果一味地大幅削减成本，不断从企业抽取资金，直到企业破产，那么你会伤害到员工、他们的家庭和所在的社区。你的声誉也会受损，体面的投资者会对你嗤之以鼻，并避之不及。但是如果你投入资金以改善所收购的公司，那么公司的日益强大不仅会使员工受益，也会让你的声誉得到提升，这些将会给你带来更高的长期回报。我们把这一理念称为"恶意环境中的友好交易"，还把这句话放在了《华尔街日报》的广告中。现在，USX 要测试我们的理念了。

如果卡尔·伊坎没有出现，USX 也就不会设法出售其运输系统。这一运输网络对 USX 至关重要，它包括北美五大湖的货轮、到美国南方的驳船，还有遍布美国的铁路，正是依靠这一系统，铁矿石、煤炭和焦炭才能被源源不断地运到 USX 的工厂，成品钢产品也得以运送给客户。USX 希望从运输业务的剥离中获得资金，却又担心失去该业务的控制权。

在我们看来，这一运输系统是非常不错的资产，不过是由于钢铁工人罢工，铁路和驳船出现闲置，运输业务的收入为零，一时处于艰难的境地罢了。我们认为，罢工问题最终会得到解决，火车和航运仍将重新获得巨额利润。如果USX信任我们，知道我们会尊重他们的诉求，这笔对双方都有好处的交易就更容易达成。因此，建立信任将是交易谈判的关键所在。

这笔交易的信息是刚刚加入黑石担任副董事长的罗杰·阿特曼带给我们的。他曾在雷曼兄弟担任投行业务联席主管，后来担任卡特总统领导下的美国财政部助理部长（后来，他离开了黑石，在克林顿总统政府时期，担任财政部副部长）。我、彼得和罗杰一同前往位于匹兹堡的USX总部。我们此行的主要目的是让USX公司的高层相信我们可以成为优秀的合作伙伴，我们不是卡尔·伊坎，我们是友好的买家。当然，口说无凭，我们还需要通过交易的条款证明我们值得信赖。

我们提议建立合作伙伴关系，我们将收购51%的运输业务，而USX将保留其余49%。出售运输公司超过50%的权益，USX便无须对企业的债务负责，这样会大大提高其资产负债表的健康状况，提升公司股票价值。但他们要求我们向其保证，他们仍然可以保留对这一基础运输网络的控制权。于是我们提议成立一个五人董事会，双方各出两名董事，外加一名双方一致同意的仲裁员。仲裁员将出席所有董事会会议，也可以在投票出现平局时投出关键一票。最后，USX对我们的报价也表示满意：6.5亿美元。

现在我们必须得筹钱了。虽然我们已经筹集了8.5亿美元的资金，但我们的目的是使用这笔资金尽可能多地进行交易。我们在每笔交易中动用的自有资金越少，我们可以承担的交易就越多——而剩余所需资金可以从银行借款。我们可以用8.5亿美元购买价值8.5亿美元的资产，不承担任何债务，也可以把这笔钱作为10%的首付，购买总价值85亿美元的资产，其余资金来自借款。只要我们的借款是审慎负责的，第二种做法就有可能大大提升投资的回报率。而且，从安全的角度考虑，我们也需要进行多元化投资。

我给当时为杠杆收购提供资金的银行打电话，但是他们的回复大同小异："我们不喜欢钢铁行业。我们不喜欢罢工。每个钢铁企业都逃不过破产的命运。钢铁企业没有成功的希望。所以，我们不会给钢铁行业的杠杆收购提供贷款。"而我告诉他们："你们错了。"我们深入分析了这个机会，钢铁是一种大宗商品，容易受到投入成本、铁矿石价格、煤炭价格、镍价格以及市场供需变化的影响。相比之下，钢材的运输价格是以成交量为基础的，而且州际商务委员会设定了运费标准。向运送的每一吨钢材提供固定的报酬。一旦钢铁行业开始复苏，即使价格较低，运输业也会反弹。"不行。"这些银行纷纷表示，"反正都是钢铁企业。"他们仍然无法理解钢铁行业与钢铁运输业两者之间的差异。

不仅是钢铁行业本身和罢工事件给银行亮起了危险信号，我们经验匮乏这一点也让银行退避三舍。只有两家银行表现出了微弱的兴趣：摩根大通和美国化学银行。我想和摩根大通合作——这是美国最负盛名的商业银行，与它的合作可以提升我们的地位，有利于打造黑石的品牌。此外，摩根大通的创始人是约翰·皮尔庞特·摩根，因此这家银行是精通钢铁行业的，他们从钢铁业务中也是赚得盆满钵盈。因此，当他们有做这笔交易的意愿时，我感到极为兴奋。但当我听到他们想要收取异乎寻常的高利率，并且不会拿出自有资金来承销时，我又大失所望。当银行向公司发放贷款时，他们通常也会从其他银行借款，以此来筹集资金。但他们也提供承销，承诺如果投资者没有购买全部证券，银行则会购入剩余证券。如果银行拒绝承销自己客户的证券，那么这种优柔的态度通常表明银行对客户的交易缺乏信心。

我拒绝接受他们的这一想法。他们表示，有摩根大通参与的交易与由摩根大通承销的交易，两者效果是一样的。我问："既然这样，为什么不直接承销呢？这能确保我们拿到钱。"银行让我们不必担心："我们可是摩根大通啊。"但是他们的解释并不成立。显然，银行对一些问题有所顾虑，却没有直接告诉我们。我又进一步追问，这时他们说："那就别跟我们合作了，反正对我们来说怎样都无所谓。摩根大通从不改变自己的做法。我们就是这样做生意的。"

我不想跟化学银行合作，它不是我心目中的知名银行合作伙伴。这家银行被戏称为"哗噪银行"，是美国第六大或第七大银行，一直在全力拼搏，却从没有功成名就。但既然摩根大通如此冥顽不灵和居高临下，我也就别无选择。和我们一样，化学银行从未做过杠杆收购，但它同样想要完成一次这样的交易。事实上，这家银行与摩根大通完全相反，这里的人充满热情和创业精神，秉持开放的态度，善于协作。在我们的第一次会议上，化学银行的首席执行官沃特·希普利、企业贷款负责人比尔·哈里森和与我年龄相仿的投资银行家吉米·李接待了我。他们研究了我们的提案，考察了我们的需求，制订了一个很好的组合方案——随着劳工罢工的结束和运输业务的复苏，他们计划收取的利率也会下降。这一做法合情合理。因为，对贷方而言，公司的业务变得越健康，风险越小，这样一来我们需要支付的利率便会随之发生变化。他们还承诺自己承销整笔交易。"我们来承销，用我们自己的钱。"他们说。

显然，这是一个理想的结果，但在去见彼得时，我仍然五味杂陈。一方面，我很喜欢化学银行的团队，我喜欢他们的创造力和活力。他们也承诺提供整笔交易的承销，这意味着我们签字的那一刻就能拿到所需的全部资金，可谓万无一失。另一方面，我对摩根大通仍不死心，又给了他们一次机会，让他们参考化学银行的方案出价，但他们还是拒绝变通。于是，我死心塌地回到了希普利、哈里森和李身边，跟这三位被大家叫作"哗啦熊"的银行家达成合作。

我们把运输部门从USX集团剥离出来，成立了运输之星公司。黑石投入了1 340万美元的股权，USX提供了1.25亿美元的供应商融资，为我们提供资金，让我们买下运输部门。化学银行提供了剩余所需资金。事实证明，这项交易非同凡响。正如我们预测的那样，钢铁市场实现了复苏，运输业务重整旗鼓，我们在运输之星的投资改善了现金流。在两年的时间内，我们的投资回报几乎接近我们股权的4倍。2003年，我们把最后一部分企业股权出售了。我们的总投资回报金额是投资金额的26倍，年回报率高达130%。

在接下来的15年里，我们所有的交易几乎都通过化学银行融资。双方的业务实现了共同发展。往昔的"哗噱银行"吞并了汉华实业银行、第一银行、大通曼哈顿银行，最终收购了摩根大通，并沿用了后者的名字。沃特·希普利担任大通曼哈顿银行的首席执行官，比尔·哈里森担任摩根大通的首席执行官，吉米·李担任投行业务主管，他们成了我在商界最好的朋友。我们合作多年，从来没有赔过一分钱。我和彼得都很高兴，这三位"哗噱熊"也很高兴。我们旗开得胜，开局良好，现在只需要乘胜追击。

———

1988年春，我在报纸上看到，第一波士顿的明星银行家之一拉里·芬克从银行离职了。拉里在只有二十几岁的时候，就跟其他几个交易员一起设计了抵押贷款证券化的方法，把抵押贷款打包成为证券，进行类似股票和债券的交易。抵押贷款是全球第二大资产类别，规模仅次于美国国债。抵押贷款支持证券市场快速增长，而第一波士顿的拉里和所罗门兄弟的卢·拉涅利控制了90%左右的市场。拉里取得了巨大成功,加入了公司的管理委员会,进入最终担任首席执行官的职业上升通道,那时,他刚刚35岁。我通过我们共同的朋友布鲁斯·瓦瑟斯坦认识了他,拉里给我的印象是:直言不讳,头脑聪明,精力充沛。

在我听到拉里离职的消息后不久,我们接到了拉尔夫·施洛斯坦的电话。拉尔夫之前在雷曼兄弟主管抵押贷款业务,但这一业务体量很小。他告诉我们,他要和拉里一起创业了,问能不能来拜访一下我们。第二天,他们坐在了我们的会议室里。拉里看上去十分震惊。

"发生了什么事让你决定离职?"我说,"你可是个天才啊。"

他告诉我说,两年前,他下注利率会上扬,并根据这一预期开展投资。利率却出现下降。因此,抵押贷款持有人偿还了贷款,希望以较低的利率进行再融资,而这会影响拉里的投资收益。他对自己的下注进行了充分的对冲,即使利率下降(而不是上扬),也能确保投资万无一失。但负责操控拉里计算机模型的后台办公室人员犯了一个错误,对冲出错了。拉里根据错误的数字进行了计算。他的部门一个季度损失了1亿美元。这不是他的错,他不控制后台办公室。但他承担了责任,选择了离开。

我简直不敢相信。拉里是第一波士顿赚钱最多的人。"你现在想做什么?"我问道。他告诉我,他已经做腻了证券打包和交易业务。他为抵押贷款证券市场的创建做了太多事情,现在他想在这个市场做投资。没有人比拉里更了解这个市场了。

"听起来不错,"我说,"给我们提交一份商业计划书吧。写出你需要的。"

几天后,拉里和拉尔夫回到了黑石。

他们的商业计划书列举了他们想要买卖的资产清单、他们需要的人才以及他们可以赚取的利润。他们想要500万美元,作为启动资金。

"仅此而已?"我问道。

"仅此而已。我想要从第一波士顿抵押贷款部门挖来5个人,我需要付钱给他们。我自己可以不拿一分钱。"他的物质回报来自他在新业务中的股份。

黑石集团当时并没有任何闲置现金,更不用说几百万美元了。我们的收购基金旨在代表投资者对收购交易进行出资,而不是对新业务进行投资。但是第一条新业务线就这样出现在我们面前,这也符合我们所有的预期:一个绝佳机遇,完美的时间节点,巨大的相关资产类别,全球数一数二的经理人。我们已经做好准备,迎接未知的惊喜,而现在惊喜就在眼前。如果错失这个机遇,就太愚蠢了。我和彼得决定个人分别出资250万美元,在黑石单独成立基金,为拉里的新公司提供资金。新公司的名字是黑石金融管理公司,我们将拥有这家公司一半的股权,拉里和他的经理团队拥有另一半股权。

在拉里和他的团队加入后不久,我们决定将我们咨询业务的20%的股权出售给日兴证券,价格为1亿美元。这个价格意味着，我们咨询子公司的估值为 5 亿美元，虽然当时公司的收入仅为 1 200 万美元。日兴证券已成为我们为日本公司提供并购交易服务的合作伙伴，并投资了我们的第一只基金。双方互相信任，关系密切融洽。我们可以在 7 年的时间内归还他们的资本。与此同时，这笔资金将帮助我们更快地雇到顶级人才进而完善我们的组织。随着黑石的不断发展，这一交易验证了我们的理念，也增强了我们的实力。

———

1991 年，我们第一只私募股权基金的大部分资金已经用于投资，公司正在努力筹集第二只基金。此时，美国经济强劲增长的势头已经终止，一场来势凶猛的经济衰退正在蔓延，惊慌失措的监管机构开始严厉打击保险公司，限制此类公司投资股票的能力，而保险公司恰恰是我们第一只基金的核心投资者。保诚的首席投资官加内特·基思在我们的第一只基金里投资了 1 亿美元。他给我们打来电话，表示尽管他非常想继续合作，但监管规则的变化意味着他不能再与我们一起投资了。他说公司也许可以投资 100 万美元以示支持。我告诉他此事不可勉强，以避免保诚受到惩罚。

我们必须找到新的资金来源。我们的第一个目标是中东。我和同事肯恩·惠特尼一起出发。肯恩是黑石的财务主管，也负责投资者关系管理。我们在伦敦待了一天，当我们冲出酒店、去赶转机航班的时候，碰到了竞争对手福斯特曼·利特尔的创始人泰迪·福斯特曼。他和自己美丽的女伴都披着羊绒毛衫，正要去温布尔登观看网球锦标赛。在车上，我告诉肯恩，如果可以选择，我也绝对不愿意跟泰迪交换行程。我只想继续工作，把公司发展得更加强大。

我们在中东的大多数会议以失败而告终。6月底和7月初是最不适合去中东的时间。在科威特，我们冒着近49度的高温，乘坐没有空调的出租车去开会，全身大汗淋漓，好像刚从水里捞出来一样。在夏天的时候，职位高的人都聪明地选择了度假，而接待我们的初级员工根本无法理解我们的业务。在一次会议上，我们已经煞费苦心地推介了一个小时，这时候，一位年轻的科威特人问："投资你们基金跟购买美国国债有什么区别？"这着实令人哭笑不得。即便如此，我们还是拿到了一些规模较小的投资承诺。几个月前，科威特刚刚从海湾战争中解放出来，建筑物中的弹孔仍然清晰可见。

接下来，我们前往沙特阿拉伯。我们每天做6场推介，接连讲了5天，一个投资承诺也没拿到。在达兰的最后一天，我们已经疲惫不堪。当我们在酒店的游泳池里漂游时，我开始向肯恩描绘我们的未来会取得怎样的成功。我把自己的感想和盘托出：为了取得成功，你必须有勇气打破边界，进军自己无权进入的行业和领域。如果失败了，你就摇摇头，承认失误和不足，然后从自己的愚蠢中吸取教训。仅仅凭借锲而不舍的意志力，你就可以让世界筋疲力尽，做出让步，把你想要的东西给你。现在，你就要坚信一条：外面一定有资金！我劝慰他，要忘记刚刚在沙特阿拉伯发生的事情。这件事已成过往,我们的精力虽然已经白费了,但我们的信念不能丢。在不久的将来,我们一定会取得成功,而且是无可比拟的成功。

肯恩是一个心态平和、通情达理的人,但对于我的感想,他仍然无法掩饰自己的怀疑态度。几年后,他告诉我,当时我说这些话的时候,他不想冒犯我,但确实以为我疯了。

保险公司出局了,中东之行也几近一无所获,所以我们必须继续寻找。下一个目标很明确,就是养老基金。养老基金是巨大的资金池。很多养老基金的控制方是州政府或工会,他们必须对养老基金进行投资,用投资收入来提供退休金。养老基金的投资策略一般较为保守,当时尚未开始投资另类资产。我在养老基金领域没有一个熟人。对我来说,这一领域就像日本一样陌生。我们再次需要引荐。

有几个大的融资代理机构表示可以引荐,但要价很高,我觉得接待我们的人也水平一般,没有给我留下什么深刻印象。但在我们近乎穷途末路准备跟其中一家代理机构签约的时候,肯恩找来了几个刚在融资代理行业起步的人。

其中一个人是吉姆·乔治。他身着西装,给人一种不愿意被困在纽约市中心的办公室里而更想穿着牛仔裤和法兰绒衬衫在大西部游荡的感觉。这是个为人谦虚、语调温和的小伙子,他告诉我他以前从来没有做过代理工作。我再三追问,才得知他进军这一行业、坐在我面前的原因。多年来,他一直是交易的另一方,曾担任俄勒冈州的首席投资官,当时他手下的养老金是全美首个投资私募的州养老金。几年前,他投资了KKR。"这笔投资运作得很好,"他说,"在那之后,每当其他州的基金想要投资这类资产时,他们就会打电话给我或来找我进行咨询,我会把自己的经验介绍给他们。就是诸如此类的事情。"

他刚走出房间,我就迫不及待地抓住肯恩,告诉他吉姆就是我们要找的人。他与我们见过的融资代理商完全相反,他完美契合了我们的期望。我不在乎他是不是这个行业的新人。我很确定,吉姆·乔治能带领我们进入这片应许之地。这又是一次不容错过的机会。我们马上拟定了报价。

几天后,我打电话给吉姆的合伙人,邀请他们二人再来纽约见一次面。在电话里,我表示,如果我们能就收费问题达成一致,他们立刻就能开展工作。在说这些话的时候,我几乎下意识地从座位上跳了起来。但不巧的是吉姆出城了,他的合伙人说会尝试联系他。后来这个人又打来电话表示抱歉,说吉姆无法飞过来参加第二天的会面。

"这可能是你们职业生涯中最重要的事情,他真的没办法见我吗?"

"吉姆刚刚在劳德代尔堡下了迪士尼游轮,他没带西装。"

"我不在乎他带没带西装,"我说,"跟他说坐飞机来纽约就好。"

"我说了,但是他不同意,他说他只想正装出席。"

"拜托了,"我说,"那就给他买一套西装,让他过来。"吉姆的人格和尊严意识真是无可挑剔。这就是人们信任他的原因。他有自己做人和处事的准则，穿着西装参加商务会议就是其中之一。当我们见面时，我把自己准备支付的费用金额告诉了他，他很震惊。与他在俄勒冈州政府拿的工资相比，我的报价有着质的飞跃。"你值得拥有，"我告诉他，"你为俄勒冈州和美国其他州的养老基金提供了出色的服务。我们要挨个拜访各个州的基金，我们将会横扫美国。"最终，他同意为我们提供帮助。

吉姆实力超群，这一点，远比任何一家大型融资代理机构的名头重要。他的信誉和气质非常符合这份工作的需求。后来我们发现，跟随吉姆一起拜访养老基金，就好像我们在拿到日兴证券投资后去拜访其他日本企业一样。从最小的基金，到最大的基金——加州公共雇员退休系统，这些养老基金的经理见到他，就像见到了自己人。从那时起，加州公共雇员退休系统就一直在黑石投资。有了吉姆的引荐，我们为第二只基金募集了12.7亿美元，这是当时全球最大的私募基金。

大约在我们为第二只私募基金筹资的同时，我们也开始考虑另一个新的机会：房地产。在20世纪80年代末和90年代初期，美国房地产市场崩溃。首先，不良贷款压倒了储蓄信贷协会[1]。这些小型金融机构遍布美国，他们向市场提供了过剩的贷款，掀起了全美范围内的建筑热潮。1989年，储蓄信贷协会开

---

[1] 储蓄信贷协会，美国政府支持和监管下专门从事储蓄业务和住房抵押贷款的非银行金融机构。该协会能够为购房提供融资，通常采用互助合作制或股份制的组织形式。——译者注

始出现问题，为了解决危机联邦政府成立了RTC（重组信托公司），来清算他们的资产、抵押贷款以及使用贷款资金而建成的建筑物。随着1990年美国经济陷入衰退，新建办公楼和住房的价值暴跌。RTC面临巨大压力，因此需要不计代价地把资债表里的资产处理掉，这就导致大量房屋进入房地产市场。

在1990年的时候，我全部的房地产行业知识都来自作为房主的个人经历。黑石的一个合伙人建议我见见乔·罗伯特，他是一名来自华盛顿特区的房地产企业家，正在寻求资金。我在报纸上看到，此时买家纷纷逃离房地产市场，整个市场已经冻结了。但是，乔对市场有不同的看法。他曾在华盛顿创立过一家物业管理公司，并与政府建立了密切的联系。在目睹了RTC的困境后，他曾努力游说私营部门的投资者和房地产专家帮助RTC处理积压的不良资产。经过不懈的努力，他在1990年与RTC达成协议，获权出售价值24亿美元的一系列房地产，这些房屋都是政府在20世纪80年代储蓄信贷协会破产时获得的。

"我把价值500万~1 000万美元的房子卖给医生。"他告诉我，"他们有存款，在当地信誉也很好，因此可以从银行获得大笔借款。"他希望能够从黑石拿到一笔资金，自己把这些房地产买下来。作为房地产经纪人，他已经获得了可观的收入，而现在，他认为如果我们成为业主和开发商，赚到的钱会比现在多得多。这似乎是一个完美的搭配：我们的资金和他的专业知识。双方一拍即合，他提议我们在下一次RTC拍卖会上合作，这个拍卖会将在几周后举行。"相信我，"他说，"这个国家的经济一团糟,不会有什么人竞标的。"

RTC发布了拍卖细节,这次拍卖的房产是位于阿肯色州和东得克萨斯州的一大批花园公寓,楼龄三年,入住率为80%。从投资的角度看,这些房地产组合与我过去习惯的交易类型相差甚远——不需要占用大量资金,风险似乎也不大。看上去,这是一个可以学习业务、进一步探索未来更大机遇的好的投资项目。

我给高盛首席执行官鲍勃·鲁宾打了一个电话(他后来成为美国财政部部长),提议双方进行合作。高盛在房地产方面的经验远远超过黑石。他同意了。

然而,当我和乔去见高盛的房地产团队时,我们发现,他们对这笔交易的风险有不同的看法。高盛希望出价尽可能低,避免支付过高的费用。从我的角度来说,最大的风险是出价不足,错失这个千载难逢的机遇。我想确保我们的出价能高出美国信孚银行的预期出价。不同类型的投资者之间往往会存在类似的差异。有些人会告诉你,所有的价值都在于尽量降低自己所购买的标的物的价格。这些投资者热衷于交易本身,他们喜欢玩转交易条款,在谈判桌上击败对手。但对我来说,他们的目光过于短浅。这种思路忽略了拥有资产后可以实现的所有价值。如果能够成功获得这笔资产,你就可以对其进行改善;可以进行再融资,以此提高回报;可以规划销售的时间节点,充分利用市场的上扬。如果为了追求尽可能低的收购价格而浪费了所有的精力和商誉,最终资产却被出价更高的竞标者得到,那么未来所有的价值也都不过是一句空话。有时候,最好的做法是支付必要的费用,重点关注在成为资产的所有者以后,可以开展哪些工作。拿下所有权、成功经营的回报通常远高于赢得一次价格战的收益。

根据我建议的价格和市场行情,我计算出这笔交易的固定年收益率可达到16%。也就是说,我们每年的租金收入将相当于购买价的16%。而这只是开始。这些公寓将会产生稳定的现金流。房子几乎是全新的,因此维护成本很低。如果举债收购,我们还能把投资年回报率提高到23%。任何进行过抵押贷款的人都会熟悉这个概念。假设购买一个价值10万美元的房子,首付40%,即投入4万美元的现金,剩余60%通过借贷。如果购入房屋后立刻以12万美元的价格卖出,则利润为2万美元,相当于首付款4万美元的50%。另一个方案是购买同样的房子,首付仅付2万美元,剩余8万美元为借款,那么原来2万美元的投资回报率将翻一番,变为100%。如果你有偿还债务的能力,那么举债可以大幅提高股本回报率。

此外,我们认为当时房地产周期接近触底。1991年,我们认为房地产已经触底反弹。随着经济复苏,剩余20%的空置公寓也将迎来租客,23%的回报率将提升至45%。租金随之上涨,回报率会从45%升至55%。我的逻辑是,如果为了取得55%的复报酬率,我们所需要的仅仅是购买这笔资产,那么我们关注的重点不应该是在拍卖会上报出最低价,而是如何拿下所有权。我告诉高盛,"年回报率55%,我就很满意了。我不需要60%"。最后,他们让步了。我们出价,拿下了这一拍卖资产。

后来，我们对花园公寓的第一笔投资获得了62%的年回报率，比我想象的还要好。拍卖结束后，我问乔："还有多少类似的房屋可以买？""美国到处都是。"他告诉我。

我们是房地产市场竞技的新手，但这也是我们的优势。我们没有历史包袱，没有破产的财产或溺水贷款[①]。我几乎不敢相信，我们生活在一个充满价值且没有竞争的国家。但是当我们为下一次拍卖做准备时，乔告诉我，高盛为他提供了一个投资10亿美元的机会。虽然他已经答应要跟我们合作了，但他还是想接受高盛的要约。

"你能认识这些人，唯一要感谢的人就是我，"我对他说，"你怎么能跑到高盛去呢？"他说他也觉得不好，但高盛提供了他想要的东西。如果我能在下个月筹集类似规模的基金，他就会重新考虑。

根据我们主要投资基金的条款，我们可以将这些钱用于房地产交易。但在将大比例资金用于这项新战略之前，我希望得到投资者的同意。我觉得我们有责任向投资者解释我们的投资策略。在年度投资者会议上，我介绍了这个机会，希望我们的有限合伙人能抓住这个机会。但令我惊讶的是，除了通用汽车之外的所有机构都拒绝了。我们的投资者一个接一个地告诉我，"我们知道你是对的。但是，我们对这些可怕的房地产交易深恶痛绝。"他们都同意我们的观点——房价现在较低，未来必将上

[①] 溺水贷款，贷款本金超过了抵押物的自由市场价值。——译者注

涨。但他们仍然无法采取行动。我们面对着一个巨大的机会，却没有资金。我本可以让乔承诺继续与我们合作，但我们无法为他提供竞争平台，所以正确的做法就是让他自行抉择。

虽然失去了乔，但我们依然决定永不放弃。在每个投资者的生涯中，只会出现几次巨大的机会。我让肯恩·惠特尼找人来发展我们的房地产业务。我们需要一个10分人才来打造这一了不起的新业务。我研究了人才名单，仔细核对了推荐人，其中有一个来自芝加哥，名为约翰·施赖伯的人引起了我的注意，肯恩把他标注为推荐人。我给约翰打了电话，聊了一会他的推荐人选（其实，对此他并不十分感兴趣，但出于礼貌，没有直接说出来）。我们聊的时间越长，我就越感到好奇。在20世纪80年代，约翰曾在芝加哥的房地产投资公司JMB工作，而JMB一直是市场上活跃基金的买家。在过去10年中，约翰收购的房地产价值总额在全美排名第一。他提前预测到了房地产市场的崩盘，告诉JMB要抛售所有资产。但公司认为他疯了，支付了一笔钱，让他离职。然后"千年地震"就发生了，证明了约翰判断的准确性。

"那么你为什么不来我们这里工作呢？"我说。他告诉我，整个80年代，他都一心扑在工作上，很少回家。他有8个孩子，他的家人想让他多陪陪他们。

"你建立了美国最大的房地产公司，还有8个孩子？你居然有时间陪伴你的妻子？"

"显然，我挤出了时间。"约翰说。

在我的再三催促下,他最终答应每周给我们工作 20 个小时。他说他会聘请几个年轻人来黑石指导我们,并利用他的关系给我们拓展一些机会。我们先试着进行这样的合作,再看看结果如何。很快,他的 20 个小时就变成了 70 个小时,他的工作状态又像 80 年代一样了。我不确定他的妻子是怎么想的,但我们很高兴跟他合作。他住在芝加哥,在家工作,对那些不认识他的人来说他像一个灰衣主教[①]。但他做的远不仅仅是聘请几个年轻人指导监督我们,而是要亲自查验我们准备收购的每一处房产。黑石集团的合作人投入了自己的钱,交易非常成功,我们也从中分得一杯羹。但几个月过去了,我们还没有成立一只真正的基金,无法达到真正的规模,我简直要疯了!

房地产市场的崩盘让投资者损失惨重,虽然市场已经开始复苏了,但投资者仍然心有余悸。因此我们需要甜味剂,需要一些激励措施,来消除他们的恐惧,帮助他们摆脱对风险的误判。我曾在 CSX 旗下报纸公司的拍卖中采取了密封竞标拍卖,也曾用大量必须纳税但无法赎回的股票迫使哈罗德·西蒙斯做出让步,这次的情况也需要类似的创意。我们设计了一种旨在纾解特定心理状态的新颖结构。这个结构必须能传达我们对机会的信心,同时给投资者一个安全阀,当感到害怕时,投资者能借此释放自己的压力。我们决定,投资者对我们房地产基金的投资,每 3 美元中就有 2 美元可以自行决定是否投放。他们

[①] 灰衣主教,在幕后进行操作的实权人物。——译者注

可以做出投资承诺,但如果他们不喜欢我们提出的具体交易,那么他们可以收回2/3的资金。

第一个表现出兴趣的投资者是吉姆·乔治的朋友史蒂夫·迈尔斯。史蒂夫主管南达科他州的公共养老基金。吉姆告诉我们,史蒂夫是一个聪明大胆的投资者。我和吉姆、彼得、约翰·施赖伯一起乘飞机到南达科他州的苏福尔斯去拜访他。我向他解释了我们的业务,史蒂夫眼前一亮:房地产已经触底,市场正在上涨,这是进入的好时机。他说服董事会出资了1.5亿美元。

当拿到这笔钱时,我感到非常紧张,在我生命中第一次有这种感觉。对南达科他州40亿美元的养老基金来说,这项单笔投资很大,因为那是很多人的退休金。我问史蒂夫是否确定。他说,根据协议条款,他只承诺了投资总额中的5 000万美元。如果他喜欢具体交易类型,他可以投资剩余的1亿美元,如果不喜欢的话,那么他也可以退出。面对潜力巨大的机会,他愿意承担这样的风险。史蒂夫的决定使我们建立起第一条新的业务线——房地产,而这一产业最终成为黑石集团最大的业务。

5
周期：通过市场涨落判断投资机会

WHAT IT TAKES
Lessons in the Pursuit of Excellence

任何投资的成功与否在很大程度上取决于所处经济周期的节点。周期会对企业的成长轨迹、估值及潜在回报率造成重大影响。黑石会定期围绕"周期"展开讨论，这是公司投资流程的一部分。以下是我识别市场顶部和底部的简单规则：

1. 市场顶部相对容易识别，买家通常会越发自负并且坚信"这次肯定跟以往不一样"。但通常情况下，事实并非如此。

2. 市场总会充斥着过剩的相对廉价的债务资本，为热门市场的收购和投资提供资金。在某些情况下，贷款人甚至不会收取现金利息，同时还会降低或取消执行贷款限制条件。与历史平均水平相比，杠杆水平迅速攀升，借款总量有时高达抵押资产净值的10倍，甚至更多。这时，买家开始愿意接受过于乐观的会计调整和财务预测，以证明承担高额债务的合理性。不幸的是,一旦经济增长减速或经济下滑,大多数预测往往不会成为现实。

3. 市场触顶的指标是身边赚到大钱的人数。声称表现优异的投资者数量随市场的走高而增长。信贷条件宽松,各类市场纷纷上扬,没有任何既定投资策略或流程的人都能"无意中"赚到钱。但在强劲市场中赚钱往往是昙花一现。相比之下,即使市场形势发生逆转,聪明的投资者还是可以凭借严格的自我约束和健全的风险评估获得良好回报。

所有投资者都会告诉你市场具有周期性。然而,许多人的实际行动却与这一认识相悖。在我的职业生涯中,我曾亲历过7次大规模的市场下滑或衰退:1973年、1975年、1982年、1987年、1990—1992年、2001年,以及2008—2010年。经济衰退是正常现象。

随着市场疲软和经济下行,市场会逐渐触底,但其底部是难以发现的。大多数公共和私人投资者过早买入资产,低估了经济衰退的严重程度。此时的关键在于保持沉着冷静,不要过快地做出反应。投资者大都没有信心和耐心,也缺乏自律精神,无法等到一个周期完全过去。这些投资者没有自始至终地贯彻自己的投资理念,因此无法将获得的利润最大化。

要确定触底的具体时间并非易事,投资者最好不要轻易尝试。原因在于,经济真正从衰退中走出来通常需要一到两年的时间。即使市场开始出现转机,资产价值仍需要一段时间才能恢复。这意味着如果在市场触底前后进行投资，那么投资者可能在一段时间内无法获得投资回报。举个例子：1983年，油价暴跌，市场触底，一些投资者开始收购休斯敦的写字楼。10年过去了，1993年，这些投资者仍在等待价格的回升。

避免这种情况的方法就是，当价值从低点回升至少10%时再开始进行投资。随着经济获得动力，资产价值往往会随之上扬。最好放弃市场刚开始复苏时10%～15%的涨幅，以确保在恰当的时间买入资产。

虽然投资者普遍表示自己的目标是赚钱，但事实上，他们只看重心理安慰。即使大家都在亏钱，他们也宁愿从众，而不愿意做出艰难决策，等待最大的回报。从表面上看，随大流可以避免遭人指责。这些投资者往往不会在市场底部附近投资，而是在市场顶部进行投资，但这样做恰恰与"赚钱"的投资理念背道而驰。他们喜欢看着资产价值上扬，这样心中会感觉舒适而安全。价格越高，越多投资者相信资产会继续升值。出于同样的原因，在一个周期的底部前后，新企业的上市几乎是不可能的，但随着周期的发展，IPO的数量、规模和估值都会出现爆炸式增长。

周期最终是由各种各样的供需因素决定的。理解这些供需因素，对其进行量化分析，就可以很好地确定你与市场离顶部或底部的距离。例如，在房地产市场中，当现有建筑物的价值远高于迁建成本时，就会刺激建筑业的繁荣发展，因为开发商知道，他们可以开发新楼盘，以高出成本价的价格出售。如果只是开发一处房产,这当然是一个极佳的策略。但几乎每个开发商都会看到同样的机会,认为自己可以毫不费力地赚到钱。如果大量开发商同时开始建设,那么不难预测,市场上将出现供过于求的情况,房产价值将会下降,而且很可能是急剧下降。

美联储前主席曾经说过:"没有人能看到泡沫。"这一说法显然是不对的。

6
如何做正确的决策

WHAT IT TAKES
Lessons in the Pursuit of Excellence

随着黑石的扩张,我们从德崇证券的公司金融部聘请了一位年轻的银行家。他头脑聪明又雄心勃勃,在1989年加入黑石后不久,就为公司拉来一笔交易。总部位于费城的埃德科姆公司主营钢铁加工业务。公司采购原钢进行加工,将制成品销售给汽车、卡车和飞机制造商。我们这位年轻的合伙人曾在德崇证券做过几笔埃德科姆的交易,因此他了解这家公司,埃德科姆的公司高管也认识他。现在公司要进行出售,黑石可以首先开展独家调研,看是否适合收购。

独家调研是值得重视的,这笔交易看起来很有希望。埃德科姆的赢利水平非常高,其客户群也不断增长,看上去扩张的可能性很大。公司要价3.3亿美元,根据我们的分析,这似乎是一个不错的价格。我准备据此出价。但是,在出价前,黑石另一个新晋合伙人戴维·斯托克曼来到我的办公室,表示不看好这笔交易。戴维拥有华盛顿政坛和华尔街金融界的从业经验,曾担任里根总统的管理及预算办公室主任,刚加入黑石不到一年的时间。他极其聪明,会析毫剖厘地分析交易,也会毫无保留地表达自己的意见。

"埃德科姆的交易是一场灾难。"他说,"我们绝对不能碰。"

"可是另外一个合伙人觉得很好。"我说。

"不好。"戴维说,"糟透了。这个公司毫无价值,管理不善。公司全部的利润都来自钢材价格的上涨。这些都是一次性利润。公司的基本业务只是看上去会赢利,但这家公司最终肯定会破产。如果我们按计划进行杠杆收购,那么我们也会破产。肯定是一场灾难。"

我请来了支持埃德科姆交易的年轻合伙人,还有持主要批评意见的戴维,让两个人在我的办公室就这笔投资展开讨论,这样我可以看到他们当面辩论,然后做出决定。我坐在那里听他们陈述各自的意见,自己好像所罗门国王。我觉得年轻合伙人更有理有据,他曾跟埃德科姆合作多年,了解公司内部的情况,可以回答所有问题。而戴维·斯托克曼是从外部人士的角度分析交易,他的论据虽然很有力,但信息的水平和质量却处于下风。此外,黑石曾从USX旗下成功收购了运输之星公司,从此以后,我们自以为很了解钢材市场,也自认为现在有能力预测大宗商品周期了。于是我决定继续推进。我们提出报价,向投资人募集资金,完成了交易。

这一次似乎是在劫难逃,就在我们完成交易几个月后,钢铁价格开始急转直下。埃德科姆的原材料库存价值已经跌破了采购价，而且每天都在走低。我们预期的利润，也就是用于支付我们借贷成本的那笔钱，再也没有变为现实。我们无法偿还债务。正如戴维·斯托克曼预测的那样，埃德科姆土崩瓦解。

总统人寿保险公司是我们的基金投资人。一天，公司的首席投资官给我打来电话，说要见见我。他们的办公室在哈德孙河沿岸的奈阿克村，在纽约北边。我打车到了公司。这位首席投资官请我坐下，然后开始劈头盖脸地训斥我："你是能力有问题，还是脑子不好使？得蠢到什么程度，才会把钱浪费在这种毫无价值的东西上？我怎么能把钱交给你这种低能儿呢？"我坐在那里，任由他责骂，心里知道他是对的。我们赔上了他的投资，因为我们的分析存在缺陷，而决策者是我。在雷曼兄弟的第一年，我曾把埃里克·格莱切交易的分析材料弄错了，惹得他大发脾气，但那件事与此刻完全没有可比性。这一刻是我今生最羞愧的一刻——我没有能力，我不称职，我让公司和自己蒙羞了。

我也不习惯别人对我大吼大叫。我的母亲和父亲从不高声说话。如果我们犯错，他们就会告诉我们，但从来不会尖叫或怒吼。坐在客户的办公室里，我感觉自己的眼泪不由自主地涌了出来，双颊变得通红。我不得不努力控制自己不能哭出来。我说："我知道了，我们以后会努力改善的。"走在去停车场的路上，我对自己发誓，这样的事情以后永远永远都不能再发生在我身上。

回到黑石，我开始废寝忘食地工作。我要确保，即使黑石及其投资人在埃德科姆交易中亏钱,我们的债权人——为这次交易提供贷款的银行也不会损失一分钱。埃德科姆只是一只基金的一笔交易。我们会用基金中的资金进行其他交易,确保黑石投资人的整体收益良好。但是债权人提供的信贷是按笔计算。我担心,即使只有一次没有按时还款,也会有损黑石的声誉。银行会减少我们的贷款额度、提高贷款标准,这样一来,公司的业务会更难开展。

在埃德科姆事件发生后,我们审查了公司的决策机制。虽然我们拥有创业者坚忍不拔的精神,有动力、有抱负、有技能、有职业道德,但是我们依然没有把黑石打造成为一个伟大的组织。对任何组织而言,失败是最好的老师。一个企业绝对不能掩饰自己的失败,而是要进行开诚布公的讨论,分析导致错误的原因,以此学习新的决策规则。失败可能是巨大的礼物,它就像催化剂可以改变一个组织的发展进程,造就组织未来的成功。埃德科姆交易的失败表明,改变必须从我开始——我对潜在交易机会的评估和投资方式必须做出调整。

———

我陷入了许多组织常见的陷阱。当员工希望公司接受自己的提案时,他们往往会向位高权重的领导汇报。如果领导认为提案不好,就会拒绝他们。不管提案是不是真的不行,员工都只能垂头丧气地离开领导办公室。几周后,员工带着完善后的提案再来汇报,又遭拒绝。离开领导办公室时,他们的脚步更沉重了，心情更加郁闷。第三次，他们咬紧了牙关，忍受着挫败。第四次，坐在办公桌那边的老板过意不去了。设计提案的员工并不差，只是没有那么好而已。但如果第四次的提案相对还可以，老板最终会选择批准，为的是让大家都开心。

因为我急于给年轻的新晋合伙人机会，让他完成埃德科姆交易，我把自己和公司都置于风险之中。我被一场精彩的推销征服了。后来我才知道，这个新晋合伙人团队的一位分析师反对这笔交易，分析师认为交易肯定行不通。但这个合伙人让他不要把自己的怀疑意见告诉其他人。

我应该更加警惕自己的情绪，更加一丝不苟地对待事实。交易并不仅仅是数学计算的问题，其确实涉及很多需要考虑的客观标准。在进行思考和判断的时候，我应该拿出充分的时间，心平气和地思考，而不是让两个人在我面前据理力争，而我只是坐在中间进行决策。

金融圈到处都是充满魅力的人。他们的演示材料做得漂亮，嘴皮子也非常利索，思路和语速快到让人跟不上，你必须要叫停这样的表演。为了保护企业和组织，你需要打造决策体系、改善决策质量。决策系统不应再受制于一个人的能力、感受和弱点。企业需要摒弃"单人决策"的做法，审查并收紧企业流程，制定规则来剔除投资流程中的个人化因素。

我一直对"不要赔钱"有疯狂的执念，埃德科姆交易的溃败更加深了这一点。我开始认识到投资应该像没有投球时限的篮球赛，只要手里有球，我们需要做的就是一直不停地传球，直到确定可以得分的时候再出手。其他球队可能会失去耐心，在三分球线外失去重心后，投出一些命中率低的球，就像我们的埃德科姆交易一样。而黑石不一样，我们要继续传球，继续观察，直到把球传给站在篮筐正下方身高 7 英尺的中锋手中。我们要执着而认真地分析每个潜在交易的各个不利因素，直到确保万无一失。

我们再也不会让某个人总揽一切、独自批准协议。我们决定让所有高级合伙人参与投资讨论。在我的职业生涯中，我做出的正确决策比错误决策要多，但埃德科姆的收购表明我也不可能永不犯错。我的同事们有数十年的经验，我们可以共同合作，一起讨论，运用集体的智慧来评估投资的风险，提高交易审查的客观性。

接下来，黑石颁布规定：任何提案都必须以书面备忘录的形式提交，备忘录必须完整翔实，并至少提前两天提供给参会人员，以便大家对其进行细致理性的评估。之所以要求至少提前两天，是因为这样研究备忘录的人可以有时间进行标注、发现漏洞、梳理相关问题。我们还规定，除非有重大的后续发展，否则不得在会议上对备忘录进行任何补充。我们不希望开会的时候还有新增材料传来传去。

开会的时候，高级合伙人会坐在会议桌的一侧，而相关内部团队会在另一侧介绍交易的详情。在会议室周围列席的是各团队的初级成员，他们的任务是观摩、学习和提供意见。

此类讨论有两个基本规则。第一，每个人都必须发言，以确保每个投资决策是由集体制定的。第二，要把讨论重点放在潜在投资机会的缺点上。每个人都必须找到尚未解决的问题。对负责推介的人来说，这种建设性质询的过程可能是一个挑战，但我们对质询过程进行了设计，保证质询只对事、不对人。"只点评、不批评"的规则让我们摆脱了束缚，我们可以评判他人的提案，也无须担心这可能伤害他人的情感。

潜在投资机会的优点也应包括在内，但这不是早期投资委员会讨论的重点。

这个小组解剖会一旦结束，无论谁正在推进交易，现在都有一系列要解决和回答的问题：如果经济衰退，那么他们建议黑石收购的公司的业绩会如何变化？目标公司的利润会略有下降还是直线下降？如果目标公司被收购，那么其中最优秀的经理人是否会离职？我们是否已经充分考虑了竞争对手可能的反应？大宗商品价格崩溃，会对我们的赢利水平造成什么影响（类似收购了埃德科姆后的情况）？他们的财务模型是否考虑了所有这些可能性？提案团队会继续研究，找到这些问题的答案。在此过程中，他们可以改善提案，找到负面因素的管理方法，也可能会找到新的风险，发现此前可能没有见过的损失概率。经过一轮完善后，公司会再次开会讨论。我们希望，到了第三轮的时候，这笔交易中不会再有任何令人不快的意外。

我还决定永远不只与任何潜在投资的主要合伙人交流。如果有具体的问题，那么我会打电话给最初级的人，一个负责整理电子表格、对数据最熟悉的人。如果在收购埃德科姆前，我能采取这种做法，我可能就会听到分析师对这一交易强烈的反对意见。打破等级制度让我能够了解公司的初级人员，获得不同的解读。书面上的分析可能无法全面反映风险，因此我会亲自跟分析师交流，请他们从自己的角度给我介绍交易。此时，他们的语调就可以说明问题——你能听出他们是喜欢这个交易，还是内心忐忑。洞悉人的心理是我作为投资者的优势之一。我不需要记住分析中的每个数字。我可以观察和聆听那些知道具体细节的人，通过他们的姿势或语调判断他们的感受。

为了排除投资流程中的个人因素和风险因素，我们还做出了最后一个调整，那就是鼓励群策群力、增强集体责任感。投资委员会的每个合伙人都要参与评估提议投资的风险因素。以前，内部团队可以只说服职位最高的人，游说这个人批准交易，但现在这种方法行不通了。出席会议的每个人都将承担最终决策的责任。我们一以贯之，以可预测的方式做出每一个决策。

随着黑石引入新业务、进军新市场，我们将同样的流程应用于所有投资决策中。每个人都参与讨论，针对风险进行充分而激烈的辩论，以达到系统性分解风险、理解风险的目的。每次都是我们这些小团队，我们彼此了解，按照同样严格的标准审查每项投资。这种标准统一的投资方式已成为黑石风格的支柱。

———

黑石创业早期，公司经历波澜，也取得了一定的发展，而除了工作以外，我的生活依然继续。我和艾伦在1991年离婚，但我们继续共同抚养两个孩子，吉比和泰迪。分开是一个痛苦的决定。我记得在做出这个决定之前，我去找自己的内科医生哈维·克莱恩博士进行体检。我的身体没有问题，但在体检结束后，哈维问我最近过得怎么样。我告诉他，我工作压力很大，也无法对我的婚姻做出决定。我对婚姻很不满意，但又害怕离婚所带来的一切不良后果。哈维写下了一个电话号码递给了我，让我去找拜拉姆·卡拉苏博士。

拜拉姆·卡拉苏博士是一名精神病学家，在纽约阿尔伯特·爱因斯坦医学院担任系主任已有23年的时间。他是19部图书的作者，在曼哈顿经营一家小型诊所，美国政府的一些官员也会定期找他做心理咨询。当第一次走进他的办公室时，我明确表示自己不是来接受治疗的，我只是没办法下定决心离婚。他问我："那阻碍你的原因是什么呢？"我告诉他，我害怕4件事：害怕失去与孩子的关系；害怕分割一半的财产，因为这都是我拼命赚来的；害怕失去一半朋友；害怕必须要再度约会。

拜拉姆说，这4个焦虑看似合理，但还是没有道理。童年阶段的烙印会伴随个人终身，这时候父母的离婚可能会给孩子带来精神创伤，但我的孩子们都已经长大了。如果我想与他们保持良好的关系并为之付出努力，那么他们也会有同样的想法。至于我的钱，是的，我必须开出一张巨额的支票，但如果这张支票能为我生命中的新篇章扫清道路，我就会很快忘记这件事。我们夫妻共同结交的朋友可能会五五分，但这就是人生，必须得接受。至于约会，作为一个曼哈顿的富有的单身男人，我是不会缺少选择对象的。

拜拉姆热情周到，独具见解，经验丰富，令人信服。他的建议给我的人生带来了无比积极的转变。从此，我每周都会去见他一两次，主要是讨论我的工作，而他总能像我们第一次见面时一样，客观清晰地看待问题。他理解我的大脑，知道我体验和回应世界的强度。他帮助我测试自己的直觉，消除一切心理、社交、情感和智力影响因素，让我看到真相。

拜拉姆对离婚的看法也是正确的。离婚为我个人生活展开新篇章扫清了道路。我的朋友们非常热心，他们通过各种途径帮我安排约会。其中有一位是克里斯汀·赫斯特，她是一名律师，刚刚离婚，在帕洛阿尔托① 找了一份新工作，也已经做好了搬家的准备。这样的约会前景并不乐观，我们都很忙，而克里斯汀已经在考虑开启在美国西海岸的新生活了。但是我的朋友们坚持认为我应该见见她。于是，我答应试一试。

我觉得我们的第一次约会很棒，而她觉得很奇怪。我们要去我办公室附近的一个派对，她等着我去接她，但我工作到很晚，所以派了一辆车去接她。最后，我终于上车了，她看起来很惊讶。我匆匆看了她一眼，说："嗨，我是史蒂夫。"然后我翻下遮光板，打开小镜子，开始用电动剃须刀刮胡子。我们先

---

① 帕洛阿尔托，美国加利福尼亚州塔克拉拉郡的一座城市，位于旧金山湾区西南部。——译者注

去洛克菲勒中心①参加了一个签售会，然后去麦迪逊大街索尼广场的一栋新大楼里看了乔治·迈克尔的表演，最后跟朋友一起参加晚宴。介绍我俩认识的我们共同的朋友黛比·班克罗夫特第二天早上打电话给我，问我约会怎么样。

"很好。"我告诉她。我喜欢克里斯汀，我们也一起参加了好几个有意思的活动。不过，克里斯汀虽然很合群，却是一个不愿意过分暴露个人隐私的人。她告诉黛比，我们一个活动连着另一个活动，与很多我认识但她不认识的人交谈，她感觉自己像我的装饰品。她完全没有享受这个约会。行程太紧，我们根本没有机会好好聊天。黛比让我打电话给克里斯汀道歉，然后请她出去吃饭，共度一个安静的夜晚，两个人真正相互了解一下。我按照她的建议做了，我们的第二次约会是在第一大道的一家意大利餐厅，两个人吃了一顿丰盛的晚餐，聊得非常投机。在晚餐结束时，我把自己的日程表拿出来，浏览各种各样的会面安排，试图把我们下次见面的时间安排进去。克里斯汀看起来非常惊讶：她还不习惯像我这样的一丝不苟的金融人士。

"我们可以快点在一起，也可以慢慢地彼此了解。"我说，"我更喜欢快点。"

谢天谢地，我没有让她失望。在我们开始约会后，她做的第一件事就是使我杂乱无章的单身汉生活变得更有条理。我和

---

① 洛克菲勒中心，坐落于美国纽约州纽约市第五大道的一个由数个摩天大楼组成的城中城，由洛克菲勒家族出资建造。——译者注

儿子泰迪一起住在第五大道950号的一套公寓里，聘请了一位姓张的厨师。日复一日，在晚餐时，我和儿子两个人的聊天都是："今天在学校怎么样？""还可以。"——父亲和十几岁儿子之间常见的那种对话。

我从来没进过厨房。当克里斯汀第一次来我家的时候，她走进厨房，打开冰箱，发现冰箱里堆满了史都华的速食餐盒。两年来，张师傅都是通过加热这些速食食品，假装给我和儿子做了饭，但我们完全没有注意到。

几年后，我和克里斯汀已经结婚了，我们想聘请一位厨师。克里斯汀多才多艺，但厨艺不是其中之一。每个认识我的人都知道，在经过一天漫长的工作后，我希望能好好吃顿晚饭。于是，我们发布了广告，其中一个名为海米的厨师的简历让我们印象深刻，我们请他来家里谈谈。克里斯汀在开门的一瞬间就认出了这个人：张师傅！他只是换了个名字，侥幸地以为我们可能忘记了那些年吃过的史都华。这就是纽约！

曾祖父威廉·施瓦茨曼于 1883 年从奥地利移民到美国。他后来在宾夕法尼亚州的费城与珍妮·沃尔特曼相识并结婚。图片来源：宾夕法尼亚州人像摄影馆。1925 年左右。

曾祖父威廉·施瓦茨曼、曾祖母珍妮·施瓦茨曼及幼年时期的父亲约瑟夫。1925 年左右。

施瓦茨曼窗帘麻布店创始人、祖父雅各布·施瓦茨曼及童年时期的父亲约瑟夫。1921年左右。

我与祖父雅各布·施瓦茨曼和祖母丽贝卡·施瓦茨曼在宾夕法尼亚州费城。1951年左右。

父亲约瑟夫·施瓦茨曼在 1943 年第二次世界大战期间。

母亲阿利纳·施瓦茨曼。1943 年左右。

1947年，我与父母在费城牛津圆环广场的吉勒姆街1113号。我们刚刚买得起房子，母亲就把家搬到了郊区。

我与我的一对双胞胎兄弟马克和沃伦——未来的割草队三人组。1950年左右。

施瓦茨曼窗帘麻布店，费城弗兰克福德区。1960年左右。

我在440码接力赛中跑第一棒，1963年。

1963年，宾州接力赛的一英里接力冠军。从左至右依次是：
比尔·格兰特，鲍比·布莱恩特，理查德·乔夫尼，我。

小安东尼和帝国乐队，1964年左右。
摄像：迈克尔·奥克斯／图片来源：盖帝图片社。

我给耶鲁学生的第一份重要礼物：废除禁止异性进入宿舍楼的禁宿规定，1967年。
图片来源：耶鲁档案馆。

耶鲁大四毕业生手册照片，1969年。耶鲁。

埃夫里尔·哈里曼在1969年给我的回信（我写信征询他关于职业发展的建议）。在哈里曼的鼓励下，我进入了金融领域，后来又开展慈善事业，为世界各地的领导人提供意见和建议。

```
                3038 N STREET
              WASHINGTON, D. C. 20007


                                    September 26, 1969


    Dear Steve:

         Thanks for your letter of September 19th.
    I am now living in Washington but come to
    New York occasionally.  I find that I will be
    in New York on Thursday, October 16th and will
    be glad to see you at 3:00 p.m. if that is
    convenient, at my home at 16 East 81st Street.
    Let me know if that is convenient for you.

         I am not sure that I can be of much help
    to you in making your decision but will be glad
    to discuss it.

         Looking forward to seeing you.

                            Yours in 322,


                            W. Averell Harriman


    Mr. Stephen A. Schwarzman, bsc
    D-167
    Donaldson, Lufkin & Jenrette, Inc.
    140 Broadway
    New York, New York  10005.
```

1970年，我在路易斯安那州的波尔克堡参加军队训练。

1971年，我与室友杰弗里·罗森（戴着眼镜）在哈佛商学院上课时提出各种刁钻的问题。杰弗里·罗森是我情谊最长的朋友，现任拉扎德公司的副董事长。

Stephen Schwarzman, Lehman's Merger Maker

By KAREN W. ARENSON

Felix Rohatyn of Lazard Frères, J. Ira Harris of Salomon Brothers, Robert Greenhill of Morgan Stanley and Stephen Friedman of Goldman Sachs may still be the reputed kings of the merger and acquisition world, but a new generation of younger investment bankers is coming up behind them.

Of the newcomers, probably none has been as hot recently as Stephen A. Schwarzman, a 32-year-old partner at Lehman Brothers Kuhn Loeb. In recent months he has played an instrumental role in the Bendix Corporation's winning bid for the Warner & Swasey Company, RCA's $1.35 billion acquisition of C.I.T. Financial, and ill-fated talks between Macmillan and ABC. Other deals that bear his mark include the Beneficial Corporation's $72 million purchase last month of the Southwestern Investment Company and the Beatrice Foods Company's $488 million acquisition of Tropicana Products Inc.

"Steve has a special instinct that puts him in the right place at the right time," says Martin Lipton of Wachtell Lipton Rosen & Katz, one of the most active lawyers in mergers and acquisitions. "It's a very special instinct that you find in a Rohatyn or a Harris, but not in very many other people."

Being in the right place at the right time is as important a trait for a successful investment banker as knowing how to structure a securities transaction. The Wall Street wizards who facilitate the concentration and diversification trends that shape American industry are a cross between the ancient matchmaker and the modern financial expert. It is the investment bankers with the right clients and contacts who do the big business, who know what deals can get put together and who get called in when a deal starts to jell. One thing that separates the junior bankers from the big players is the size of their networks of contacts.

And Mr. Schwarzman's circle clearly has been growing quickly. His

two phones rang constantly on a recent morning in his maroon-walled second floor corner office overlooking Hanover Square: An executive interested in acquiring a company he represented. A potential new client setting up a lunch meeting. A client pledging money for Lincoln Center, for which Mr. Schwarzman has been helping to raise funds. An arbitrageur congratulating him on his latest deal. An associate checking the details on an assignment.

Mr. Schwarzman fielded each call with rapt attentiveness, eyebrows arching for emphasis, walking back and forth behind his desk in excitement.

According to those who have worked
Continued on Page 13

Schwarzman of Lehman Brothers: "I'm an implementer."

1980年，33岁的我在《纽约时报》上的首次个人专访。
©1980年纽约时报公司。版权所有。经许可使用。

1987年，我与儿子泰迪、女儿吉比在一起。尽管忙于工作，但我一直努力陪伴在家人左右。

在黑石公园大道办公室与黑石合伙人合影，1988年。从左至右依次是：詹姆斯·R.比尔莱、劳伦斯·D.芬克、我、彼得·彼得森、戴维·A.斯托克曼、罗杰·C.阿特曼。摄像：詹姆斯·汉密尔顿。

我的父母，阿利纳·施瓦茨曼和约瑟夫·施瓦茨曼，1990年左右。

《星期日泰晤士报》报道黑石集团的首笔欧洲投资。黑石在1998年收购了萨伏伊集团，包括萨伏伊酒店、克拉里奇酒店、伯克利酒店和尼康诺酒店。《星期日泰晤士报》/新闻授权。

红衣主教爱德华·伊根、乔治·H. W. 布什总统、我和迈克·布隆伯格市长在阿尔·史密斯慈善晚宴上，纽约，2004年。

我在祝贺2005年肯尼迪表演艺术中心获奖人蒂娜·特纳，奥普拉和卡罗琳·肯尼迪望向我们。摄像：玛戈·舒尔曼。

我与合伙人彼得·彼得森一起在黑石成立20周年之际，2005年。黑石的发展壮大超出了我们的想象，但最好的时刻尚未到来。

我和托尼·詹姆斯一起庆祝黑石成立20周年，2005年。在黑石的制度化建设中，托尼发挥了关键作用，他推动了黑石的转型，确保公司至今经营良好。

我登上 2007 年《财富》杂志封面。©2007 财富媒体知识产权有限公司。保留所有权利。经许可使用。

2007 年,我与乔治·W. 布什总统在我纽约市的公寓里。我与乔治在耶鲁上学时就认识,我们各自的人生历程和之后的交集一直让彼此惊叹不已。图片来源:倒影摄影 / 华盛顿特区。

2008年，在肯尼迪表演艺术中心晚会上。从左至右依次为：我、克里斯汀、凯蒂·霍姆斯、汤姆·克鲁斯、肯尼迪表演艺术中心2006年获奖人史蒂芬·斯皮尔伯格、2007年获奖人马丁·斯科塞斯以及肯尼迪表演艺术中心的主席迈克尔·凯泽。摄像：卡洛·普特。

我与前总统比尔·克林顿在白宫，2009 年。摄影师：玛戈·舒尔曼。

2009 年，我与特德·肯尼迪参议员在肯尼迪表演艺术中心。特德品质高尚，给予了我很大的支持，我们建立了深厚的友谊，与他共事是我在肯尼迪表演艺术中心最喜欢的事情之一。

2009年肯尼迪表演艺术中心荣誉奖颁奖典礼。从左至右依次为：我的弟弟马克、美国第一夫人米歇尔·奥巴马、我的母亲、我的继女梅格、克里斯汀、我、巴拉克·奥巴马总统。

2011年，我在巴黎爱丽舍宫接受法国总统尼古拉·萨科齐颁发的荣誉勋章。

2013 年，我在清华大学苏世民书院奠基仪式上。

2014 年，我回归创业模式，从头开始建立苏世民书院。

2014年，我与密友摩根大通副董事长吉米·李。我和吉米在黑石成立之初就紧密合作，我们两个人的事业齐头并进。

我在耶鲁大学的大食堂，未来将改建为施瓦茨曼中心，2015年。
摄像：迈克·马斯兰／图片来源：耶鲁大学。

2015年，我在纽约经济俱乐部与阿里巴巴集团联合创始人兼执行董事长马云叙旧。马云调侃说："你和我是同一类动物。"

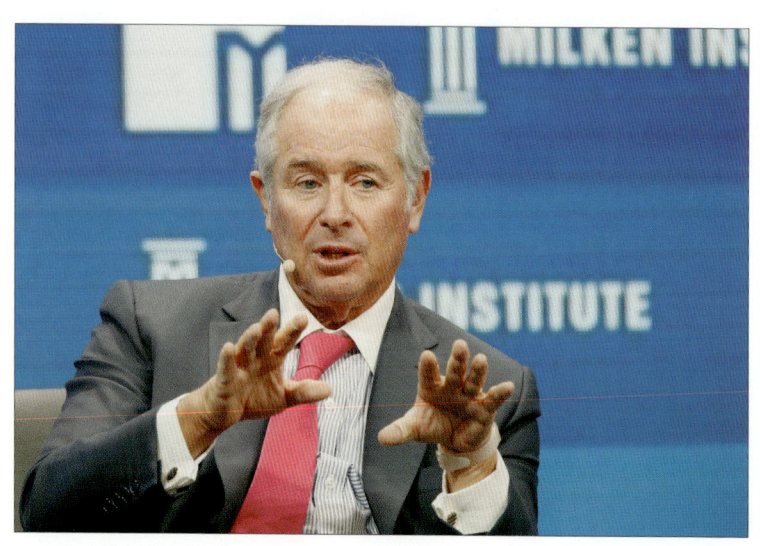

2016年，我在加利福尼亚州比弗利山庄举行的米尔肯研究所年度全球会议上发表演讲。摄像：帕特里克·T. 法伦 / 图片来源：彭博社、盖帝图片社。

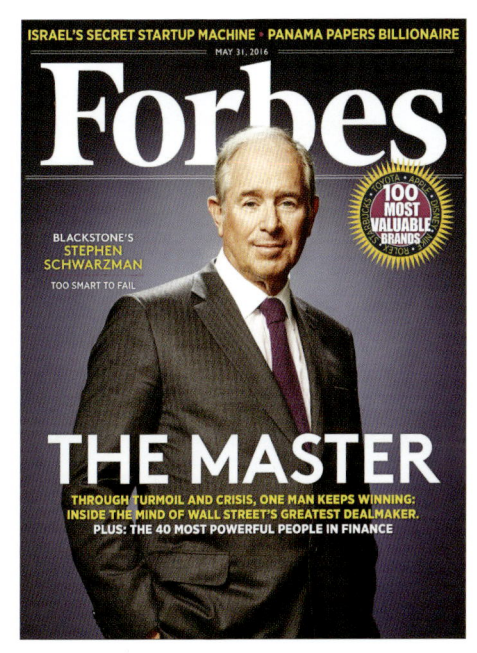

我登上《福布斯》杂志封面，2016 年。©2016 福布斯。版权所有。经许可使用。

2016 年，清华大学苏世民书院。我们希望苏世民书院能够结合中西方建筑艺术和设计艺术的精髓。

苏世民书院的内部庭院。

我与百事可乐前首席执行官卢英德、特朗普总统在白宫举行的首届总统战略与政策论坛会议上，2017年。摄像：凯文·拉马克／图片来源：路透社。

我与日本首相安倍晋三在联合国大会期间,纽约,2017年。

我与2017届苏世民学者一起在书院散步。

2017 年，我在苏世民书院的院子里与学生共进午餐。

我与黑石基金会负责人艾米·斯图尔斯伯格和苏世民书院女子足球队，2018 年。

我为苏世民书院 2018 届毕业生颁发文凭。

我与第三批苏世民书院学者自拍。前排,从左至右依次为:伊曼·艾尔·莫拉比特(正在拍照)、我、艾米·斯图尔斯伯格和执行院长潘庆中。

我、克里斯汀与教皇弗朗西斯,梵蒂冈,2018 年。

2018 年，我与克里斯汀一起抵达白宫，参加为法国总统伊曼纽尔·马克龙举办的国宴。摄像：劳伦斯·杰克逊 / 图片来源：《纽约时报》/ 里德斯图片公司。

2018 年，我和克里斯汀与我们资助的纽约天主教高中毕业生一起。

我与克里斯汀一起参加 2018 年纽约大都会艺术博物馆慈善舞会。我们受邀担任舞会的名誉联席主席，因为我们赞助了大都会艺术博物馆的"天体：时尚与天主教的想象力"展览，这是该博物馆历史上参观人数最多的展览。摄像：尼尔森·巴纳德 / 图片来源：盖帝娱乐图片社、盖帝图片社

迈克尔·蔡、托尼·詹姆斯、我和乔恩·格雷在黑石 2018 投资者日上。

我在接受墨西哥总统恩里克·佩尼亚·涅托颁发的阿兹特克雄鹰勋章。该勋章旨在表彰我在美国－墨西哥贸易谈判中所做的贡献，2018 年。

我与未来产业集团圆桌会议代表合影。前排，从左至右依次为：我、特朗普总统、美国前国务卿亨利·基辛格。后排，从左至右依次为：白宫办公厅副主任副幕僚长（负责政策协调）克里斯·利德尔、甲骨文首席执行官萨弗拉·卡茨、IBM首席执行官罗睿兰、总统高级顾问贾里德·库什纳、高通首席执行官史蒂芬·莫伦科夫、谷歌首席执行官桑达尔·皮查伊、微软首席执行官萨蒂亚·纳德拉、麻省理工学院校长拉斐尔·里夫、总统顾问伊万卡·特朗普，卡内基－梅隆大学校长法纳姆·贾哈尼安和美国副首席技术官迈克尔·科雷特西奥斯。图片来源：白宫官方图片，摄像：乔伊斯·N.博格西安。

我、麻省理工学院校长拉斐尔·里夫和CNBC主持人贝基·奎克参加施瓦茨曼计算学院发布会，2019年。

我邀请自己资助的一些美国田径运动员在黑石享用午餐，其中几位是奥运会奖牌获得者，2019年。

英国《金融时报》报道了我对牛津大学的捐赠，2019年。在报纸的头版看到相关新闻和图片后，我感到非常意外。这种报道证明了这一捐赠对英国的重要性。摄像：安德鲁·杰克，《金融时报》，2019年6月19日。经《金融时报》许可使用。版权所有。

7
创建完美流程

WHAT IT TAKES
Lessons in the Pursuit of Excellence

人们在听到我的首要投资原则时,往往都会面露微笑。我的原则就是:不——要——赔——钱!我从来都不理解这些假笑,因为道理就是这么简单。为了反映这一基本理念,黑石创建了一个投资流程,并随着时间推移不断完善这一流程。我们打造了一个极为可靠的风险评估框架。我们为公司内部的专业人士提供培训,教他们如何把每个投资机会提炼为两个或三个主要变量,这些变量将决定投资能否成功、能否创造价值。在黑石,投资决策的核心在于程序严格、冷静稳健的风险评估。这不仅是一个流程,更是一种思维方式,也是黑石文化不可分割的一部分。

以下是我们的投资流程:

投资委员会的概念在华尔街和其他行业中很常见。公司的少数高管邀请交易团队介绍新机会,而交易团队会以备忘录的形式梳理相关信息。交易团队会努力向委员会推介这个潜在的投资机会，列出交易的种种好处，量化未来的赢利潜力。如果委员会成员认为机会不错，就会批准交易，而做介绍的团队会如释重负，因为他们知道可以继续推进了。但如果投资委员会没有批准，交易团队就会颇受打击，他们会垂头丧气地走出会议室，手里拿着备忘录，也许嘴里还念念有词。但在黑石不是这样。

我们打造的投资流程是为民主化的决策服务的，鼓励每个相关人士都进行思考和参与，包括交易团队和委员会成员。没有"我们"和"他们"的划分，也无须通过一群长老的批准。相反，大家都有一种集体责任感，会共同研究确定影响交易的关键因素，分析在各种情况下，这些因素会对投资的财务业绩造成什么影响。

每个参会人员，无论资历和职务如何，都要提出自己的意见，积极参与。没有一个人或一群人在讨论中占主导地位，或于握批准权。这是一项团队运动。每个人都必须针对变量进行辩论，商定一致，确定可能的结果范围。在某些情况下，变量是显而易见的，有时则需要进行几轮严格而充分的辩论和讨论。但是，如果参会人员没有达成一致意见，我们不会继续向下推进。

这一点非常微妙。很多噪声和情绪往往会影响投资者做出正确决策的能力，而上述方法既可以排除这些因素，又能消除个人风险，交易团队也不用承受压力，无须保证最终的结果是"正确"的。有时投资金额高达数十亿美元，如果这种压力只是集中在少数几个人身上，就会给人造成难以承受的心理负担，因为一笔不良投资可能拖垮一家公司、毁掉一个人的声誉。

黑石投资委员会的职责是发现交易、探讨交易，但没有批准权。因为是否推进业务的决策是共同制定的，所以没有人会仅仅因为个人喜好而兜售一笔交易。交易团队会为潜在交易付出艰辛的努力，搜集各种信息来源，进行详尽分析，但如果潜在交易没有达到绝佳的水平，那么我们也不会因为团队的辛苦而勉强批准交易。如果投资有误，那么错在大家，我们都有解决问题的责任。但更常见的情况是投资决策是正确的，这时，我们就会共同分享收益。

我们的流程迫使每个人，无论其资历如何，都像公司的主人翁一样做事，仿佛有限合伙人的资本就是他们的个人资本。由于这样的机制安排，每个人都有充分的动力心往一处想、劲往一处使，每次的交易评估也都变成一场现场教学。总之，黑石成功的业绩记录足以证明公司决策流程的完善和科学。

8
黑石的人才战略

WHAT IT TAKES
Lessons in the Pursuit of Excellence

    我和彼得向来坚持招聘 10 分人才。今天的黑石可以从最优秀的年轻毕业生中进行选择。2018 年，我们的初级投资分析师岗位收到了 14 906 份申请，而我们的岗位机会只有 86 个。黑石的录取率为 0.6%，远远低于世界上最难进的大学。如果现在要我申请进入自己的公司工作，我觉得自己应该不会被录用。

    但能走到今天这一步，我们也是经过了多年的反复锤炼。公司成立伊始，我们很难招募和留住想要的人才。招不到人不是我们的错。第一个问题在于，根据我在离开雷曼兄弟时签订的条款，我们不能聘请以前的同事，而这些人是我们最了解、最信任的人，也是合作非常顺畅愉快的人。他们本来是我们这家初创企业理想的合作伙伴。第二个问题在于，当时华尔街的大公司更像是部落，而不是企业。如果离开高盛然后加入摩根士丹利,就好像一个卡曼契人①要加入莫霍克斯族②一样——不同企业之间的文化天差地别。当时,黑石连一个狩猎小队都算不上,更不用说是部落了。雷曼兄弟的规模巨大、系统复杂,几乎触及了华尔街的各个角落,所以我基本不用考虑华尔街的人才队伍。而且,由于黑石还没有设立成体系的部门和岗位,我需要亲自参与面试,和新晋员工一起工作。在这个过程中,我发现了金融业的一个真理:这个行业鼓励人们自欺欺人。大家认为自己很厉害,也会告诉你他们很棒,上一份工作从来没有搞砸过,现在只是在寻求"更多的机会"。在聘用他们后,你就会发现,他们一般能力都不行。于是,你必须让他们离职,再找更多的候选人。你必须再从第二组人中进行筛选,可能到了第三组才能找到自己想要的人。而第一组和第二组的人会告诉其他人,在你的公司工作太难了,这进一步增加了招聘公司的难度。

第三个问题就是我。虽然我擅长募资和交易,可以努力保持现金流源源不断地进入公司,但在创业的前5年,我对人才的招聘和管理一窍不通。彼得有时会让朋友来公司工作,即使没有适合他们的业务。而真正有业务的合伙人会各干各的事,他们完全不知道公司其他部门在做什么。信息在我这里汇总,但我不能确保每次都把信息传出去。我们更像是个体的集合,

---

① 卡曼契人,在欧洲人来到美洲前居住在美国怀俄明州东部普拉特河沿岸的一支美洲原住民。——译者注
② 莫霍克斯族,易洛魁联盟中位于最东侧的北美原住民部族。——译者注

而不是一个团队。我为自己找了理由：我们所处的行业竞争激烈、赚钱不易，所以没有时间顾及他人的感受。实则不然。

———————

1991年，黑石招聘了首批MBA毕业生，我认为这是公司开始优化招聘和培训流程的机会。这一刻我就知道黑石必将成功——这些把职业生涯交给我们的前途无量的年轻人，就是黑石的未来。为了回报他们，我们有责任打造一种企业文化，让他们能够在这里实现自己的抱负。

我初入职场时经历的华尔街文化是行不通的。雷曼兄弟的人头脑聪明、性格坚韧，也赚了很多钱，但人际关系极为复杂，有时会有人恶语伤人。黑石发展早期的企业文化与我们供职过的机构相似。尽管我们努力创建一家新型的公司，但仍有一些中层对手下的员工极为苛刻。他们偶尔会对下属大发脾气、出言不逊，甚至还会推推搡搡。他们会等到周五的最后一刻再布置工作，目的是要下属周末没办法休息。有一次，一位年轻的分析师因恼羞成怒而踢坏了一台影印机。我听说之后心想，这太疯狂了。

为了把公司恶劣的行为斩草除根，我们请了一个名为"尊重工作"的团队。团队采访了整个公司的人员，以便了解现状。他们把黑石员工分成小组，每个小组排练短剧，由演员或员工本人扮演霸凌者或受害者的角色，通过表演的形式向大家展示自己的行为。每次表演我都会坐在前排看。这些演员的表演令人震惊，公司同事的行为很荒谬，但可怕的是，这些都是真实发生的，是不可否认的。正视缺点是消除这种行为的第一步。我们明确表示，如果有人再有类似的行为，那么"肇事者"将被解雇。我必须说出自己的价值观，并维护这些理念，向公司的每个人表明我的严肃态度。

正如我们在埃德科姆事件之后重新思考公司的投资流程一样，我们现在假设自己就是这些加入黑石的年轻人，设身处地地思考他们想从公司获得什么。在帝杰证券工作的时候，我从来没有接受过正规培训。我在办公室畏首畏尾，希望没有人注意到我，害怕别人发现我的无知或无能。我当时一定是曼哈顿东区止汗剂买得最多的人。而在雷曼兄弟，我只能从自己的错误中学习。在那种环境中，学习的进展缓慢，不确定性又高，会对心智造成很大的损耗，让人倍感倦怠。因此，在黑石，我们投资打造了一个全面的培训计划，确保新员工在开始工作之前就掌握工作内容和技巧。我们希望他们能够尽快获得主动权，在工作中发挥积极作用，熟练掌握金融和交易的基础知识，时刻牢记公司的文化，不再掩饰和隐瞒自己的无知。新人是我们最宝贵的资源，这个高效的培训计划产生了很好的实际效果，让他们获得了信息和信心，让他们感觉自己受到重视，帮助他们投入工作。与成果相比，培训计划的成本可以忽略不计。

我们明确表述了公司对员工的一系列期望，我也在欢迎新晋分析师的致辞中提出了这些要求。公司的期待可以归结为两个词：卓越和诚信。如果我们能为投资人提供卓越的业绩表现，并保持白璧无瑕的声誉,我们就有机会发展壮大,追求更具趣味性、更有价值的工作。如果投资表现不佳或诚信受损,公司就会失败。

为了确保大家能真正理解我传递的信息,我从狭义、实用的角度定义了"卓越":卓越意味着一切都要做到100%,这意味着"零失误"。黑石与学校不同,在学校,答对95%的题就可以拿到A。在黑石,对我们的投资人来说,5%的表现不佳都意味着巨大的损失。追求卓越会带来很大的压力,我推荐两种解压方法。

第一个方法就是专注。我对新人说,如果觉得工作量太大,难以招架,那么请把部分工作分给他人。这一做法可能有点不合常理。追求卓越的人往往会主动承担更多责任,而不是放弃部分责任。但是,公司高层关心的是把工作做好。如果承担太多但结果不好,你就不是英雄,也没有什么值得表扬的。更好地专注于自己可以做的事情,出色地完成工作,把剩下的任务分配给他人。

充分把握机会、追求卓越的第二个方法就是在必要时寻求帮助。黑石集团里参与过大量交易的人比比皆是。你需要花一个晚上才能解决一个问题,但更有经验的同事很可能会在更短的时间内解决这个问题。我建议,不要浪费自己的时间重新制造轮子。你周围有很多现成的轮子,在等着你加大马力、提高转速,朝着新的方向推进。

至于诚信,我认为最简单的方式就是从"声誉"的角度理解。为了赢得良好的声誉，需要从长计议。我在费城郊区长大，自那时起，我就一直遵循着中产阶级的价值观，持续建立自己的声誉：诚实善良、吃苦耐劳、尊重他人、信守承诺。这些价值观听上去很简单，因为确实并不复杂。复杂的概念会在我们工作的陷阱和诱惑中消失殆尽。所以我给新晋分析师的信息很简单：坚持我们的价值观，永远不要拿公司的声誉冒险。

在我的职业生涯中，我曾与华尔街最不堪的人打过交道。我曾见过人们背信弃义，给自己、公司和家人带来灾难性的后果。20世纪80年代早期，我在雷曼兄弟公司主管并购业务，丹尼斯·莱文在我隔壁的办公室工作。丹尼斯刚刚组建自己的小家庭，与我们这些银行家并无二致。但在1986年，他承认了自己内幕交易、证券欺诈和做伪证的罪行。他一直在收集与计划收购企业相关的机密信息，并购买了目标公司的股票。在收购消息宣布后，被收购公司的股票上涨，莱文获得了巨额非法利润。他最有名的同伙是伊万·博斯基。这个交易员总是穿着三件套西装，稳居华尔街中心，赚了数千万美元。每个人都认识博斯基，每个人都跟他打过交道。

20世纪80年代初的一天，博斯基邀请我去第四十四街的哈佛俱乐部喝酒。他首先问我喜不喜欢雷曼兄弟。我告诉他，我工作得很开心，也很喜欢这些交易和规模。然后他问我："你不想赚更多的钱吗？"我表示自己已经赚得不少了，将来还会有更多的收入。"但你不想早点儿拿到更多钱吗？"他说。我以为他在给我推荐工作机会，所以我告诉他在雷曼兄弟挺好的。但他还在继续追问这个奇怪又含糊的问题:"你不想赚更多钱吗?"

最后,我问他是不是还有别的事。他说没有了,然后开车送我回家。我没怎么在意这件事,直到博斯基在1986年因为莱文的证词被捕。《华尔街日报》刊登了一篇故事,讲述了博斯基如何引诱另一位同谋马蒂·西格尔入伙。西格尔是基德证券的并购业务主管。博斯基邀请他在哈佛俱乐部见面,也提出了同一个奇怪的问题:"你不想早点儿赚更多钱吗?"

博斯基、西格尔、莱文,还有一位更年轻的银行家艾拉·索科洛夫都进了监狱。当看到这则新闻的时候,我突然意识到,莱文一定曾经直接从我的办公桌上拿走过一些内幕信息材料。他一定来过我的办公室,把相关材料拿走,交给了伊万·博斯基。

我把这个故事告诉给第一年加入黑石的同事,以此作为警示。博斯基、莱义、索科洛夫和西格尔这些人跟我们都差不多。我们工作生活、为人处世的方式都一样,他们却因为内幕交易而入狱。我给新人发出警告:"如果我在黑石抓住你们做类似的事情,那么我会亲自把你们送进监狱。"我这样说,不是为了吓唬他们,而是为了帮助他们。我在消除他们的疑惑,让他们更容易做出正确的决策。

我和彼得在1991年招聘这一批MBA毕业生的时候,计划的都是几十年以后的事。我们希望有一天,我们可以把公司交给这个团体。我们希望这些人可以确保黑石在我们离开后也能长期发展壮大。他们代表了公司的未来。我们为他们提供培训，不仅要把他们培养成出色的运动员，还要让他们成为教练，为未来的新人提供培训。黑石要打造信息机器、增加新的业务线、实现规模化发展，所有这些设想都取决于这些二十多岁的年轻人能否发挥我们在他们身上看到的潜力。我们的赌注正确与否，只有时间才能证明。

事实证明，我们做的是对的。第一批 MBA 员工中的许多人，以及紧随其后的人，多年来一直留在黑石，成为我们行业中最成功的投资者和管理者。

苏世民成功投资的十五条法则

① 充分使用手中的一切工具是投资的关键。

② 在金融界，突如其来的运气逆转，一笔糟糕交易，一笔不良投资，都可能将你击垮。

③ 打造多样化的业务类型以应对市场的竞争和变故。

④ 在寻找投资人的过程中，投资人的决策难度越低，各方获得的利益越大。

⑤ 在充满变化和高压的投资环境中，启动和管理变化是衡量成功与否的标准。

⑥ 为了排除投资流程中的个人因素和风险因素，要鼓励群策群力、增强集体责任感。

⑦ 时间会对所有交易产生负面影响。等待的时间越长，越有可能出现意料之外的棘手事件。

⑧ 洞察模式、研究新型解决方案、打造新模型，加上锲而不舍的意志力，一切想法都能变为现实。

⑨ 如何面对压力？（1）客观、理性地认识眼前形势。（2）屏蔽其他所

有内容，只关注交易要点。（3）花点时间让自己舒缓下来，倾听者不介意多花一点时间。

❿ 企业需要摒弃"单人决策"的做法，审查并收紧企业流程，制定规则来剔除投资流程中的个人化因素。

⓫ 额外的付出一定会换来意外的收获，并将逐渐变成一种志在必得的信念，一种锲而不舍的精神，这些会在投资过程中成为取之不尽、用之不竭的无形资产。

⓬ 杠杆收购中投资者采取的运营改进措施包括：提高制造、能源利用和采购效率，投产新的产品线，拓展新的市场，技术升级以及提升公司管理团队的领导水平。

⓭ 杠杆收购有三件事情令人印象深刻：（1）无论经济环境如何，杠杆收购都可以从经常性费用和投资利润中收集资产、赚取收入。（2）你可以通过杠杆收购真正改善你所收购的公司。（3）可以赚大钱。

⓮ 投资的首要原则是：不—要—赔—钱！为了反映这一基本原则，需要创建一个投资流程，并随着时间推移不断完善这一流程。需要打造一个极为可靠的风险评估框架。需要为公司内部的专业人士提供培训，教他们如何把每个投资机会提炼为两个或三个主要变量，这些变量将决定投资能否成功、能否创造价值。投资决策的核心在于程序严格、冷静稳健的风险评估。这不仅是一个流程，更是一种思维方式。

⓯ 任何投资的成功与否在很大程度上取决于所处经济周期的节点。周期会对企业的成长轨迹、估值及潜在回报率造成重大影响。周期最终是由各种各样的供需因素决定的。理解这些供需因素，对其进行量化分析，就可以很好地确定你与市场离顶部或底部的距离。

周期　成长　回报

　　任何投资的成功与否在很大程度上取决于所处经济周期的节点。周期会对企业的成长轨迹、估值及潜在回报率造成重大影响。

失败 催化 发展

失败可能是巨大的礼物，它就像催化剂可以改变一个组织的发展进程，造就组织未来的成功。

卓越　零失误

"卓越":卓越意味着一切都要做到100%,这意味着"零失误"。在学校,答对95%的题就可以拿到A。在黑石,对我们的投资人来说,5%的表现不佳都意味着巨大的损失。

诚信 声誉

"诚信"即坚持我们的价值观,永远不要拿公司的声誉冒险。

WHAT IT TAKES Lessons in the Pursuit of Excellence

第三部分
掌 控

开放 体验 规划之外

　　人生中重要的一点是始终对新体验持开放态度，即使这些体验并非完全在自己的规划内。

人才　权力　资源优势

　　引入管理人才，授予人才充分的权力，可以推进公司的制度化建设，为公司完成一些最大的交易提供资源优势。

创业　阵痛　新事物

　　没有创业者会设想到未来的痛苦,也没有人想要痛苦,但现实就是,新事物的诞生必然伴随着阵痛,这是不可避免的。

同类　热忱　努力

　　初创企业的领导人在招募优秀人才时，只问一个简单的问题："这个人是否像你一样，对壮大企业的使命抱有同样的热忱，愿意付出同样的努力？"

WHAT IT TAKES Lessons in the Pursuit of Excellence

1
我的经验与教训

WHAT IT TAKES
Lessons in the Pursuit of Excellence

到 1994 年,拉里·芬克已为黑石金融管理公司募资打造了两只大型基金,管理着约 200 亿美元的抵押贷款支持资产。但美联储的加息幅度超过了预期,随着短期利率的走高,长期利率也大幅上涨,许多债券投资者都措手不及。债券价格急转直下,市场后来把这一事件称为"债券大屠杀"。拉里手下基金的价值也被拉低了。

拉里想出售这项业务。其中一只基金即将到期,他担心由于业绩下滑,投资者要收回投资。我据理力争:的确,我们和其他市场参与者都在经历艰难时期,但拉里及其团队是这个业务领域内最优秀的,我还想继续发展。即使业绩有所下降、投资人赎回资金,我也确信债券这一资产类别最终会复苏。我告诉拉里要再等待一段时间。一旦时机成熟,我认为出售资产或业务是没问题的,但现在还不是时候。如果我们坚持下去,这项业务将会规模巨大。

但我无法说服他。"为什么我对你的信心比你自己更大？"我问他。他告诉我，这笔业务占他净资产的100%，但仅占我净资产的10%，因此我们对风险的偏好不同。我们就这笔业务来回沟通了好几个月。

我们的另一个分歧是业务的权益问题。根据我们最初的协议，黑石拥有黑石金融管理公司一半的股权，拉里和他的团队持有另一半。我们同意将各自的股份减少到40%，拿出20%作为股票分配给员工。如果在此之后还有任何进一步的股权稀释，则从拉里所持的40%里出。协议就是这么规定的。但没过多久，他们就要求我们放弃更多股权，我拒绝了。拉里和他的团队非常愤怒，说所有的工作都是他们干的。而我认为，一旦签约，就要按协议执行。但现在回想起来，我应该把协议放在一边，满足拉里的要求。

黑石、拉里及其团队最终把黑石金融管理公司的股权出售给匹兹堡的一家中型银行PNC。其中唯一值得回忆的是重新命名这家公司的过程。一旦PNC持有公司，公司的名字里就不能再出现"黑石"的字样。拉里希望新名字也能反映这家公司跟黑石曾经的联系，他建议使用"黑砾"（Black Pebble）或"黑岩"（BlackRock）。我觉得黑砾听起来不够大气。于是我们选择了黑岩①。

出售这项业务是一个大错特错的决定，责任在我。拉里陷

---

① 黑岩，即贝莱德集团。——译者注。

入困境的基金从1994年的最低点恢复,而PNC在这次投资中大赚一笔。我一直想象着拉里可以成功打造一个大规模业务,他也的确成了全球最大的传统资产管理者。现在我也经常见到他,他过得非常开心。黑石和黑岩的分道扬镳令人唏嘘。两家公司都在曼哈顿中城,相距一臂之遥,是由同一个办公室的几个人创立的。我时常想象,如果两家公司当初没有分开,现在会发展成什么样呢?

如果今天再让我面对1994年的情景,我会想其他办法,不会把黑石金融管理公司卖掉。拉里是个11分人才,他的业务正是我们想要在黑石建立的业务——不仅有机会产生巨大的利润,还能产生一种知识资本,为公司的所有业务提供信息,增强我们在其他领域的业务能力。此外,拉里的技能是对我本人技能的补充,他是一位非同凡响的人才和管理者。我专注于非流动性资产,而他擅长流动证券投资。我们本可以在同一个企业里展开这两个业务。

但作为一个缺乏经验的首席执行官,我犯下了错误,任由我们之间的差异不断扩大。我坚持不能稀释黑石持有的股权,因为我认为尊重原始协议的条款是道德原则。其实,我应该认识到,当情况发生变化、业务表现极好时,调整有时也是必要的。

―――――

当第一次想到增加黑石的业务线时,我们的宗旨就是要有选择性地进入新领域。新业务不仅本身要表现出色,还能让整个公司获得更多信息、知识和技能。我们相信,我们从不同的业务领域学到的东西越多,公司的发展就会越好。这是哈佛商学院传授的一个理念:在商界,一切都是相互联系的。与竞争对手相比,我们寻求机会、分析市场的角度和方法会有所不同。我们的视角会更加多样、分析会更为深入。我们公司的信息来源越多,我们知道的就越多。知道的越多,我们就越聪明,想要与我们合作的人就越多。

1998年,我们在欧洲开展了首笔大型交易,收购了英国的萨伏伊集团。萨伏伊集团持有伦敦四大历史悠久的高级酒店:萨伏伊酒店、克拉里奇酒店、伯克利酒店和凯莱德酒店。当时我们还没有在伦敦开设固定的办事处,交易谈判也很艰难,因为业主多年来一直在反对出售。于是我乘飞机去伦敦签字。之后,我去了位于梅菲尔区的克拉里奇酒店。我找了一个沙发,坐下后整个身体深深地陷了进去,膝盖几乎跟耳朵同高。这个酒店亟须彻底整修。

可是,黑石有什么资格改造酒店呢?英国媒体把我们称为"野蛮人",是一群要毁掉这些国宝的无知的美国人。我知道,克拉里奇酒店重新装修的效果将决定英国对黑石的评价。这个酒店是伦敦最大、最传统的酒店之一,也是女王的最爱。如果我们做得漂亮,将来在英国开展业务就会更容易,效果会比任何广告都好。我觉得这项工作很重要,于是亲自承担了酒店修复和重新装修的监督任务。我喜欢参与美好事物的创造。

我认为,要让英国人满意,最好的办法就是聘请一位英国装饰师来翻新酒店。我打电话给马克·伯利，他在伦敦创建了一系列风格时尚、颇受欢迎的俱乐部和餐厅，包括安娜贝尔餐厅和亨利酒吧等。我建议他在克拉里奇酒店开一个俱乐部。他警告我不要跟他合作："因为我特别不讲道理。"他告诉我，他在伦敦装修亨利酒吧时，供应商把主餐厅烛台搞错了，送来的烛台与预定的不符。这个项目已经延期了几个月，他的家人和商业伙伴都在努力推进，希望早日完工。他们劝他暂时将就，不要为了几个烛台再推迟开业时间。但伯利不愿意让步。他要等到一切完美再开业。"我们赔了很多钱。"他告诉我，"但我不在乎钱，我关心的是完美。这会影响我看待事物的方式。"他为了追求卓越，放弃了轻松无压力的生活，我表示完全能理解他的选择。

后来，我请来5位顶级英国装饰师，又组织了几位品味出众的上层社会女性组成专家组，让装饰师给专家组做演示。我花了9个月的时间，才把装饰师和专家组聚到一起。在一天的演示结束时，我请专家组进行投票。其中一位女士举起手来问道："我必须投给其中的一个人吗？"她们最终达成了一致意见：一个都不喜欢。

第二天，专家组的一个成员、我的朋友多丽特·穆萨伊芙给我打来电话。她觉得我需要的人根本不是英国人，于是她向我推荐了一位住在纽约的法国人。我心想，这样的人并不是装修英式风格伦敦酒店的理想人员，但我已经无计可施了。

几天后，蒂里·德蓬来到我的办公室，他打扮得一丝不苟，全身散发着迷人的法式气息。他送了我两本关于他设计作品的书,并说:"我不参加面试。如果你想聘用我,请直接聘用我。此外,我不做商业工作,因此对我来说,这个项目是不合适的。"

我自然感觉很好奇。这种谈判必将不同寻常,所以我开始发送探测器,看看能不能穿透蒂里强大的表面。我问:"既然你不做商业工作,那你都做些什么呢?"

"我做大房子。我刚完成的一个大房子的图书馆比克拉里奇酒店的大厅还大。"他又强调说,"我工作的时候没有预算。"

"听起来很有意思。"

"本来就很有意思。"

"出于好奇地问一下,你有没有做过任何商业工程?"

"是的,我给朋友拉尔夫·劳伦做过。"拉尔夫在重新设计自己在新邦德街的门店,他请蒂里复刻凯莱德酒店的楼梯间。"我告诉拉尔夫,我不能复刻凯莱德楼梯间的样子,但能复刻楼梯间的精髓。"于是,蒂里一直在纽约和伦敦之间飞来飞去,打造复刻了精髓的楼梯间。他告诉我,他曾因不同的活动和原因在克拉里奇酒店住过 17 次。他认为,这是一个"混乱的酒店",其中一些房间是格鲁吉亚风格,一些是维多利亚风格,酒店缺乏整体感。他已经在头脑中重新设计了整个酒店,他说:"我就是这种思维模式。我住在哪里,就会想如何把这个地方装修得更好。"

跟不认识的人聊天,无论聊什么,都应当始终保持耐心,持续提问,直到找到一个共同点。蒂里不仅经常在克拉里奇酒店住，还思考过如何设计酒店，这一点告诉我，他最初对商业工作的保留意见是真实的，但可能并不完全符合现在的情况。克拉里奇酒店的装修可能会招致怀有敌意的舆论意见，而蒂里有信心把酒店改造好。现在，我要做的就是把他说服。

"我知道你不做商业工作，但我感觉这根本算不上一个工作，"我说，"你已经在脑海中重新设计了这个酒店。"更重要的是，对任何装饰师而言，这个酒店都会是最好的广告。我认识很多设计师和装饰师，但从未听说过他，这一个项目就能增加他的知名度。"每个来伦敦的富人都会知道是你装修了克拉里奇酒店，如果他们喜欢，就会聘用你的。"

"我会考虑下，然后打电话给你。"

两周后，他回到我的办公室。"我考虑了你的意见，我觉得做这个项目很容易，也能做好。"我问他有没有什么设计思路或草案给我看。"我的工作方式不是这样的，规则是：我会跟你讨论颜色和概念，向你展示我的想法。你可以对我的想法表示喜欢或不喜欢。我会和你一起工作，你可以否决我的任何想法，被否之后，我会再提出一个解决方案。"

到了这一步，我决定把坏消息告诉他。考虑到我们收购酒店最终支付的费用，公司已经没什么钱聘用一名昂贵的装饰师了。现金对我们很重要，因为我们正努力从这笔交易中获利，但钱对他来说不那么重要。对他来说，这家酒店本身就是一个很棒的广告。他也不亏，我们也不亏，完美的结果。

"你跟每个人都这样说话吗？"他问道。

"我只是实话实说。"

"我唯一的回答应该是'不好',但我现在要说'好'。"

蒂里的工作极为出色。装修完成后不久,我就收到住在伦敦的流亡的希腊国王寄来的一封信。在我们收购了克拉里奇酒店后,他曾给一家英国报纸写信,称我们这些粗鲁的美国人会摧毁他最喜欢的酒店。而在看到了黑石及法国装饰师的工作成果后,他很友好地写信给我,表示自己之前是错的。

———————

伦敦酒店交易的成功是黑石决定在英国开设首个海外办事处的原因之一。在20世纪90年代末,诸多竞争对手开始开设国际办事处。进行全球扩张的理由有很多,其中最迫切的理由就是可以获得更多投资机会。我们可以募集新的资金,找到回报投资人的新方法。如果美国再次陷入衰退,我们就可以把重点转向欧洲等发达市场,或亚洲、拉丁美洲和非洲等发展中市场。但是,虽然之前在其他国家也开展了一些交易,如收购萨伏伊集团,但公司并没有加速进行海外扩张,原因有二。

首先,我们最重要的投资规则是:不要赔钱。我们在美国发展很顺利,有很多交易机会。我们了解风险,也知道如何把风险最小化。而在新的市场中,我们必须从头开始学习。

其次,自从埃德科姆事件后,公司设立了严格的投资流程,而海外扩张可能会影响这一流程。流程成功的关键在于同一批人身处同一个房间,长期共同审查几十个交易,解读彼此对交易的信心水平。在得出结论之前,我需要相关人员亲自向我介绍这笔交易。我可以从他人的音调中听出细微差别,通过他们的肢体语言进行判断,这些信息跟他们汇报的内容本身一样重要。如果我们与分布在全球各地的办公室只是通过电话交流,那么我想我们很难保持公司投资流程所需的严谨性。视频会议技术的发展改变了我的想法。2001年,你可以实时与千里之外的人进行互动。那一年,我们在伦敦开设了办事处。

如果私募要在海外设立前哨,英国明显是首选。这是欧盟交易最活跃的国家,我们也做过一些交易(如收购萨伏伊集团),只是没有把团队搬过去。对美国公司来说进入英国市场相对容易,因为英国的语言、法律制度和整体营商环境与美国相似。但是,我觉得黑石需要在英国独树一帜。我们观察了一些在英国做交易的美国人,他们穿着定制西装和鞋子,伪装成英国人。我们也看到一些在英国做生意的欧洲人,他们对英国人心怀敌意——英国和欧洲大陆之间的不和已有数百年的历史。我们认为,我们的优势是毫无掩饰的美国、毫无掩饰的黑石,我们要在没有任何文化包袱的情况下,为市场提供获得美国资金的途径,提供美国的商业知识。我们就是一群货真价实的美国人,在英国做生意。

大多数创办新企业的公司都会选择一位沉稳并且有着资深管理经验的人士担任负责人。是发展更重要,还是保持我们的文化更重要?两者相比,我们认为派遣一个能体现黑石文化的人更为重要。所以,我们选择了一位我们可以绝对信任并渴望在黑石集团内部建立自己企业的人。

戴维·布利泽1991年从沃顿商学院毕业，毕业后直接加入黑石，是我们招聘的首批应届毕业生。我在深究交易细节时，会突然给初级分析师打电话，他就曾是其中之一。他喜欢可口可乐、汉堡包和纽约扬基队，从不穿定制西装，是个由内到外地地道道的美国人。他性格开朗，善于交际，为人聪明，富有企业家精神。

唯一的问题是戴维自己不想去。他和妻子艾莉森还没有孩子，他们担心英国医院的医疗条件不好。所以我和克里斯汀请他们去中央公园南街的一家法国餐馆吃饭。我向戴维和艾莉森承诺，如果他们需要任何医疗护理，公司会支付往返美国的机票，如果艾莉森怀孕了，那么他们两个人可以在预产期前一个月回来。对当时的公司来说，这种安排的成本很高。但我希望戴维能去英国。我向他们保证，我认识的每个搬到伦敦的人都爱上了那里。他们最终去了伦敦。

戴维选择让乔·巴拉塔成为他的助理经理。乔曾在摩根士丹利工作过，也是二十多岁就来到了黑石。乔热衷创业，痴迷于商业世界，而不仅仅是金融。他工作努力，曾经在一些待人接物最不地道的合伙人手下度过一段艰难的时期。但他挺了过来，为自己打造了极佳的声誉。像戴维一样，他能直观地理解黑石的投资流程和企业文化。

他们带着资金抵达伦敦。我们当时还没有办公室，转租了一小块KKR集团的办公区。借助黑石在私募股权和房地产方面非同一般的专业知识,他们开展交易,收购了酒吧、酒店和主题公园,并扩展到欧洲其他地区。他们富有创造力,积极进取,完成了黑石历史上一些最为成功的交易,建立了公司第一个全球前哨基地,并完整地保留了公司的核心文化和纪律。后来,戴维和艾莉森在伦敦一共养育了5个孩子。

与此同时,在纽约,我们也在不断扩张。汤姆·希尔是我在陆军预备队就认识的伙伴,我们两个也曾在雷曼兄弟共事。我请他打造了一个新的对冲基金业务——黑石另类资产管理公司(BAAM)。当时,黑石在另类资产管理领域刚刚起步,汤姆接管了这一业务,并将其发展成为全球最大的对冲基金全权委托投资者。他最开始管理的资产不足10亿美元,到2018年他退休的时候,资产管理规模已经超过了750亿美元。

————

戴维和乔抵达伦敦不到一年的时间,黑石租用的办公室已经不够用了。当进入新市场时,公司做出的每个选择都是一种信号,包括聘用的人员、租用的办公室。这些都是公司品牌的重要组成部分。我下定决心让新的欧洲总部充分体现黑石的价值观:追求卓越、诚实守信、关怀所有与我们有关的人——我们的员工和投资人。

当我们聘请的房地产经纪人打电话给我时,我正在法国度假。他说他在伦敦找了5个地方,想请我看一下。我穿着牛仔裤和马球衫乘飞机到达伦敦。这5套办公室光线都不好,卫生都很差，天花板都太低，窗户也都很小。我告诉房地产经纪人，这些地方非常不好，而他告诉我，这些是除伦敦金融城以外最好的办公地点了。现在我亲眼见到了这个经纪人：油光的头发梳到脑后，穿着紧身蓝底细白条纹西装，翼尖鞋上补了鞋掌，走起路来发出啪嗒啪嗒的声音。

当我们驾车经过伦敦市中心的梅菲尔区时，我注意到伯克利广场有一个被围起来的建筑工地。这个位置很不错。

"那个地方怎么样？"我问房地产经纪人。

"租不了。"他说。这里现在还处在打地基的阶段，但房地产经纪人声称业主在建筑完工前拒绝签署任何租约。我坚持要看一看。

我让车停下来，我们走到建筑工地办公室，找到了现场经理。我表示他的建筑项目看起来非常棒。他说他们为此感到自豪。我问业主是一家保险公司，还是几个聪明的企业家？经理说是保险公司。

当时，伦敦房地产的价值似乎正在下降。租金降至每平方英尺60英镑。我猜测业主最初的租金期待值是每平方英尺70英镑。如果市场继续下跌，那么这座建筑很快会成为一个亏损的项目。我要求现场经理打电话给业主，告诉他们我会以每平方英尺80英镑的价格至少租用一半的空间。如果我租下半栋大楼，每平方英尺支付80英镑，而又没有发生重大意外，业主还能以每平方英尺60英镑的价格租出去另一半空间，这样还是可以达到他们每平方英尺70英镑的预期。

"我知道我的穿着不像一个真正的商人。"我告诉现场经理，"但我告诉你我会付80英镑，我一个人就能拍板，不用向任何人汇报，我们会付钱，所以请让业主知道。如果业主希望我们租一半以上，我们就租一半以上。"

当我们离开的时候，房地产经纪人开始批评我刚才的做法。他说，之前就告诉我业主不准备签署租约，我浪费了他的时间，更是毁掉了我们在这个楼里租用办公室的机会。幸运的是，他这两点都说错了。业主第二天回电话说他们接受我的报价。我们可以租用一半的空间。现在，黑石租用了除一楼以外的全部楼层。

如果办公室不完美，我是不会罢休的。拥有美丽的办公空间，吸引最优秀的人才，让客户对我们的能力更有信心，这些回报要远远超过支付额外费用来完成交易的成本。要想获得自己想要的东西，最好的方法就是先弄清楚能提供给你这个东西的人想要什么。我消除了业主对租金下降的担忧，于是得到了我想要的办公空间。

刚开始，我们把装修交给了公司内部的设施部门。他们聘请了一家设计公司，来纽约为我们做展示。这家公司建议我们在大堂放一块巨大的天然木材。我觉得这样看起来像添柏岚的一个分公司。

"我们不是一家鞋店，"我告诉他们，"这设计太烂了。"

"您不喜欢哪里？"他们问道。

"我哪里都不喜欢。"

"我们可以改善。"

"不行,你做不到。一旦你想出了这个设计,你就没办法再改善了,因为设计理念本身就是错误的。我也不想让你试着改善了。你也许可以稍加改善,但我认为我们的合作还是到此为止吧。"

伦敦办公室最大的特色就是空间充裕、窗户宽敞。我请来在纽约认识的设计师斯蒂芬·米勒·西格尔,他提供了一套漂亮的设计方案,我们在世界各地的办公室至今都还在用:一条不锈钢薄带穿过胡桃木镶板。伦敦和纽约办公室之间唯一的区别就是灯光,所以我们选用略有不同的地毯,根据光线调节,以达到看起来相同的效果。金融公司之前没有这么漂亮的装饰。当时这一设计可谓新颖独特。

在雷曼兄弟的时候,我意识到我在办公室待的时间比在家里多,所以我想要一个美丽的办公环境,这会让我心情更为愉悦。我希望黑石的每个人都能拥有这样的办公空间:温暖、优雅、简约、平衡,自然光线从巨大的窗户倾泻而入。当人们来到黑石办公室工作或参加会议时,我希望他们能像我一样被这种体验所震撼。

———

2004年的一个晚上,我在法国东部旅行。我的司机不会说英语,我也因欧洲旅行而疲惫不堪。手机响了,是一个猎头打过来的。她问我是否有兴趣成为华盛顿特区肯尼迪表演艺术中心的主席。

这个电话让我很惊讶,当时我甚至不知道肯尼迪表演艺术中心是做什么的。她说这是位于华盛顿特区的"林肯中心",主席的职务是兼职。我告诉她,虽然我很喜欢表演艺术,但我有一份全职工作,也就是经营黑石。但她坚持要给我提供一些相关资料。

几天后,曾经担任罗纳德·里根总统办公厅主任的肯·杜伯斯坦给我打来电话。他告诉我,在华盛顿,为纪念约翰·肯尼迪总统而命名的肯尼迪表演艺术中心是绝佳的社交场所。其董事会中有内阁成员,每次总统来中心参加活动,我也能见到他。该中心是两党联立的,所以不允许游说。这里也是华盛顿的社交中心,因此主席必须在华盛顿的各个圈子中间搭建桥梁——政界、商圈、法律界、文化圈,把美国和全球的精华带到首都。

我一直对政治着迷。高中时,我就竞选过学生会主席,拜见过埃夫里尔·哈里曼,在准备离开雷曼兄弟时,我也接受过白宫的面试。从黑石的角度看,我们面临着越来越多与监管和税收相关的问题。我们目前的投资人包括州级、国家级和国际投资基金,因此各级的政治活动对公司业务越来越重要。如果在华盛顿拥有一个正式职位,我就能结识新朋友,了解更多信息。我打电话给我的老朋友简·希契科克。她是住在华盛顿的剧作家和小说家,我想听听她的建议。"史蒂夫,"她说,"你必须要接受。"

肯安排我去见董事会。我从董事会了解到了相关信息:中心的目标、挑战以及主席的责任。肯后来打电话给我,说董事会很惊讶，他们认为应该是他们面试我，结果我面试了他们。我告诉肯，我的目标是学习。我并没有试图说服任何人我适合这份工作。这与我对黑石面试的理解相同。如果双方都可以保持轻松开放的心态，积极互动，那么双方是否合适便是显而易见的。从那天的谈话来看，我和肯尼迪表演艺术中心似乎很契合。

接下来，肯要我见见参议员特德·肯尼迪，每一届新任主席都必须由他代表肯尼迪家族批准。特德来到纽约看我，告诉我，在他的哥哥杰克①和鲍比②20世纪60年代被暗杀后，肯尼迪家族将其公共遗产分开管理。特德负责肯尼迪表演艺术中心；杰克的女儿卡罗琳③负责波士顿的肯尼迪总统图书馆。

"我对肯尼迪表演艺术中心有一个简单的规则。"他告诉我，"我会支持你，并确保你从国会获得所需的资金。即使你搞砸了，我也会支持你。在华盛顿特区，你有任何需求，都可以给我打电话，我都能搞定。"在我的想象中，这个过程会涉及各种各样复杂的政治因素，而特德的承诺让我距离接受这个职务更进一步了。

我告诉特德，还有一件事：我想让卡罗琳介入。她代表下一代肯尼迪家族，却从没有来过肯尼迪表演艺术中心。他说他

---

① 杰克，约翰·肯尼迪，第35任美国总统，1963年11月22日在达拉斯遇刺身亡。——译者注
② 鲍比，罗伯特·肯尼迪，在约翰·肯尼迪总统任内担任美国司法部部长，1968年6月5日在洛杉矶遭枪杀身亡。——译者注
③ 卡罗琳，卡罗琳·肯尼迪，律师、作家。约翰·肯尼迪和第一夫人杰奎琳·肯尼迪的女儿。——译者注

会跟她讲。几天后，卡罗琳打来电话，我们安排了一次会面。我告诉她，我希望她成为肯尼迪表演艺术中心勇于变革、焕然新生的象征。我知道，她本身并不想做类似的事情，但对肯尼迪表演艺术中心来说，这是正确的选择。如果她不能参与，我就不能同意担任主席。令我高兴的是，她同意参与肯尼迪表演艺术中心的活动。她开始每年主持肯尼迪表演艺术中心荣誉奖电视颁奖典礼，戴着她母亲著名的钻石耳环。

参与肯尼迪表演艺术中心的事务，也让我与乔治·W. 布什重新取得了联系，他在耶鲁大学比我高一届。我在1967年的双亲节那天认识了乔治的父亲，他后来成了第41任美国总统。为了纪念我的任命，第一夫人劳拉·布什在白宫的私人场所举办了一场午宴。午宴的蛋糕复刻了肯尼迪表演艺术中心的样子，蛋糕上的建筑模型上覆盖了一层巧克力翻糖，舞台是用雪葩制作的，乐团成员是桃子切片，覆盆子代表了观众。

还有一次，我和乔治在白宫等着参加一个活动，两个人有几分钟的时间闲聊。

"你怎么会在这里？"我问道。

"什么？"

"你是怎么过来的？"

"我是总统。所以我在这儿。"

"我的意思是，你是怎么成为总统的？"他哑然失笑。他也同意，如果你在20世纪60年代后期在耶鲁遇到我们，那你一定想象不到，几十年后，我们两个人都出现在白宫，成为美国社会的中流砥柱。面对此情此景，我很想捏捏自己的脸，确定不是在做梦。这样的相遇也再次提醒了我：在生命早期无意中结识的人，会在生命后期不断出现，并给你带来惊喜。

因为这个职务，我需要经常去华盛顿，而在首都的日子比我想象的更为充实。我有机会见到美国政府几乎所有重要人物——从最高法院大法官，到国会领导人，到政府成员。

担任主席也让我过了一把制作人的瘾。只要我在肯尼迪表演艺术中心，我都会上台介绍演出节目和嘉宾。在颁奖的时候，我会对获奖者表示欢迎，并设宴接待他们。在我任职期间，曾获得肯尼迪表演艺术中心荣誉奖的人包括多莉·帕顿[1]、芭芭拉·史翠珊[2]和艾尔顿·约翰[3]等。

对我来说，最重要的是2005年，当时我们授予蒂娜·特纳[4]肯尼迪表演艺术中心荣誉奖。自从上大学以来，我一直很喜欢蒂娜的音乐。现在，我有机会招待她和其他4位获奖者，参加整个周末的庆祝活动。蒂娜和她的好朋友奥普拉·温弗瑞一起来到现场。在美国国务院的一个活动上，奥普拉向蒂娜敬酒，并跟我们一起参观了白宫。在我们参观的时候，蒂娜一直不停地喃喃自语："我不敢相信，以我的出身，竟然有一天能来

---

[1] 多莉·帕顿，美国歌手、词曲作者、唱片制作人、演员、作家，主要以乡村音乐作品而闻名。——译者注
[2] 芭芭拉·史翠珊，美国演员、歌手、电影制作人，在音乐、电影、电视、导演、制片等方面取得了极高的荣誉。——译者注
[3] 艾尔顿·约翰，英国歌手、曲作者、钢琴演奏者、演员、慈善家。——译者注
[4] 蒂娜·特纳，瑞士籍美国歌手、女演员，摇滚女王。——译者注

到白宫。"她的声音小得出奇。在肯尼迪表演艺术中心荣誉奖的颁奖典礼上，碧昂丝和一群伴唱歌手演唱了《骄傲的玛丽》，他们穿着蒂娜和爱科泰思乐队出名的原创短裙。我和蒂娜在包厢里，与其他获奖者和总统坐在一起，我看到她的双眼噙满泪水。

几年后的一个晚上，我在纽约第四十二街的奇普里亚尼俱乐部参加一个慈善活动，当时我看到在附近的桌子旁有人向我招手。因为灯光的原因，我看不清是谁，但是我的妻子推了推我，让我过去打个招呼。那是碧昂丝和她的丈夫杰斯。我们聊了几分钟，又回忆起她 2005 年在肯尼迪表演艺术中心的表演。事实证明，她跟我的感受一样，都觉得那是一个令人难忘、与众不同的夜晚。当走回自己的餐桌时，我喜不自禁地摇了摇头——我何其有幸，过上了这种非同一般的生活。

人生中重要的一点是始终对新体验持开放态度，即使这些体验并非完全在自己的规划内。我在肯尼迪表演艺术中心的职位让我能够利用自己在组织管理、资金募集、人才招聘方面的丰富经验，来回馈美国这个重要的文化机构。作为回报，我加深了对华盛顿特区的了解，也在娱乐业的几乎每个领域（包括戏剧、音乐、电影、电视、歌剧和舞蹈）认识了很多有趣的人，并建立了新的人际关系。我还会见了与每个艺术形式相关的明星、导演、编舞家、音乐家和作家。对来自金融界的人来说，担任肯尼迪表演艺术中心的主席是一次千载难逢的机会。虽然我当时并不知情，但我所建立的人际关系最终对我产生了重要影响，甚至为我后来打造类似的机构提供了几个难得的机会。

2
公司文化比管理更重要

WHAT IT TAKES
Lessons in the Pursuit of Excellence

随着公司的快速发展,保持公司文化零缺陷、管理迅猛扩张公司的负担日益加重,令人几乎难以支撑。到2000年,彼得已经70多岁了,大部分时间都在管理外交关系委员会①,专注于美国政府面对的国内和国际经济问题。当我们创办公司时,他告诉我他不想参与投资领域。他说他会帮助我们筹集资金,继续参与咨询业务,只要我开口,他会尽全力帮助我。看着现在分身乏术的我,彼得表示:"史蒂夫,你会猝死的。你工作太拼了。"他说得对,企业的日常管理不是我的强项,我独木难支,需要帮助。

我从20世纪80年代后期就认识了吉米·李,当时他在化学银行供职,我们曾请他给我们的第一笔交易——并购运输之星提供资金。从那以后,我们一起做了大量的业务。他本人充

---

① 外交关系委员会,美国一个专门从事外交政策和国际事务的非营利、无党派的会员制组织,被认为是美国最有影响力的外交政策智库。——译者注

满能量和热情,是诚信的楷模,我们俩是好朋友,我非常信任他。他了解资本市场、并购业务和收购业务,也是一位出色的推销员。我觉得我们可以在黑石共同打造成功的业务,享受彼此的合作。

在我们第一次聊的时候,他表示很喜欢这个想法,但很难离开自己在摩根大通的同事。我让他考虑一下。过了一段时间,他来找我:"我想接受你的建议,我想做出改变。"

当我们正在就法律安排事项进行谈判时,我接到了另一位好朋友摩根大通首席执行官比尔·哈里森的电话:"吉米过来找我,跟我讲了你们之间的事。你知道我有责任为留住他而战。"

"当然,比尔,我知道,"我说,"吉米对你无比忠诚。我也告诉他,不要考虑任何来自我这边的压力,自己好好想清楚,因为这关乎他自己人生真正的追求。这不仅仅是一份工作,摩根大通对他来说像生命一样重要,黑石对我的意义也是一样。他必须自己想清楚。"

"无论他的决定是什么,我们都必须接受。"比尔说,"我只想告诉你一下,我们已经聊过了。"这样,几天后,吉米和黑石之间敲定了法律协议和新闻公告。就在我们将要发布公告的前一天,我正在佛罗里达州萨拉索塔的丽思卡尔顿酒店的阳台上散步,手机响了。

"史蒂夫,"吉米说,"我做不到。"

"什么做不到?"

"我不能离开这家银行,我知道我让你极为失望。任何可能需要的资源,你都给我了,我也告诉你我会加入黑石,但我意识到自己做不到。"

"吉米,我们已经花了几个月的时间,我真的希望你能加入黑石。但我从一开始就说了,这是你的决策,是你的人生。你不需要掺杂太多情感因素。如果你要加入黑石,就必须全身心地投入。如果你做不到,就不是一件好事。你绝对不应该因为对我感到内疚而加入我们。如果你需要更多时间思考,那么绝对没问题。"

"不用了,"他说,"我已经考虑过了,我得留下来。"

我感到挫败和失望。但我知道吉米的优点,同时也了解他的弱点。虽然他在华尔街叱咤风云,主导诸多业务领域,但他的内心深处,还是一个谦逊有礼、尽职尽责的天主教男孩,他必须要做自己认为正确的事情。

我花了一年的时间,才从这次打击中恢复过来,鼓起勇气再次开始招人。猎头公司给我开出名单——大都还是以前那些名字,只有几个新人,但其中一个叫托尼·詹姆斯的名字让我眼前一亮。大约10年前,我们同意以16亿美元收购芝加哥西北铁路公司。我的第一个雇主帝杰证券给了我们过桥贷款,用来支付部分收购成本。我们计划通过发行债券来偿还贷款。但是,由于20世纪80年代后期信贷环境收紧,我们不得不支付更高的债券利率,目的是在市场完全关闭前完成交易。

一天清晨,暴风雨肆虐。几个小时后我必须赶飞机去伦敦。我、彼得、罗杰·阿特曼与帝杰的团队面对面坐着,讨论债券的具体利率。帝杰想要一个没有限制的浮动利率。我不同意——如果公司陷入困境，理论上，利率就可能会飙升。帝杰又提议采取有限制的浮动利率，以一些华尔街专家认为的合理利率为基础，设定一个最高利率和最低利率区间。但我知道利率一定不会下浮，只会上浮至最高利率。他们认为，这是出售债券的必要之举。我们希望给利率设定较低的固定上限，这样可以确保我们的偿还能力。双方的谈判毫无进展，而我们的航班正在等待起飞——如果没有因天气原因而取消的话。

"我自己拿出 100 万美元下注，你设定的利率上限，不管有多高，一定是这些债券最后实际支付的利率。有人愿意跟我赌吗？"我问道。他们肯定不会下注，这一点我心知肚明。果真没有人站出来。

"那 50 万呢？"

没有人。帝杰这些人以为我不知道黑石最终会成为他们提议的结构的受害者，他们也没有信心可以在没有上限的情况下出售债券。

"10 万怎么样？还是没有人？有人愿意出 1 万吗？"

一只手举了起来，这个人就是托尼·詹姆斯。为了推动谈判，我同意了帝杰提议的结构。后来果不其然，债券遭到重置，利率升至区间最高点。我告诉托尼，他可以把他的 1 万美元汇给纽约市芭蕾舞团。我一直记得这个人——他是唯一一个力挺公司立场的人。

我问猎头公司要了他的档案。托尼在帝杰主管公司金融和并购，开创了公司的私募股权业务。在过去10年中，帝杰私募股权基金的表现是最好的，而托尼正是扣动扳机的那个人，是帝杰的主要投资人。我们在黑石所做的一切，他都在帝杰完成了，很多时候，甚至完成得更好。我邀请他到我家吃饭。

托尼身材高大，话不多，颇有贵族风范。他在波士顿富裕的郊区长大，读的都是最好的学校。他的大部分职业生涯都在帝杰度过，但自从帝杰被瑞士信贷收购之后，他变得非常沮丧。我能理解他的感受，因为我们也曾把雷曼兄弟卖掉。他不喜欢新的等级制度和官僚主义。他在帝杰的业绩非常出色，但他从不自吹自擂。他只是列出了事实，他所做的交易、交易的原因和时间。

在接下来的几周里，我们两个人见了很多次面，也在一起吃了好几顿饭，彼此了解的程度远远超出了一般意义的招聘环节。我知道这将成为我做过的最重要的聘用决策。我们一直在谈论各种有意思的交易，那些错综复杂的细节，那些艰难的决策，为什么我们选择了这一个、放弃了那一个，无论结局是对还是错。我们谈到了我们都没有参与的交易，想象自己会如何处理这些交易。他是怎么想的，我是怎么想的，应该如何处理，我们的想法几乎完全一致。

我打电话给帝杰的一些老朋友，包括迪克·詹雷特。他们说的话都一样，仿佛大家拿的都是同一个剧本："对你来说，托尼是完美人选，绝对完美。他是我们这里最聪明的人，百分之百的敬业、忠诚、勤奋，没有人比他工作更努力了。全身上下没有一个搞办公室政治的细胞。他会跟你形成完美互补,永远不会削弱你。他会成为一个万里挑一、极为出色的合伙人。"我信任我的朋友,我信任他,我也相信自己。于是,万事俱备了。

在我跟托尼讨论完毕时,我告诉他:"听着,我们几乎对所有的事情都意见一致。我们将来只会出现一个分歧。我只喜欢做大事,不喜欢分散精力,我喜欢抓住巨大的机会,把它们变为现实。你的人生哲学不一样。你喜欢进行有效的交易。你会做大事,也会做小事。你不关心规模,只要交易的结构完善,能够获得成功。"

"当我不想做那些不重要的交易时,你会对我不满意,因为你知道自己可以设计这些交易,也能够赚到钱。你将无法理解为什么我不同意。但我的原则就是始终保留我们的火力,直到遇到有价值的交易。"

托尼于2002年加入黑石,成为我的合伙人和首席执行官。正如我预测的那样,规模问题是我们之间出现过的唯一分歧。关于黑石运营的方方面面——每个人事问题、管理问题、交易决策、投资人问题、公司的发展方向、业务选择,我们两个人都会进行谈论,寻求答案,两个人的意见总能一致。我们的合作伙伴关系取得了令人难以置信的成果。

———

我不是一个天生的管理者,但这么多年也有所进步。而托尼恰恰相反,这一点他自己都承认。他是一位出色的管理者。

内部人士往往会对外来人心生怨恨，于是我把重要任务分阶段委派给托尼，这样黑石的合伙人可以逐渐适应他的风格和方向，避免内部分歧。他首先担任了首席运营官，后来成为公司总裁。我花了一年的时间，让他逐渐担任每个业务部门的重要职务。这个过程结束后，每个人都对他的能力表示信服，并接受他的领导。随着时间的推移，他开始管理业务，指导投资，处理随黑石发展而越发具有挑战性的日常管理事务。

他刚加入黑石，就发现公司文化需要重整。十几年前，埃德科姆事件后，黑石进行了彻底的变革。正是这种变革，才使我们刚刚避开了互联网泡沫的过度膨胀。当初，尽管公司年轻的合伙人敦促我更积极地投资科技公司，但我始终不为所动，因为我觉得当面对科技公司时其他投资者似乎放弃了进行估值的一切逻辑。总之，由于公司的投资纪律，我们没有随波逐流。

公司文化还体现在许多其他重要方面。例如，每个星期一早上，所有的投资团队都会聚集在一起，讨论各自的交易及其背景，从早上8点半开始，一直持续到下午。我们会讨论全球经济、政治、与投资者的对话、与媒体的交流，以及可能影响业务的任何问题。然后，我们会分析一系列实时交易，分享我们参与全球各地不同活动时的见解和想法。每个人都可以参加，我们鼓励有相关想法的人发言，无论他们的年龄大小、在公司的级别如何。唯一重要的是他们思考的质量。我们致力于透明、平等、理智、诚实，而直至今日，星期一早上的例会仍是公司文化价值最有力的证明。

但是，由于人事变动，黑石引以为豪的公司文化受到了损害。许多合伙人变得骄傲自负，有时候在星期五不上班，有时会拒绝拿出足够的时间来训练和指导自己的初级员工。公司的许多支持部门，从人力资源到薪酬管理，也都没有发挥应有的作用，但我太忙了，没时间处理这些问题。2000年，在现有12个合伙人的基础上，我又推动增加5名三十几岁的合伙人，希望能重振公司的士气，但并未达到预期效果。

托尼开始"开墙凿洞"，不仅仅是推动组织变革，还改造了办公空间。他拆下合伙人办公室的隔板，换成玻璃，这样合伙人和公司其他部门彼此都能看到，现在，分析师和助理经理的工位上也能有阳光倾泻。托尼办公室的门是常年打开的，他希望别人也能这么做。他注重家庭建设，邀请员工带子女来到办公室，了解自己父母每天的工作。他开展针对公司全体人员的360度绩效评估。他对薪酬体系进行全面改革，打造了以团体奖金池、书面反馈和公开评论为核心的薪酬管理制度。

员工现在知道了公司的各项机制正在正常运转，他们自己也能得到托尼的支持，因此他们更有信心表达出自己的想法，特别是那些年轻人。现在参加星期一早上会议的人数令公司律师感到紧张，他们担心有太多人知道太多信息。但托尼和我拒绝改变现状。如果我们开始减少参会人数，那么员工又怎么能消化吸收我们的投资流程呢？其他金融公司的员工几乎都是井底之蛙：他们只能看到自己业务中正在发生的事情。我们星期一早上的会议让公司各个部门的人都能看到其他部门的专家如何进行思考、如何采取行动，我们也从来没有出现过任何违反保密规定的现象。

在推出360度绩效评估几年后，我了解到，公司最资深的高管之一总是声色俱厉地训斥和贬低下属——而这些正是我几年前努力消除的行为。我意识到我不能把这个问题交给他人处理。我私下逐个会见了与此人在工作中接触最多的15个人，并向他们保证，我们的交流内容绝对保密。我希望他们相信这个调查流程，希望他们能知道，他们坦诚的回答可以帮助公司重振核心价值观。通过谈话，我了解到，这个合伙人撒谎成性、睚眦必报。我叫他到我的办公室，跟他说我已经了解了情况——每个和他一起工作的人都怕他。考虑到他的职位，我觉得他可能是因为压力太大、难以自控，总之应该是因为他控制范围之外的原因。我准备再给他一次机会。

"我知道这次谈话让你感到震惊。"我告诉他，"你可能因自己被发现而震惊，也可能因自己存在这方面的问题而震惊。但无论如何，如果我再看到或听说你有类似的行为，你就不能在黑石待下去了。我不希望你离开，但如果这类情况再次出现我只能说一声抱歉。"此后，他的确改变了，但积习难改，一年后他又恢复原样。于是，我们让他离职了。

我从来不是一个需要不惜一切代价继续掌权的创始人。摆脱了日常管理的负担后，我有了更多的精力来进行我热爱的交易业务。托尼给公司的每一个部门都带来了纪律性和秩序性，这一点是前所未有的。我知道，引入托尼这样的人才，授予他充分的权力，可以推进公司的制度化建设，为黑石完成华尔街历史上一些最大的交易提供资源优势。

————

2006年，安格拉·默克尔邀请我在柏林的德国总理府与她见面。我们已经对德国公司进行了大量投资，但德国副总理弗朗茨·明特费林把私募股权投资者称为吞噬公司的"蝗虫"。这一观点在德国引发了全国大讨论，占据了每天的报纸头条和电视新闻。

"我读过一些报告，但想要了解更多。"这位德国总理说。谢天谢地，她希望了解批评意见的另一面。"他们说你是蝗虫。"她把手指举过头顶，像蝗虫的触角一样摆动。

"但我是个好蝗虫。"我说，也做了同样的手势。

"但他们为什么称你为蝗虫呢？"

我向她解释了一番，每次被人问到"你是做什么的"的时候，我都会给出同样的答案。我们从事的是收购、改善和出售企业的业务。我们既是投资者，又是管理人和所有者。我们努力改善所收购的公司，帮助它们快速发展。公司发展得越快，其他收购者就会支付越高的价格。有时，我们收购的公司管理不善，因此，我们必须裁员、提高员工团队素质，或必须改变公司发展策略，这些举措给外界造成了不良的印象。即使我们改善了公司、发展了公司，增加了招聘人数，被我们解雇的人也会一直怀恨在心，对我们持批评意见。

默克尔告诉我,她在民主德国长大,从来没有学过商业或金融。她的父亲是牧师。她大学的专业是物理,后来也做过物理学家。但她学东西非常快。她问道:"为什么并非所有公司都像私募股权所持有的公司一样经营?"我说:"因为有些企业需要获得更大的资金池,而这些资金只存在于公共市场。例如,一家采矿公司必须在勘探和开采方面投入大量资金,才能有望在未来获得现金流。至于其他公司,也许都应该像私募股权所持有的公司一样运作。"

德国总理的问题频频涉及在私募股权投资问题上的争论,而金融危机更是加剧了对这一问题的质疑。像我们这样的投资者是有助于经济,还是于其有害?反对我们的论点一直称,私募股权只不过是一小部分人在搞金融工程,他们不懂工厂、商铺、大楼和实验室,不懂实体经济的运行。但其实,我们不是这样的。

当看到资源错位时,我们就会进入市场——一个伟大的公司遇到了困难,需要融资和运营干预来帮助它渡过难关;基础设施项目需要资金;公司希望出售一个部门,并将其资本投入其他业务;一个了不起的企业家希望扩大规模,或收购竞争对手,但银行不愿意为其提供资金;等等。我们进入这些机构,通过融资、业务策略转型或专业运营人员来改善公司现状,我们也投入必要的时间,最终扭转局面。

3
创业维艰

WHAT IT TAKES
Lessons in the Pursuit of Excellence

我曾经在一个美国顶尖大学参加学生创业者会议。一位创业学教授展示了一张幻灯片，说明了初创公司必须采取的所有步骤——从招聘人员、筹集资金，到开发产品、进入市场。他的幻灯片上是一条上行的曲线，公司沿着可预期的轨道发展，依次到达各个阶段的里程碑。"要是真的这样就好了。"我心想。我的创业经历绝对不是一条平稳的上行曲线。创业是那样艰辛、那样劳心费力，所以我从来不理解为什么有人想成为"连续创业者"。一次就已经够难的了。

教授在讲完课之后，把话筒递给了我，我想，是时候让这些学生了解现实、面对现实了。于是我告诉他们，如果你们想创业，就必须通过三项基本测试：

第一，你的设想必须足够宏大，足以值得你全身心投入。你要确保自己的创意有潜力发展成一个规模巨大的企业。

第二，企业的产品或服务应该是独一无二的。当人们看到你提供的东西时,他们应该对自己说:"我的天哪,我需要这个。我一直在等待这个东西,真的很吸引我。"如果你的产品和服务没有让人喜出望外、拍案叫绝,你就是在浪费自己的时间。

第三,时机必须是正确的。这个世界其实不喜欢开拓者,所以如果进入市场太早,失败的风险就会很高。你所瞄准的市场应该有足够的发展势头,这样才能帮助你取得成功。

如果你通过这三项测试,那么你将拥有一个具有巨大潜力的企业。这个企业可以提供独特的产品或服务,也能够在合适的时间进入市场。然后,你必须做好准备,迎接痛苦。没有创业者会设想到未来的痛苦,也没有人想要痛苦,但现实就是,新事物的诞生必然伴随着阵痛,这是不可避免的。

真正的企业不是自然而然出现的。筹集资金和招募优秀人才非常困难。但是,即使公司规模很小、资源极为有限,找到合适的人也是重中之重的任务。初创企业通常无法获得最优秀的人才——他们在其他公司工作,拿着更高的薪酬。你必须要想方设法充分利用能招到的人。这至少意味着你要把标准一降再降,只问一个简单的问题:这个人是否像你一样,对壮大企业的使命抱有同样的热忱,愿意付出同样的努力?

当菲尔·奈特创建耐克时,他聘请了一些长跑运动员与他一起工作,因为他知道,这些人也许缺乏商业知识,但一定有足够的毅力弥补这一不足。他们永远不会放弃,即使遇到困难,他们还是会忍受痛苦,直至比赛结束。

创业之初，如果能找到愿意同行的优秀人才，你就会很开心了。但伴随着公司发展，你会发现，这些人就像美式橄榄球的外接员，有的人像是石头做的——你把球扔给他们，球就会从他们身上弹开；有的人则像手上涂了胶水一样，接球稳健、做事靠谱。因为你是体面人，你会觉得自己的任务就是连哄带骗，让不合格的员工将就着干活，凑合着把问题解决。这些不合格的人是6分员工和7分员工。如果你留着这些人，那么公司最终会无法正常运转，你要一个人完成所有的工作，能陪你熬夜加班、成就事业的人屈指可数。

这时，你有两种选择：要么继续经营一家没有前途可言的中等公司，要么清除掉自己一手打造的平庸队伍，让公司获得重生。如果你充满雄心壮志，就必须为公司招募9分人才和10分人才，并委以重任。最后，创业要想成功，你必须是偏执狂，必须要认为自己的公司，无论现在规模大小，都始终是一家小公司。一旦你开始扩大规模、取得成功，挑战者就会出现，他们会拼尽全力抢走你的客户、打败你的公司。你认为自己取得了成功的一刻，就是公司最容易受到冲击的一刻。

一些创业公司的管理是创始人亲自抓的，很多企业在从作坊式的初创企业向管理良好的公司机器转型时，都遭遇了困难和挫败。创业者通常更愿意相信自己的直觉，职业经理人则会利用更为有序的管理体系。创业者往往会抵触这些体系，因为这会束缚他们从无到有打造公司的本能和能量。但最终，正是这些限制因素为下一阶段的发展奠定了基础。创业的初期,公司会跌宕起伏、充满变数,而在发展到某一个阶段后,创始人必须允许公司引入相关管理人才和系统,允许他人助推企业向前发展。

4
抓住每个跳动的音符

WHAT IT TAKES
Lessons in the Pursuit of Excellence

2006年秋天的一个星期一,纽约办公区的会议室,我坐到自己的座位上。会议桌很长,占据了整个会议室。座位上坐满了同事,有人甚至坐在靠墙的长椅上。嵌入墙壁的电视屏幕上显示的是黑石在伦敦、孟买和香港的团队。我们讨论了政治、宏观经济和公司的业务趋势。我们的会议室位于曼哈顿街道摩天大厦的43层,每当开会,我总有一种身处任务控制中心的感觉,仿佛自己驾驭着黑石,在变幻莫测的环境中左冲右突。但那天早上,我听到的信息让我心惊肉跳。

我们当时正在讨论西班牙,公司准备在西班牙收购几个街区的公寓。有人表示,西班牙南部现在房地产建设如火如荼,就算把整个德国的人口都转移过去,还会有多余的房屋。房地产开发商已经忽视了最基本的供求规律。

当欧洲团队提出他们的担忧时,一个不知何处传来的声音打断了我们。"我们在印度也看到了同样的情况。这里未开发土地的价格在 18 个月内增长了 10 倍。"听了这句话，我差点被一口咖啡呛到。

"是谁？"我一边问，一边环顾房间。我以为每个人都是通过视频电话接进来的，过了一会才意识到，这个声音来自一个电话扬声器。

"我是图因·帕里克。"这个声音说道，"我刚刚加入公司，负责分析印度的房地产市场。"我们在印度设立办事处还不到一年的时间，也没有在那里进行过房地产投资。听到他的声音，我感到非常意外。电话的通话质量也不高，发出吱吱啦啦的杂音。但图因带来的消息太让人吃惊了，我又让他重复了一遍。

"是的，史蒂夫。"他说，"在过去的 18 个月里，我们看到土地价格上涨了 10 倍。价格太高了，现在已经涨疯了。"印度是一个快速发展的新兴经济体，这也是我们决定在那里开设办事处的原因。但印度的经济增速远远不能合理解释土地价格的爆炸式增长。我开展房地产投资已有 15 年的时间，从来没有见过价格在 18 个月内上涨 10 倍的情况。

更令人担忧的是，这还只是未开发的土地。当开发商购买土地时，他们是在下注自己可以开发高价位的建筑物，但这可能需要数年时间。开发商需要下注自己可以获得必需的政府批准；下注建设进展顺利；下注在建设完工时，市场依然对此类建筑物有需求；下注经济形势依然足够强劲，可以获得高于借款成本的收益。如果土地价格在一年半的时间内飙升了 10 倍，那么可想而知，投资者已经进入某种癫狂状态，已经完全无视所有显而易见的风险。

我们当场决定不再推进西班牙的房屋交易。一些同事露出困惑的表情：印度的土地价格与西班牙公寓有什么关系？我有自己的逻辑——在日益全球化的经济中，必须能够找到一些10年前甚至两年前不存在的关联。现在，成本低廉、方便快捷的信贷几乎是无国界的，这些信贷在全球各地寻求机会。如果西班牙和印度出现房地产泡沫，那么其他国家也可能会出现。没必要在过热的市场买入价格过高的房地产。

接下来的一个周末，我在棕榈滩①的家里，一边吃早饭，一边看报纸，报道称棕榈滩的房价已经上涨25%，而棕榈滩的人口增长率不可能超过1%或2%，当地的报纸却如此描述了当地房地产市场异常强势的形态。与西班牙和印度一样，美国房地产供需之间的基本联系也被打破了。

我一生都在用眼睛和耳朵感知世界的信息，探求规律。就好像以前的一档电视节目《听音识曲》，知道的歌越多，就越有可能只通过一两个音节就识别出这首歌是什么。你变得像一个经验丰富的临床医生，在看到所有测试的结果之前，就可以知道患者身体出了什么问题。本周早些时候的房地产会议引发的怀疑现在变成了对市场即将崩盘的彻底恐惧。坐在佛罗里达州的太阳下，我开始深深地担心全球市场崩溃的风险。

从佛罗里达州回来后的星期一，我在早上8点半举行了私

---

① 棕榈滩，位于美国佛罗里达州东南部。——译者注

募股权投资会议。会议的开始，我向大家询问交易环境的情况。同事反馈称，现在的环境很艰难。有一些值得研究的公司收购机会，但价格太高了。"我们没有拿到交易，不是因为出价比对方低那么一点点，"一个团队告诉我，"而是他们比我们的最高估值还高 15%~20%。我们差太远了。"

近 20 年来，我们一直在做私募股权交易。报价差距如此之大，要么是因为我们忽略了一些因素（从我们的经验和专业知识来看，这似乎不大可能），要么是因为其他投资者承担了太大的风险。

我问他们是什么类型的交易。他们说是刚刚接到两笔房屋建筑公司的交易。听了这话，我几乎从座位上跳了起来。

"我们不碰房地产。"我说。如果房屋建筑商试图向我们出售他们的公司，那么他们可能已经看到了我所看到的情景。如果现在收购，时机就太可怕了。

在上午 10 点半与房地产团队开会时，我表示，公司必须消除一切房地产风险敞口，不仅仅是西班牙的公寓，而且是全球其他任何国家、我们任何时期收购的房屋，包括美国的房产。后来，我指示公司信贷部门减少所持房地产贷款或抵押贷款支持证券的头寸，而且不得再买入。我们的对冲基金团队也得到了同样的指令。他们听从了我的警告。我的合伙人汤姆·希尔是公司对冲基金投资业务的负责人，他下注次级抵押贷款（即对信誉最差的借款人的房屋贷款）的价值将会下降。最终，他做出了正确的判断和选择，我们为投资人赚了超过 5 亿美元。

当然，在那天早上，如果我走出办公室来到莱克星顿大道上，看到的依然会是美国经济在强势增长——商店门庭若市，股市创下历史新高。人们已经习惯了自己的住房价值只朝一个方向变化，也就是一路上扬。即使在我自己的行业中，大家所讨论的也都是无止境的增长。我们的竞争对手不断报出超过我们的交易价格。他们看到的未来比我们看到的还要美好。

根据不断变化的情势调整自己的行为总是很难。特别是当人们正顺风顺水时，他们不想改变。他们选择闭目塞听，忽略和屏蔽不和谐的音符和曲调，因为他们觉得这些不和谐的信息会给自己带来威胁，而他们又害怕变革的不确定性，害怕需要付出大量努力才能做出改变。出于这种倾向，他们会在最需要主动灵活的时刻变得被动僵化。

我一直把忧虑视为一种积极的心理活动，它可以开阔人的思路。由于忧虑，你在任何情况下都可以对不利因素进行准确识别，并采取措施消除其消极影响。我们建立了黑石，就是让我们能够有充分的原由去忧虑，有大量的机会搜集丰富的原始数据，这样我们就可以寻找异常情况和固有模式，不断提升我们获得、理解和运用知识的能力。在最好的状态下，忧虑是一种有趣好玩、引人入胜的情感体验，在这种时候，一个人的精力是高度集中的。

我对市场风险的担忧涉及公司诸多的投资组合。我们不仅把持有的西班牙房产悉数出售，而且还彻底撤出了西班牙这个国家。我们房地产团队发现公寓供应过剩，这表明信贷泡沫可能会拖垮整个西班牙经济。没有业务可以抗衡系统性崩溃,无论这个业务多么强大。

不久之后,我到马德里拜访朋友,去欣赏了毕加索的油画《格尔尼卡》。我们即将与普维投资和KKR这两家公司合作,完成对美国媒体公司科利尔频道传媒公司的收购,这是一笔金额巨大的交易。我还记得,当看到那幅油画时,我觉得我们不应该收购这家公司。也许是因为我身处西班牙而且非常怀疑西班牙经济能支撑多久,也可能是因为毕加索画作的题材太可怕了,讲的是在西班牙内战期间法西斯对格尔尼卡小镇的轰炸。但无论出于什么原因,我都感到强烈的不安。我乘坐雷纳·索菲亚博物馆外面的电梯下楼,不安的感觉越发强烈——似乎是证据和预感带来的生理反应。当回到酒店房间时,我已经决定,黑石必须退出交易。我在普罗维登斯打电话给乔纳森·尼尔森。我告诉他,这不仅出于我的直觉,更是基于我的判断。我们所有人都被交易的热情冲昏了头脑,渴望完成任务。但如果这笔交易出错,就可能对我们的投资人和公司造成严重损害。

从整个公司范围来看,我们出售了在2001年科技泡沫破灭后收购、在经济强劲复苏期持有的资产。这些都是周期性公司,其命运的起伏取决于整体经济的健康状况。其中,德国化学品制造商塞拉尼斯是我们在2003年收购的。该公司曾被多次收购,也因此变得运转不灵、效率低下。我们关闭了该公司的德国总部,将其转移到了美国——美国市场的销售额占其总销售额的90%。仅仅是把塞拉尼斯从德国公司变为美国公司这样一个操作就逆转了公司的股票倍数。当我们在2007年5月卖掉塞拉尼斯的最后一批股票时，我们赚到的钱是投资金额的5倍左右。那是我们当时最成功的投资。

2005年，黑石70%的投资都集中在周期性业务。到了第二年，这一比例下降到了30%。我们按预期计划暂停了私募股权交易，把交易量减少了一半。我的目标很明确——如果市场的确出现崩盘，那么黑石的员工也不至于被捆住手脚，忙于应对不良交易造成的混乱局面。当然，虽然我们一直在缩减公司交易，但如果其间有机会不期而至，我们也不会与其失之交臂，这也体现了公司的另一个投资原则：不要错过良机。

———

我们也不是唯一看到危机、做出调整的人。2006年10月，我们得知我们的老朋友萨姆·泽尔——黑石的首位投资人也正在考虑出售他的办公室房产业务。从我们坐在空荡荡的办公室的地板上聊天那天起，我们两个人就一直保持着联系。1994年，我们从他那里收购了GLDD公司（Great Lakes Dredge and Dock），我们的房地产团队尤其密切关注他的动向。萨姆是一个真正的企业家，从不满足于现状。自20世纪90年代初以来，他一直在主张，公众应该获得进行商业房地产投资组合份额买卖的能力。他创建了EOP（Equity Office Properties）公司，这是一个REIT（房地产投资信托基金），也是首只成为标普500指数成分股的房地产投资信托基金。当我们对EOP REIT进行评估时,这只基金已经在全美近 600 个楼宇中拥有超过 1 亿平方英尺的办公空间,其中许多办公室位于城市黄金地段,稳居全球榜首。房地产行业的人都知道,这样的资产集合相当罕见。

萨姆希望在市场触顶的时候退出房地产行业。如果他觉得现在是时候出售了,那就可以打赌,厄运将至。我们认为,在交易中获利的唯一方法就是在我们预期的崩盘来临前,把萨姆的公司拆分出售。

———

时至今日,黑石的房地产业务已经完全不是当年的样子。自从阿肯色州第一笔公寓楼交易以来,我们筹集并投资了数十亿美元。房地产行业惯用的标准与我们的理念非常不同,但我们坚持公司文化,专注于维持声誉、诚信经营。

公司在开始投资房地产的几年后,有一次开会讨论一个资产的定价。相关团队的主管刚从一家房地产专业公司离职加入黑石。我让他提供价格,他问道:"你想要哪一组数据?"

"什么意思?"我问。

"是这样,我们有一组给银行看的数据,一组给税务部门看的数据,还有一组融资时用的数据,再有就是你自己相信的数据。"

我吃惊地看着那个人:"你有四套数据?你自己都不相信的东西,提供给别人?在黑石我们只有一组数据,无论是给银行,给有限合伙人,还是给税务部门。这些就是我们相信的数据。

我们告诉别人自己相信的东西。我们不是在做诈骗生意。我们只做正确的事情。你真让我吃惊,再带团队来的时候,给我看你相信的数据。我只想看这一组数据。"

当他离开会议室时,我对主管我们房地产集团的合伙人说:"这个人从哪冒出来的?你好好培训他,不然我们就让他卷铺盖走人。"

我们发现,房地产行业的另一种常见做法是"再次交易"。到交易谈判的后期,在双方已经就条款达成一致后,甚至在交易即将完成时,买家会威胁要退出交易,除非卖家降低价格。这种操作导致卖家进退两难:为了双方能坐下来谈判,卖家可能已经同意在固定截止日期前完成交易,或者已经承担了较高的交易成本,拒绝了其他潜在买家。现在,他们将不得不再从头开始谈判,不然就必须接受更低的价格。

如果我在做投行的时候采取过类似的做法,我就不可能获得任何职业发展的机会。在公司买卖的交易中,确定什么价格,就是什么价格,除非发生重大变化。做人不能出尔反尔,不然就再也没有人相信你说的话了。一直在房地产行业做的人告诉我,大家都会为了达成交易而高价竞标,然后在交易即将达成时再砍价,这是一种正常操作。但我不接受这种做法。我们房地产交易和私募股权交易的要求标准是一样的:都要进行严谨的分析,都要严守纪律,都要保持高度信任。我们可能会在短期内失去一些交易。但从长远来看,我们维护了公司的声誉——黑石是一家一诺千金、诚实守信的公司。

乔恩·格雷于1992年加入黑石。2005年，年仅34岁的他主管公司的房地产业务。他刚开始是做私募股权交易。1995年，我们参与了环球广场的竞标（这是曼哈顿第八大道上的一整块多功能街区），房地产团队需要帮助。我们把乔恩派了过去。他擅长研究交易的复杂细节，助力交易圆满达成。他与约翰·施赖伯建立了密切的关系，开启了个人作为房地产投资者的惊人之旅。

在此之后的几年里，乔恩提出了两个重要的见解，加速了黑石房地产业务的增长。第一个见解是使用CMBS（商业房地产抵押贷款支持证券），进行更大规模的收购。CMBS是一种新型证券。在传统操作中，如果在收购商业房地产时需要贷款，借款方可以从银行或其他大型机构借款。而有了这种新型证券，借款方可以把一笔贷款和其他贷款一起打包成为可交易的证券，将其出售给投资者。这样一来，贷款变成了一种更具流动性和可交易性的资产。银行出售贷款的难度越低，他们提供的贷款就越多，同时收取的利息就越低。在实践中，我们可以以较低的利率借入更多资金，来进行更大规模的收购。

乔恩的第二个见解是，持有大量房产的上市公司的估值往往低于其各部分的总和。房地产投资者往往是个人独资企业或小型家族企业，并没有类似黑石的智力资源和金融资源。他们可能通过几十年的累积而持有了许多房产，每个房产的用途不同，维护状态也不同。由于缺乏人才或耐心，他们不会仔细分析整个投资组合，不会研究每一部分的确切价值，也不会找到愿意支付最高价的不同买家。因此,如果你在适当的时刻,提出以合适的价格把公司全盘收购,他们可能就会接受这个价格。而黑石正好拥有相关的专家,可以评估每个房产的价值,也可以对房产进行修复,然后从我们的关系网络中找到完美买家。我们也有足够的资金,可以耐心等待。其他业主不能做或不会做的所有工作,黑石都可以完成。我们通过严谨的分析,确定每个房产的确切价值(我们称之为"筛选价"),这样我们就能赚取"黑市价"和"筛选价"之间的差价,如此一来,既能提高我们的回报率,又降低了风险。

当我们任命乔恩担任黑石全球房地产业务联席主管时,我们再次表现出对未来一代的信赖和信心。与其他公司的同行相比,他可能年纪尚轻、经验不足,但他体现了我们的文化,凭实力赢得了这个职位。2006年6月,他关闭了黑石的第五只基金,这是有史以来最大的房地产基金——52.5亿美元的承诺资本。

随着萨姆·泽尔EOP公司交易的发展,我们需要乔恩的领导力、我们独特的文化、我们的融资方式、我们的交易天赋以及60亿美元基金中的大部分资金。与此同时,一场史无前例的金融风暴正在酝酿,而我们即将一头扎进风暴眼中。

5
规避风险,稳赚不赔

WHAT IT TAKES
Lessons in the Pursuit of Excellence

EOP 公司的房地产规模比黑石以往任何房地产交易的规模都大六七倍。由于规模庞大,如果对形势的判断有误,就可能会带来灾难性后果,公司也会承担巨大的风险——无法出售物业、无法偿还债务。但如果我们投资正确,那么带来的收益也将是极为丰厚的。乔恩权衡利弊,决定顶住压力、迅速行动。我们必须进入 EOP 内部,抢在竞争对手之前了解这家公司,这意味着我们的竞标金额必须能够体现我们慎重和诚恳的态度。2006 年 11 月 2 日,我们提出了比市场价格高出 8.5% 的溢价,于是 EOP 向我们提供了各类财务数据。整个房地产行业都跃跃欲试,各种各样的投资者聚集在一起,试图超过我们的出价。萨姆得其所愿:现在有多个竞标者在参与拍卖。

在这样的交易中,潜在买家通常会与卖家商定"分手费"——如果卖家最后决定卖给其中一个潜在买家,则会赔偿其他潜在买家参与竞标的相关费用,包括时间成本、法律成本、会计成本和尽职调查成本等。如果市场对交易反应冷淡,参与竞标的少,卖家可能会同意支付高额分手费,以此吸引不愿承担风险的买家。如果市场反应强烈,参与者众多,卖家就可以支付较低的分手费。类似交易分手费的标准费率是总交易规模的 1%~3%。由于市场上对 EOP 感兴趣的买家非常多,萨姆坚持将分手费率定为交易规模 1% 的 1/3。

————

各方竞相报出更高的价格,因此我们要想办法继续参加竞标。价格越高,我们就越要调动一切资源,这样才有可能获得利润。我们要求萨姆允许黑石预售 EOP 的房产。因为如果我们现在可以锁定某些房地产的买家,我们就会更有信心为整个投资组合支付更高的价格。萨姆拒绝了这一要求,因为他想彻底转让 EOP,把几十年的辛勤工作换成一张大额支票,他不希望在销售完成前把公司拆解。我们要求他将分手费从 1 亿美元(相当于交易额 1% 的 1/3)提高到 5.5 亿美元左右(相当于交易额 5.5% 的 1/3),因为这一数额更为合理,可以支付交易所产生的所有费用,并为我们的投资人提供回报。他勉强同意了。就像我们需要正当理由才能提高报价一样,他也需要让我们继续参与谈判。

对于这种体量的交易,我们需要从主要银行进行大量融资,大约 300 亿美元。我们无法仅从一家银行那里拿到这么多钱,所以我们去跟几家银行谈判,并采取了黑石的标准做法——让他们承诺只单独为黑石一家的出价提供资金，享用他们的资源。当萨姆听说其他竞标者无法从同意借钱给黑石的银行那里获得资金时，他把乔恩叫去了华尔道夫酒店，情绪激动地表示，如果黑石把银行锁定起来，他就饶不了乔恩。

最终，其他竞标者都退出了，只剩下黑石和沃那多。沃那多是一家大型的房地产上市公司，所有者是萨姆的朋友史蒂夫·罗斯。我和乔恩、托尼、约翰·施赖伯一起开会研究对策：我们是收下5.5亿美元的分手费，不再参与竞标，还是继续参与呢？毕竟，对我们的投资人来说，5.5亿美元也是一个不错的结果。但是，如果能成功拿下EOP，那么其价值回报要比分手费高太多。我们决定将出价提高到每股52美元，比我们最初的出价高9%，但我提出了一个严重的警告。"这笔交易非常危险，"我告诉乔恩和他的团队，"我想立即出售EOP一半的房产，先赚到钱，这样剩余房产的价格可以相对保守。我要在交易达成的当天完成出售。我不希望过夜。我们需要在收购的同一天执行出售的交易。"参会的每个人都目瞪口呆。什么样的公司会进行这样的操作？光是这样一个想法，就已经显得非同寻常了。但我不是在开玩笑，因为这笔交易可能会使黑石破产。

"那我们该怎么做呢？"有人说，"萨姆永远也不会同意让我们提前出售资产。他说过不会让我们预售的。"

我已经认识萨姆20年了，了解他的做事风格。我知道他希望拿到最高的出价。既然我们现在已经接近最高价了，他也不会太计较细节。无论他在早些时候进行过怎样的表态，那都是一个战术问题，而不是原则问题。我们提出的这个要求对黑石来说至关重要，也完全符合他对公平的诉求。

"去告诉他，"我说，"如果他想要我们继续竞标，就必须允许我们预售。我们预不预售，跟他有什么关系呢？多给他点儿钱，他就同意了。"

果不其然，他同意了。在下一轮竞标中，沃那多公司的出价超过了我们。但我们的预售权改变了一切。纽约房地产巨头哈里·麦克洛提出以 70 亿美元的价格购买纽约 7 座优质写字楼，接近我们总价的 18%。从西雅图到旧金山再到芝加哥，买家从全美各地来到黑石，他们都渴望得到萨姆帝国的房产。我们认为市场已达到顶峰，千年一遇的洪水即将来袭，但这些人不认同我们的观点，他们认为 EOP 的解体是获得优质房地产的难得机会。

黑石和沃那多公司又经过几轮较量，直到 2 月 4 日超级碗星期天①。沃那多公司的出价与我们相同，但条款更具吸引力。在超级碗比赛的开场时间，乔恩接到了电话，我们需要他完善出价。乔恩在芝加哥郊区长大，是芝加哥熊队的终身粉丝。熊队当天的对手是印第安纳波利斯小马队，在小马队率先开球后，熊队的德温·赫斯特便完成了一个回攻达阵。面对如此重要精

---

① 超级碗星期天，美式橄榄球年度冠军总决赛，一般在每年 1 月的最后一个星期天或 2 月的第一个星期天举行。超级碗多年来都是全美收视率最高的电视节目，并逐渐成为一个非官方的全国性节日。——译者注

彩的比赛，乔恩不得不强迫自己离开电视机，去处理公务。

星期一早上，我和乔恩、托尼、约翰决定每股出价55.50美元，这比竞标开始时的市场价格高出约24%。我们最终给EOP的总估价为390亿美元（包括其债务在内），以现金形式支付。沃那多公司的报价是现金加股权。我们知道萨姆出售EOP的目的是离开房地产市场，他最不想要的就是另一家房地产公司的股票。乔恩那天下午提交了我们的报价。沃那多公司弃牌，我们赢了。

但还没到庆祝的时间。

我坚持要在交易达成后，立刻出手EOP房产组合中的一大部分，不能过夜。房地产团队的每个成员都挤在会议室，等待这一刻。他们已经在会议室里待了好几天，与买家接洽，准备相关文件。既然与萨姆的交易已经结束，那么现在是时候售出价值数十亿美元的房产了。在交易完成前，谁也不能回家，谁也不能睡觉。

每个交易都很大，而这些交易加在一起，足以震撼市场。我们刚刚完成房地产历史上最大的一笔收购，就在同一天，我们又努力实现一系列巨额销售。会议室里的气味刺鼻，大家都几天没洗澡了。楼道里、电梯里，送信员上下奔波，马不停蹄，一派繁忙的景象。

我们与哈里·麦克洛完成了交易。交易时间非常紧凑，其实相当于哈里直接从EOP公司购买这些房产——黑石并没有实际拥有过它们。我们以63.5亿美元的价格出售了西雅图和华盛顿 1 100 万平方英尺的房产，出售了洛杉矶价值近 30 亿美元的房产，旧金山也是如此。另外，我们在波特兰、丹佛、圣迭戈和亚特兰大都出售了价值约 10 亿美元的房产。我们迅速收回了一半以上的收购资金，而且与我们计算的房产价值相比，我们还大赚了一笔。

然后，我们休息了整整两天。每个人都回家洗澡睡觉。但在这两天的时间里，我依然思绪万千、难以平静。

———

在我们完成 EOP 交易一周后，我 60 岁了。在朋友过生日的时候，我会给他们打电话，唱"生日快乐歌"给他们听。如果他们没在家，我就在他们的电话答录机上留下我的歌声。我的外祖父 40 多岁就去世了，我也经常以为自己会英年早逝。十几岁的时候，我曾经历过两次致命的交通事故。1992 年，我在中东旅行中得了结核病。如果没有现代医学，那么肺结核也足以致命。1995 年，我得了静脉炎，我的祖父就是因为静脉炎去世的。在 2001 年，我的心脏血管堵塞达 95%，我做了两个支架来缓解堵塞。从那以后，我每天都要服用抗凝药物可嘧啶。每个生日都提醒我，我还活着，而且身体健康。健康地活着，比什么都强。

克里斯汀为我的生活带来了极大的快乐。她喜欢组织家人和朋友进行聚会、共度节日。我们决定在纽约庆祝我的 60 岁生日，举办一场值得回忆的聚会。我们不要蛋糕，不要祝酒，只是请我们在乎的 600 个人来共同庆祝。克里斯汀喜欢跳舞，所所以她邀请了帕蒂·拉贝尔①，并说服我们最喜欢的歌手罗德·斯图尔特②来表演。我的父母，我的孩子，我的兄弟和他们的家人，来自高中、大学和纽约的朋友们都盛装出席。这是一个美好的夜晚，尽管一些媒体的负面报道引发了对生日聚会的争议，但对我来说，这一晚永远值得回忆。

克里斯汀送给我一份礼物，是一本来自家人和朋友的回忆集。我的女儿吉比回忆说，在七年级时，学校给她布置的作业是读《共产党宣言》。我抛开了自己对这一意识形态的认识，跟她一行一行地读。我的儿子泰迪记得我晚上到他的房间说晚安。我会检查他是不是已经裹好了被子，然后会使劲摇晃他的床，摇上30秒，我们把这个游戏叫作"做奶昔"。泰迪会参加学校的体育活动，他的球队经常表现得很差，但我还是会去看他们比赛，虽然只是坐在沙滩椅上，一直在打电话。

作为家长，你一方面要努力工作，取得事业成功，另一方面还要陪伴家人，关心孩子的精神世界，两者需要平衡。身处其中，你不知道自己做得好不好，因为多年以后才能看到结果。回顾我60岁的生日之夜，那些跟我最亲近的人对我的记忆，我觉得自己做得不算差。

————

---

① 帕蒂·拉贝尔，活跃于20世纪七八十年代的美国灵魂乐歌手，被誉为灵魂女伶和乐坛常青树。——译者注
② 罗德·斯图尔特，英国摇滚歌手，世界上最出色的摇滚歌手之一，以其独特的形象与嗓音闻名于音乐界。——译者注

当我们重返工作岗位时，我把房地产团队聚集在主会议室里。保洁人员一直在工作，会议室几天来首次散发着清新的气息。"你们付出了前所未有的努力，也取得了前所未有的成就。"我说，"这次的规模完全不同。你们的成绩令人惊奇，值得庆贺。恭喜大家！"

我停下来，让他们享受这一刻，然后说：

"现在，我们要再做一次。"

100双眼睛齐刷刷地盯着我。

"我们需要出售剩下的这一半房产。从长远来看，我们赚的钱可能不是顶值，但我们会是安全的。我们的目标应该是只保留价值100亿美元的最优房产。此时，我们已经进入市场，现在市场正热得发烫，所以让我们继续把这些房产推向市场。水满则溢，在市场火爆的背后，必然会隐藏天大的危机。"

在接下来的几周里，我们又出售了价值100亿美元的房产。在两个月内，我们购买了400亿美元的房产，又售出了将近300亿美元房产——在8周时间内完成了总计700亿美元的房地产交易。当所有这些交易完成时，意味着我们以每平方英尺461美元的价格出售了面积约6 500万平方英尺的房产。这样一来，我们保留的3 500万平方英尺优质房源的最终成本价仅为每平方英尺273美元。我们已稳赚不赔。在这次史无前例的交易中，我们行动的规模和速度在全球房地产业是绝无仅有的，我们凭借果敢和机敏抢占了收购先机，规避了投资风险，为投资人赚取了极为丰厚的收益。

6
推进上市

WHAT IT TAKES
Lessons in the Pursuit of Excellence

在萨姆打来电话的时候，黑石正在进行另一项重大变革。2006年5月，一个星期六的上午，花旗银行投资银行业务负责人之一迈克尔·克莱因给我打电话，说自己有一个想法。他表示，因为这个想法实在让人兴奋，所以他想当面告诉我。我邀请他来到我海边的房子。我们在门廊上一起吃早餐，快结束的时候，迈克尔提出这样一个建议．让黑石上市。

截至当时，还没有一家私募股权公司选择上市。当年5月，KKR在荷兰发行了一只投资基金的股票，为这只基金募资，这是最接近上市的一个行为，是一项创新举措。像我们这样的公司，其传统操作就是从机构投资者那里筹集资金，并承诺在几年后将资金归还。而现在，KKR从公开市场筹集了54亿美元资金，他们可以用这些钱进行投资，但永远不用把钱还给投资者。他们选择在荷兰上市，也避开了美国监管部门的那些严格的申报程序。

KKR的每个同行和竞争对手都研究了这一做法，看自己公司是否也能进行类似的操作。迈克尔建议黑石要更进一步：我们不应该简单地为某一只投资基金筹集资金。我们应该提供黑石集团的股票，也就是把黑石旗下所有基金以及所有咨询、信贷和其他投资服务业务的管理公司都打包纳入其中。这是一个重大决策，标志着我和彼得在1985年创立的公司的转型。成功的上市可以募集永久性资本，用于投资公司，并扩大黑石的业务范围。就算市场转向，我们也无须担心继续募资的问题。上市后，我们的合伙人如果愿意，也可以逐渐出让他们的股权。

但是，上市会带来控制权和所有权问题。我们必须公开公司的情况，接受公众的审查。在此之前，黑石一直享有私营公司的灵活性和自由裁量权，我们只对自己和有限合伙人负责。而在成为一家上市公司后，无论黑石的长期表现如何，如果在某个季度未能达成盈利目标，或公司股价因为任何原因下跌，我们都会受到审查、质疑甚至受到攻击。我们将面临公共市场的非理性压力，公司可能会被迫做出糟糕的短期决策。但如果我们能成功上市，就可以把竞争对手甩在身后。

我没有把迈克尔的建议告诉其他人，而是独自认真地进行思考。日兴证券跟黑石顺利合作了十几年，但在1999年，由于监管原因，他们不得不出售自己的股权。于是，我们将黑石7%的股权出售给AIG（美国国际集团），这是公司最可靠的投资人之一。根据当时的规模和出售价格，黑石的估值为22.5亿美元。2006年，迈克尔计算后认为，黑石的价值为350亿美元。如果计算结果正确,那么 AIG 在黑石的投资价值在 7 年内上涨了 15 倍以上。

当我把上市的设想告诉托尼时,他立即表示支持。他认为,我们可以利用股票进行收购,并吸引和保留最优秀的人才;我们可以用公司股票来奖励我们的团队,而不必再给他们发放与各自业务的业绩相应的奖金。这种激励结构将加强黑石"一家公司一条心"的文化。而且,如果我们预计的金融风暴真的到来,上市募集的资金也会减轻我们经济和心理上的压力。另外,我们还可以用股票来犒劳即将退休的彼得。

关于上市问题,我讨论的第二个对象是公司的首席财务官迈克·普利西。他表示,黑石尚未建立上市所需的内部系统。打造内部系统的工作量很大,而我们的人已经在满负荷运转了。他建议,如果我们是在认真考虑上市,就要组建一个小团队,远离总部,私下进行推进。

要确保公司成功上市,首先,必须确定一个能够平衡各方期待和利益的股权结构。作为一家私营公司,我们对我们的有限合伙人——那些把钱交给我们投资的人负有信托责任。我们的有限合伙人都是成熟的投资人,具备明确的战略和长期视角。但作为一家上市公司,我们又额外增加了一项对股东的责任。有限合伙人习惯于把钱交给黑石投资,然后静等几年的时间,坐收回报。但上市公司的公众股东不一样,他们会每天追踪股价,时时关注自己所持股票的价值,两类股东的利益有时会出现冲突,而我们的责任是平衡他们的利益。

托尼的态度非常明确，他认为这个计划绝对不能声张，需要冷静地研究其中的技术细节。公司上市会给很多人带来意外收获，他不希望任何人因为这个可能性而分心，也不希望在未来几个月黑石出现各种办公室政治和八卦。在托尼的建议下，我们又邀请了公司总法律顾问鲍勃·弗里德曼一起去见迈克尔。我告诉他们我还是有点犹豫。如果我们的确要认真讨论如何上市，那么我有三个不可谈判的条款，我认为这三个条款可以让我们在不同的利益中取得平衡。

第一，我们对有限合伙人的责任与对公众股东的责任之间不能存在冲突。第二，我和彼得用40万美元起家，打造了一个价值数十亿美元的公司，我不希望别人指挥我如何进行公司运营。现在的黑石，已经完美地融合了我的创业精神和托尼的组织运营才能。我们的文化是神圣不可侵犯的，如果上市有可能破坏我们的文化，那么我们对此不会予以考虑。第三，我想保持100%的控制权。我要以创始人的身份确保黑石的战略愿景。此外，我认为掌握公司的控制权是维持公司团结一致的最可靠的方式，可以防止公司四分五裂、各自为政、重蹈雷曼兄弟的覆辙。如果我继续掌控对人才体制和薪酬机制的最终决定权，我相信黑石员工会团结一致，黑石会蓬勃发展。如果我们满足这三个条款，就可以考虑上市，如果不能满足，就绝对不能上市。我让托尼、鲍勃和迈克尔私下推动解决这三个问题。如果必须联系公司以外的人，对外的口径是黑石正在研究投资组合公司这一想法。因为我担心一旦消息泄露，会造成致命性影响。

几周后，迈克尔和鲍勃满面笑容地来找我和托尼。他们通过认真研究，终于找到了解决两个控制权问题的方案：我们可以在发行公开交易证券（相当于股票）的同时，保持有限合伙制。普通合伙人和董事会成员任命的权力归我，外部人士不具有任命普通合伙人或董事会的投票权。当然，我们需要为此给审计委员会任命独立的外部董事。但即便这样，我仍然可以保持公司的完整性，并按照我认为合适的方式运营。

我们需要优先考虑公司对有限合伙人的承诺，而这一问题的解决方法更为简单，那就是"披露"。我们会告诉未来的股东，公司最重要的职责是对基金投资人负责。如果我们履行了这一职责，股东自然就会获得收益。由于我是最大的股东，购买黑石股票的人不必担心我的利益与他们的利益相悖。这种一致性比任何复杂的法律承诺都更有效力。我为黑石的上市设置了几个很高的门槛，而迈克尔和鲍勃已经清除了这些门槛，令我略感惊讶。虽然我还是觉得上市未必会成功，但我们似乎至少应该尝试一下。

我强调，上市采取的方法应当与投资方法相同：提出想法，展开讨论，提出批评，质疑想法。只有在能够完全确定的情况下，我们才能做出决定。需要做的工作太多了。公司的会计师必须重新梳理财务状况，以符合上市公司的监管标准。我们的律师必须重组整个公司。我们必须准备投资者材料，获得美国证券交易委员会的批准，然后进行路演，达成销售。这些工作至少要花上一年的时间。

我们不是唯一一家正在研究上市的同类公司。但如果要上市，我们就必须得是第一个。第一个进入市场的公司会吸引最多的资金，其他公司只能抢残羹冷炙了。

我希望还能像往常一样，能继续不动声色、低调安静地经营公司，同时秘而不宣地推动上市前的财务准备工作，调整公司法律架构。我们每天都在正常评估私募股权、房地产、另类信贷和对冲基金等各个行业的主要交易。即使我们正在后台重新构想未来，但在经营方面也必须保持专注。为了完成上市前的准备工作，迈克尔从他的团队派遣了几名成员到德勤会计师事务所，公司的律师则到盛信律师事务所工作，公司其他人都见不到他们。

到2006年底，托尼表示，是时候开始攻克上市前最难的一个环节了，也就是研究清楚我们每个人所持股权的价值。当时，不同业务线约有100个合伙人，黑石就是这些合伙人的联盟。一些业务线存在交叉，另一些完全没有关系；一些业务有完结日期，另一些则没有。所有的业务都处于不同的轨道——大多数业务都在强劲增长，而有些业务呈走平态势，有些业务的规模甚至在缩小。公司的资金一部分已经放在了基金里，另一些已承诺进入不同的基金，但都尚未进行投资。我们需要对所有这些权益进行估价，并分配给合适的所有者。股权估价必须考虑到公司的每个人，从我到送信员，从加入公司20年的高级董事、总经理，到刚入职担任经理助理的大学毕业生。

这是一项艰巨的任务，而托尼只能单兵作战，独自在私下完成这项工作——他担心一旦被人发现，他会被生吞活剥。他的目标是确保一旦公司上市，每个人持有确认的股票价值，黑石能以同类公司为基准，提供一个透明且具有竞争力的薪酬体系，确保业务的长期健康发展。他想犒劳过去和现在的合伙人和员工，也想为未来数代人留下足够的资金。这一工作需要海量分析，也需要明智的判断，托尼需要理解人们的想法和感受，不让大家感到受到的待遇存在差异。他之前在帝杰证券公司应对过类似的流程。虽然帝杰证券公司的员工人数是黑石的10倍，但黑石局势的复杂性和新颖性使这项任务艰难了10倍。黑石上市的权益分配问题正是托尼擅长解决的多维问题。

2007年2月，托尼在一心一意地计算权益，黑石的律师和会计师也在埋头苦干，此时，另一个规模小得多的资产管理公司申请上市了。福帝斯是一家对冲基金公司，也做自营投资。公司的资产管理规模仅为300亿美元，大约是黑石当时管理的资产的1/3。但从结果来看，福帝斯的IPO一举成功。市场兴趣浓厚、需求旺盛。福帝斯的成功迫使我们加快了速度。我可以想象，我们的竞争对手现在都朝着同一个目标努力，都想成为同类公司中第一个提交上市申请的人。而我绝对不甘于当亚军。

我们向美国证券交易委员会告知了黑石的意图。我打电话给摩根士丹利，讨论承销问题。我们一直使用的是迈克尔·克莱因对黑石潜在市场价值的原始估计。而现在，我想要听听其他银行的意见。摩根士丹利的公司融资人员颇为传统，也为黑石的几笔债务交易提供了很好的服务。他们派来两位资深的银行家，一位是后来成为谷歌首席财务官的露丝·波拉特，另一位是特德·皮克。露丝和特德都说这项决策看起来很棒，也提出了一些经过深思熟虑的建议。他们积极开展工作，把建议变为现实。

现在一切都准备就绪：法务结构和财务结构，内部变更和薪酬计划，承销商——摩根士丹利、花旗银行和美林证券。我亲自完成了招股说明书中的一个章节，叫作《我们准备成为一家与众不同的公司》。其中，我介绍了公司的长期视角、合伙人关系管理结构和员工广泛持股的计划，并表示，黑石计划保留自己的企业文化，我还承诺，黑石将把1.5亿美元的股权投入新成立的黑石慈善基金会，这个基金会会负责监督黑石未来的企业捐赠。"鉴于黑石的业务性质，以及我们对企业长期经营和管理的关注，"我写道，"黑石普通股应该由希望能多年持有的投资者持有。"

随着我们提交上市备案材料的日期临近，我挤出一个晚上去看《身在高地》(*In the Heights*)。这是林-曼纽尔·米兰达的首部音乐剧，是在《汉密尔顿》(*Hamilton*)之前创作的。我敢肯定，音乐剧一定颇为精彩，但我一点都没看进去，因为我的脑子一直在想别的事情。在我们离开公司时，我刚刚拿到黑石招股说明书的最终草案。我在剧院里坐立不安，试着在黑暗的光线中阅读。最后，我还是拿着招股说明书离开了剧场，来到了大厅。这是一份221页的说明书，数据翔实，图表清晰，语言富有感染力和说服力。我读完后心想:"这家公司太了不起了!我会立马买这家公司的股票。"

在我们向公司宣布上市计划之前,我需要跟彼得谈谈。在过去35年的大部分时间里,我们两个人并肩奋战。我们在梅菲尔酒店吃早餐,花了很长时间讨论和设计黑石。我们共同忍受了筹集第一笔资金的痛楚,一笔交易、一笔交易地建立起公司。彼得从一开始就积极参与公司的并购工作,只要我需要建议,他总是不厌其烦,倾囊相授。近年来,他对公司事务的参与逐渐减少。他忙着出书,写的是自己最喜欢的事业。他在华盛顿待的时间也越来越多,在推动削减联邦赤字和创建一个致力于国际经济学的研究院。我还没有告诉他黑石的上市计划,因为我一直在处理公司财务方面的事务,而彼得往往很难保守秘密。我也知道我一旦告诉他这件事他会说什么:"真的吗? 你认为这是个好主意吗?"

果真,在我把这个计划告诉他之后,他列举了反对上市的一系列理由,而这些理由也是我们这几个月一直在致力于解决的问题——对股东的责任和公众监督的风险。他又补充说:"上市后,你就会成为一个公众人物,被人当靶子是很不痛快的事情,你一定不喜欢。"

我告诉他,他说的都对。但是,上市将为公司提供永久性资本,这些钱可以用来购买资产和证券。上市将把黑石变为一个全球品牌,为我们带来交易、新的有限合伙人和新机遇。上市既能助力黑石开拓新的业务线,同时又能加强黑石"一家公司一条心"的文化。最后,我的直觉告诉我,这个世界正在走向疯狂,因此公司需要尽快储备现金,我觉得我们不能再等了。为了实现这一目标,如果我必须成为一个供大家玩耍的皮纳塔①,那也是我应该付出的代价。

"22年前,我们一起白手起家。"我说,"上市对我们的家庭来说意味着财富,是一个很诱人的经济事件。"

我知道,彼得的数学技能一直很好,他会把这笔账算得很透。

2007年3月21日,即我们提交上市备案的前一天,我们举行了公司全体人员会议,宣布了这一消息。很多人一时没有反应过来。由于之前完全没有任何蛛丝马迹,现在大家都目瞪口呆。而在我们按下按钮的那一刻,整个金融圈都被点亮了。

———

我们的IPO计划是筹集40亿美元,公司估值为350亿美元,但一通电话改变了我们的计划。在我们提交上市备案材料后不久,有一天晚上,我正在家里边观看电视剧《法律与秩序》,边翻阅投资委员会的备忘录,梁锦松给我打来电话。几个月前,我们聘请了梁锦松担任黑石中国的合伙人。他曾担任摩根大通亚太区主席、花旗集团中国内地和香港分行主管,之后成为中国香港财政司司长。与他的交易经验相比,我更看重他的人脉。

---

① 皮纳塔,陶制或布制玩具,里面放有玩具和糖果,以棍击碎,以此庆祝节日。——译者注

我对他的能力有一种预感,决定请他为黑石在中国开展资产管理业务。

我和家人于1990年首次来到中国。当时的中国与现在迥然不同,仍在探索市场经济之路。大街上都是自行车,汽车很少。1992年,黑石研究一个中国的交易,我惊讶地发现,中国竟然还没有全国汇兑系统,人们无法在一个地方开具支票、在另外一个地方兑现。因此,我们不得不放弃了在中国的交易。在接下来的15年里,我看到中国的后续发展越来越受到关注,但作为一家公司,黑石正集中精力开拓美国、欧洲和日本市场。梁锦松于2007年初加入我们,这是我们首次真正进入中国市场。

那天晚上,他告诉我,他刚刚参加完中国工商银行的董事会议。中国工商银行是全球最有价值的银行之一。会上,两名中国政府前任高级官员与他接洽,表示中国政府正计划建立一个主权财富基金,即归政府所有的投资基金,并希望黑石成为他们的首笔大型投资的对象。他们喜欢黑石此前的交易和业务,也认同我们的经营理念。我们IPO准备募集40亿美元,他们想在其中投资30亿美元。全球下一个超级大国要选中黑石了,而我们甚至还没有去做推销。第二天早上8点半,我到公司找到托尼,对他说:"我要告诉你一个爆炸性消息。"

如果上市的主要目的之一是募集资本,那么资本自然是越多越好。托尼毫不犹豫地说:"那就收下这笔钱。"我们建议,中方出资30亿美元,购买略低于10%的无投票权股票,至少持有4年。4年之后，他们可以在此后三年内每年出售1/3的股份。这一策略可以确保中方、黑石和黑石基金投资人的利益是一致的。这笔交易意向需要得到中国核心权力机构的批准，令我惊讶的是，我们只花了几天时间就收到了回复。在美国或欧洲，这种决策可能需要数月或更长时间。中国政府的行动速度向我表明，这一定是一项重大的金融决策，具有深远的意义。

我们接受的这笔投资，是中国政府自第二次世界大战以来的首笔外国股权投资。中国新成立的国有投资公司还没有开始运营，这笔投资就已经到位了。

彼得曾经警告过我，我将会痛恨公众审查，而现在我要初次尝试个中滋味了。6月初，参议员查克·格拉斯利和马克斯·鲍卡斯提出了一项法案，建议修改针对2007年1月以后上市的合伙企业的税法。人们开始称之为"黑石税"。如果法案生效，那么其将迫使我们重新审视上市的所有风险。在最好的情况下，我们必须重新计算黑石在提交上市备案材料一年中的所有税务数据；最坏的情况则是我们的上市就这样泡汤了。我和托尼跟韦恩·伯曼进行沟通，他是我们的长期政府关系顾问，担任奥美集团的副主席。在跟韦恩讨论了法案之后，我们认为这个法案不太可能通过。即使能通过，其也需要很长时间才能成为法律、正式生效。因此，这个法案应该不会影响黑石上市。

几天后，美国劳工联合会–产业工会联合会的会长约翰·斯威尼致信美国证券交易委员会，要求委员会暂停我们的上市，直到工会完成对黑石投资组合公司员工待遇的调查。美国证券交易委员会后来也趁火打劫，表示他们正在修改会计规则，根据新的会计规则，黑石的重组上市看起来更像是在收购新公司。而这一规则的调整将产生大量的额外成本。

美国证券交易委员会表示，我们把黑石员工在黑石旗下不同合伙企业和实体中的权益转换为一家公司的股票，这种操作看起来好像是我们在买断员工的股权。转换不是买断，如果我们是买断员工股权，那么我会知晓的，因为我需要给他们开支票。公司所有者依然还是公司所有者。我认为美国证券交易委员会的做法完全基于其主观臆断，毫无根据和道理，但他们明确表示他们有最后的决定权。

此外，我们还遇到了更多的阻力。弗吉尼亚参议员吉姆·韦伯要求黑石就中方持股的问题做出解释。虽然我们已经完全符合外国投资的法律和监管要求，但他依然表示，中方持股可能对美国国家安全构成威胁。他的质疑最终也是毫无根据、站不住脚的。

黑石一方面跟这些政治伎俩做斗争，一方面还要把公司的成长故事讲解给潜在投资者。金融行业把推销的过程称为"路演"。通常情况下，路演是由公司的高级管理人员组成团队，逐个或小范围拜会投资人，进行推介。我们决定采取另外一种方式进行，我们希望在全世界同步路演，以期一鸣惊人。我们先一起去了主要投资客户所在的城市——纽约、波士顿和其他城市，然后又分头行动。托尼带领团队前往欧洲和中东，我们的首席财务官迈克·普利西带队前往亚洲，我负责美国最大的客户，汤姆·希尔和乔恩·格雷则负责相对较小的客户。

我举办的首次路演活动是在纽约第五大道的皮埃尔酒店，我们预订的宴会厅已座无虚席，余下的人只得去了隔壁的几个房间，他们可以从房间的视频屏幕上看到我。现场到处是气球，给活动增添了马戏团的气氛。我刚开始演讲，手机就响了。我的女儿吉比从医院打来电话，就在刚刚，我荣升为一对双胞胎的外祖父。往事仿佛就在昨天刚刚发生，我还在给上小学的女儿辅导家庭作业，在她的床上向她演示冰川如何移动，她在夏令营的每一天我都会给她寄明信片。而此时，我竟然已经成了外祖父！我连忙把演讲台交给了托尼，直奔医院，去看吉比。我就这样与纽约这场精心编排的路演活动失之交臂。

我们在波士顿和芝加哥路演活动的场面也是火爆异常，热闹非凡，投资者似乎并不关心监管机构的政治问题。几天之内，摩根士丹利表示，黑石的股票远远不能满足市场需求。

我正在芝加哥主持路演，托尼团队的一个成员打电话告诉我，托尼刚刚被送往科威特的医院。他异常疼痛，但医生们找不出病因。我打电话给我们在伦敦的高级合伙人戴维·布利泽，告诉他暂时放下一切事务，飞往科威特，必要时可以租一架飞机，只要能确保照顾好托尼。路演可以先停一停。我打电话给托尼，令我惊讶的是，他接了电话。

"我会没事的。"他说话的语气像往常一样冷静，"别担心。"

"托尼，我让布利泽去找你了。我不希望你因为路演而强行支撑，把身体拖垮。"

"史蒂夫，我不需要他来。我告诉你，我很好。"

但他听起来很虚弱。我再次打电话给戴维："把这个人绑也要绑在医院，我不希望他不顾惜自己的身体。"

戴维坐了最早的航班前往科威特，可是当他赶到的时候，托尼已经自行出院了。医生诊断托尼患有肾结石，结石直径很大，病发会令人疼痛难忍，但没有生命危险。结石还没有排出来，托尼却已经出院了，还带着一整盒吗啡注射液，以便在等待排石期间镇痛。他非常顽强，坚持要继续进行路演。

布利泽现在也加入了这支队伍，托尼的团队完成了科威特的演讲，转战沙特阿拉伯和迪拜。托尼拒绝注射吗啡，宁愿忍受痛苦。他深受疼痛的折磨，但在这三天里，他从未缺席任何会议。在迪拜，他再次入院治疗。而当病情刚刚有所好转时，他租了一架飞机，准备把自己和团队带到伦敦。

就在我刚松一口气的时候，我又接到了一个电话——托尼的飞机出了问题，其中一台引擎在伊朗领空出现故障，而这架飞机的飞行员没有申请飞越伊朗的许可。根据飞行手册的建议，飞机需要在距离最近的飞行跑道紧急降落，但由于飞机没有获准飞越伊朗的领空，飞行员认为半夜把一架满载美国人的飞机降落在伊朗是非常冒险的行为。另一种选择是只靠一台引擎，看飞机能不能成功坚持到雅典。托尼在飞机后舱的一张小床上躺着，依然疼痛难忍。他坚持让飞行员试着飞到雅典。

一时间，我心情高度紧张，满脑子想象着我的同事和朋友要么在伊朗坠机，要么在伊朗紧急迫降。当时的伊朗由马哈茂德·艾哈迈迪－内贾德领导，他痛恨美国和以色列。他认为"9·11"恐怖袭击事件是美国一手策划的，美国想以此作为反恐战争的借口。他也认为大屠杀①是子虚乌有的事件。鉴于此，我们认为在伊朗迫降是一件极其危险的事，都同意飞行员应该飞往雅典。后来，飞机终于仅靠一台引擎有惊无险地抵达了雅典。接着，托尼及其团队马不停蹄地又另外包机前往伦敦，完成了一整天的会议，然后乘飞机回到纽约。回来之后，托尼以自己一贯轻描淡写的方式说，自己当时确实有点紧张，他说："这是一次惊险而艰难的旅行。"

到 6 月中旬，我们的路演计划才进行了一半，就已经被超额认购了 15 倍。我们将此次发行定价为 31 美元，是我们预期范围的最高值，并增加了我们发行的股票数量。6 月 24 日，我们卖出了 1.333 亿股，加上来自中国的投资，我们的筹资总额超过了 70 亿美元，这是谷歌上市 10 年内的第二大 IPO。

为交易定价的当天晚上，我回到了家。家里空空荡荡，一个人也没有。克里斯汀带着她的女儿梅格和侄子侄女在非洲旅行。我感到筋疲力尽，洗了个热水澡，换上牛仔裤、马球衫和拖鞋，把晚餐放在托盘上，坐在椅子上。我打开电视，吓了一

---

① 大屠杀，第二次世界大战期间，德国纳粹及其帮凶共杀害了大约 600 万名犹太人。这种有组织的、官僚的、国家支持的迫害和谋杀活动被称为大屠杀。——译者注

跳——我在电视上,是CNBC(消费者新闻与商业频道)。我太疲惫了,换台的力气都没有,只是坐在那里,像被施了魔法。我盯着电视里的自己,想知道自己还能不能逃离这次疯狂的上市。

《纽约时报》报道称,黑石的股票"几乎像谷歌一样神秘"。根据这家报纸的观察,所有可能导致上市失败的挑战并没有影响到我们。"黑石继续主宰市场。"记者写道。成为上市公司的第一天早上,我本可以到证券交易所敲响开盘钟,但我没有去,而是请彼得和托尼去了。相反,我去了公司,独自坐在自己的会议室里。

上市应该是任何企业家立身扬名的制高点,我现在却有一种异样的感觉。在20世纪90年代初期,我们看到了投资房地产的机会,当时房地产价格处于历史低位,我们却缺乏资金,又受到投资者焦虑的限制。他们的非理性恐惧阻碍了我们,导致我们在筹集资金的过程中错失良机。而现在我们不会再遇到同样的问题。我们的投资基金拥有充足的锁定多年的资金,而上市筹集的资金意味着我们可以继续对公司的业务进行投资,以确保公司拥有的人才和资源,无论何时何地都能争取最具吸引力的机会。

也正是那天,黑石的办公室没有了往日的熙熙攘攘。走廊空无一人,整个办公区域都安静无比。我打开电视,调到CNBC,看市场开盘。"早上好。今天我们为您带来黑石IPO的全天报道。"我盯着电视看了一个小时,感觉半梦半醒。我又一次在电视里看到了自己,似乎无处可以藏身。电视里的我在接受采访,而我甚至对这个采访毫无印象。我把电视关了。太不可思议了,一切都云遮雾罩。我以为我已经了解了上市后自己需要面对的处境,但在公司真正上市后,一切又与我的想象截然不同。

上市后不久,我们接到了杠杆融资专业公司 GSO Capital Partners 联合创始人班尼特·古德曼的电话。自 2001 年加入黑石以来,托尼一直有兴趣扩大黑石规模相对较小的信贷业务。几年来,我们一直试图从帝杰证券公司招募班尼特的团队,均遭到拒绝。但在上市之后,班尼特打电话说他准备将 GSO 与黑石合并。他和他的合伙人认为黑石成长的速度和关系的广度极为惊人。他们认为,双方的合作可以大大推动 GSO 的发展。事实证明,他们的判断和决策是正确的。双方合并后,我们创建了最大的另类资产管理业务信贷平台,在上市后的 10 年间,GSO 的规模最终增长了 15 倍以上。

市场　现象　本质

　　水满则溢，在市场火爆的背后，必然会隐藏天大的危机。

人才管理　完善系统　持续发展

　　创业的初期,公司会跌宕起伏、充满变数,而在发展到某一个阶段后,创始人必须允许公司引入相关管理人才和系统,允许他人助推企业向前发展。

投资原则　勿失良机

如果有机会不期而至,不要与其失之交臂,这体现了公司的投资原则:不要错过良机。

坚持　声誉　长远利益

　　交易的要求标准是一样的:进行严谨的分析,严守纪律,保持高度信任。我们可能会在短期内失去一些交易。但从长远来看,我们维护了公司的声誉。

WHAT IT TAKES Lessons in the Pursuit of Excellence

第四部分
准 则

朋友　际遇　人生

　　生命之旅是漫长的,在他人需要的时候施以援手,这一偶然的善举往往会以最出乎意料的方式回报你,因为每个人都永远不会忘记那些在艰难时刻扶危济困的朋友。

需求　创新　市场

　　如果有人要求你提供新产品,那么这个人是地球上对这一产品唯一感兴趣的人的概率是零。如果有人向你提出这样的要求,那么这背后可能代表了一个巨大的机会。

潜力　人才　智力资本

新业务线也要经过黑石惯有的三个测试：必须具有为投资人带来巨大回报的潜力，必须可以增强黑石的智力资本，必须由一个10分人才做负责人。

愿景 氛围 必然成功

任何企业家领导团队的首要任务是围绕自己的愿景进行造势动员,营造一种必然成功的浓厚氛围。

WHAT IT TAKES Lessons in the Pursuit of Excellence

1
做市场的朋友

WHAT IT TAKES
Lessons in the Pursuit of Excellence

在黑石完成上市的时候,市场已经开始躁动不安。2007年2月,房地美宣布不再购买次级抵押贷款。次级抵押贷款是为信誉较差的借款人提供的抵押贷款,正是这些借款人支撑了房地产市场的繁荣。而当时,专门提供次级抵押贷款的机构日益陷入困境,他们的问题最终会影响到整个信贷市场。

几周后,我接到了贝尔斯登银行首席执行官吉米·凯恩的电话,他说自己需要帮助。他的两只对冲基金陷入困境,他需要外部人士提供参考意见。我派了几个人去研究基金现状,他们带回来的消息令人担心。

第一只基金全部投资在以次级抵押贷款作为抵押品的证券中。这些证券没有公开交易,所以其价值很难确定。随着越来越多的借款人开始拖欠抵押贷款,我们基本可以预料,这些证券的价格会出现暴跌,也不会再有买家。然而根据基金条款,投资人可以每月赎回一次投资。

情况好像令人难以置信，但确实千真万确：这只基金投资极不透明，正在快速贬值，却依然承诺给投资人确保每月的流动性。贝尔斯登第二只基金的情况与第一只基本相同，但是加了杠杆。这意味着，如果第一只基金崩盘，那么第二只基金也会令人惊讶地崩盘。

我打电话给吉米，告诉他这两只基金将会彻底崩盘，投资人的钱会一分不剩。我建议他把损失自行承担，把钱还给投资人。虽然从法律角度来看，这种让步并不是必需的，但这两只设计不周的基金会对贝尔斯登的声誉造成严重打击，相比之下，还是自负损失的代价更小。

"我爱你，史蒂夫，"吉米说，"但你到底在说什么呢？我才不会开支票。投资本来就是成年人玩的游戏，我们已经提供了认购说明书，投资有输有赢，风险要自己承担，赢得起也要输得起。"

我告诉他，这一逻辑并不适用于像贝尔斯登这样的大公司，因为很多事利害相关，他需要考虑公司整体的声誉。在贝尔斯登总裁的监督下，公司最好的经纪人推荐了这款基金。如果基金崩盘，公司的销售能力将受到毁灭性打击。如果投资人觉得遭受了不公正对待，他就必须补偿他们的损失，否则整个公司和数千名员工的生计将会受到威胁。

"我不用给任何人开支票。"他说，"市场就是这样运作的。"

"我不了解市场，"我说，"但有时你就是需要承担责任，开出支票。你必须告诉客户失误在你，因为如果你不这样做，他们就再也不会相信你。"在埃德科姆交易失败后,我已经感受到了这种困境的痛苦,因为我必须确保黑石把贷款还给银行。如果当时我们没有以完全正确的方式来处理这个问题,那么在以后的交易中,我们会花费更多的时间和金钱,才能赢回信任。

在黑石,自EOP交易和上市之后,大家依然处于肾上腺素激增的兴奋状态。股票价格继续上涨,大多数投资者持续锁定仓位,抱着侥幸心理和赌徒的心态,对信贷市场的负面数据视而不见,拒绝接受变化,拒绝因势而动。而我们看到,预期中的市场错位已经越来越近了,于是黑石做好了充分准备。许多人错误地认为市场崩溃的时刻是风险最高的时刻,而实际情况恰恰相反。

在金融危机前夕,黑石从IPO中获得了40亿美元的现金,另外获得了15亿美元的循环信贷额度,可以在急需时调用。在我和托尼的坚持下,黑石的净债务始终为零,这是企业经营的基本宗旨,也部分体现了我们对风险的防范意识。我们有超过200亿美元的承诺资金,锁定期为10年,所以一旦出现变故,我们可以顺利渡过难关,不必担心客户挤兑资金。赖于我们强大的资本实力,我们能够照常营业,同时,赖于公司严谨的投资流程,我们也避开了一个最终将成为金融灾难的重大交易。

从20世纪90年代末到21世纪初,我们观察到两股力量正在改变美国能源行业,于是加强了对这一行业的关注。第一个因素是监管逐渐放宽,越来越多的能源产业被规模较小的私营企业掌控。第二个因素是安然公司的倒闭,导致许多公司迫于金融压力以低价出售资产，包括钻探权、炼油厂、管道等。

这期间，我们以小笔投资为起点，花费数年时间积累我们的知识、经验和关系。这样，我们就可以在经济周期的多次变向中把握时机，最大限度地提高收益、降低风险。

2004年，黑石和另外三家私募股权公司赫尔曼·弗雷德曼（HF）、KKR以及得克萨斯太平洋集团（TPG）合作，收购了得克萨斯发电公司，该公司拥有位于得克萨斯州的一组发电厂。一年后，我们4个投资方将得克萨斯发电公司出售，分享了约50亿美元的股权收益。这是有史以来最赚钱的私募股权投资之一。当时，监管机构已经把电价与天然气价格挂钩，而我们的利润来源是电价上涨。得克萨斯发电公司基本用煤炭和核能发电，成本比天然气发电要低得多，因此随着天然气价格的上涨，电价上涨，公司的利润率也随之大大增加。KKR和得克萨斯太平洋集团在2007年又进行了一次类似的交易，但规模要大得多。他们准备斥资440亿美元收购得克萨斯州另一家TXU能源公司。我问黑石能源基金负责人戴维·福利，为什么我们要错过这个机会？

戴维刚从商学院毕业时，我就把他招到了黑石。在我们推出首只基金时，他还完全没有能源行业的背景和经验，但他全身心地投入了行业研究中。他向投资委员会详细介绍了TXU交易的数据和模型，解释这一交易为什么荒诞不经。能源与房地产一样，都属于周期性行业。投资人必须要清楚，周期的低谷可能会很深很长，当市场达到顶峰时，也不能忘乎所以。TXU

的买家耗资440亿美元，其中借款占比超过90%，因此几乎没有犯错的余地。他们笃信天然气价格以及受监管的电价将多年居高不下，电厂可以一直向消费者收取高昂的电费，同时电厂只需支付较低的燃煤发电成本，进而从中赚取高额利润。但他们没有意识到，如果天然气价格下跌，消费者的电价也会随之下降，TXU所有者售电的利润将会降低，到那时，他们的债务就难以偿还。戴维一再强调我们不应该参与投标。

形势的发展需要一段时间。到2014年，随着天然气和电力价格的崩溃，主营煤电的TXU惨遭破产。投资人在一个周期的顶部买入，并为此付出了沉重的代价。

———

正当黑石因势而谋，扬弃了市场上的大部分交易时，希尔顿的首席执行官史蒂夫·博伦巴赫给我们打来电话。几个月前，我们考察了他的公司，想进行收购，并提出报价，但遭到了史蒂夫的拒绝。而现在他已经做好出售的准备了。他想退休，无论是在经济层面，还是在个人层面，出售公司将成为他职业生涯的顶点。或许他像萨姆·泽尔一样，知道如果自己现在犹豫不决，可能就需要再等待几年的时间，才能看到市场反弹。

自1993年以来，黑石一直在进行酒店收购和出售的交易，包括美国的拉昆塔、长住等连锁酒店，伦敦的萨伏伊集团等。我们知道购买的时机和运营的门道，也了解劳资关系——这是成为酒店所有者的关键一环。希尔顿在美国和全球各地开展了一系列令人瞩目的业务。多年来，希尔顿的国内业务和国际业务是分开运营的。两个业务线最近重新合并，梳理和整合仍需时日。希尔顿国内业务总部位于比弗利山庄，国内的酒店年久失修，老化严重。4个不同的部门职能交叉、成本重复、效率低下，这些因素导致希尔顿的利润率低于竞争对手。公司的经理似乎不知所措，公司的办公室周五中午就关门休息。最重要的是，他们保留了昂贵的公务机。我们看到了很多管理漏洞，想到了很多增加公司价值的方法。

希尔顿国际业务的总部位于伦敦，这个业务更加让人困惑。我们感觉希尔顿国际酒店像酒店行业的瑞普·凡·温克尔①，在世界蓬勃发展的时候酣然大睡。希尔顿在20年内没有增加任何新房产，也几乎没有进入中国、印度和巴西等快速崛起的市场。任何人都能看出，随着新兴经济体变得更加富裕，国际差旅和出游将出现大幅增长。希尔顿是世界上最知名的品牌之一，与可口可乐齐名。如果公司采取正确的发展策略，就一定会前途无量。希尔顿旗下拥有全球最好的一系列酒店：华尔道夫、纽约希尔顿酒店、伦敦柏宁希尔顿酒店、圣保罗莫伦比希尔顿酒店等等。每个酒店单独的价值加在一起，会远远超过整个公司的市值。然而，希尔顿合并国内和国际业务的举措并没有唤醒两条业务线。希尔顿错过了成长的机会，股价出现下跌。

---

① 瑞普·凡·温克尔，在美国作家华盛顿·欧文创作的短篇小说中，主人翁瑞普·凡·温克尔在山上睡了20年，下山后人世沧桑，一切都十分陌生。——译者注

根据我们的分析，希尔顿的收购价在 260 亿~270 亿美元之间，而我们刚刚在 EOP 交易中投入超过 100 亿美元（扣除所有销售收入之后）。但我们认为，希尔顿每年损失的利润有 17 亿美元。如果能够改善酒店，找到内在的发展动力，出售非核心资产，我们就可以把年均利润提高到 27 亿美元，这样我们可以提供比竞争对手更高的报价，并依然可以提高赢利水平。EOP 的交易好像矫健的兔子——我们以令人惊叹的速度达成协议，在白热化的市场中实现价值最大化，而希尔顿的交易就像慢腾腾的乌龟，需要付出多年的心血和努力。

我们的第一步是招募克里斯·纳塞塔。他是乔恩·格雷的老朋友，当时是东道主酒店的首席执行官，东道主酒店旗下拥有万豪等连锁酒店。克里斯是酒店业的大师。如果全世界只有一个人能改善希尔顿，这个人就是他。他承诺，如果黑石能赢得这笔交易，他就愿意担任首席执行官。这一承诺进一步增加了我们的信心。当然，这笔交易还存在一个假设性风险：如果再次出现类似"9·11"恐怖袭击的重大事件，或像 SARS 一样的国际病毒，旅游行业就会冻结。但如果整个世界都不得不停止出行，那么我们会面临更大的麻烦。

我们刚结束 EOP 交易就开始准备收购希尔顿，感觉好像刚完成一场奥运会决赛，就马上报名参加另一个项目一样。但黑石无法选择交易的时机，只能做足准备。

在希尔顿股价的基础上，我们提出了 32% 的溢价，博伦巴赫接受了这个报价，而此时黑石刚刚上市不足两周时间。我们从黑石基金和共同投资人那里募资 65 亿美元，又从 20 多家银行借入了 210 亿美元，剩下的就是翘首以待交易达成。

希尔顿交易银行财团的牵头人是贝尔斯登银行。就在我们等待交易达成的期间，我和吉米·凯恩讨论过的对冲基金崩溃了。贝尔斯登银行为这两只基金提供了 16 亿美元的借款，用以维持基金运营，但到了 7 月底，基金已经山穷水尽、走投无路，只能被迫崩盘。

8 月 9 日，法国巴黎银行停止了旗下三只基金的赎回，这些基金大量投资于美国的次级抵押贷款。他们表示市场上已经没有流动性。就在同一天，美国最大的抵押贷款提供方全国金融公司向美国证券交易委员会提交季度报告，报告称"目前市场形势的严峻程度前所未见"。几天之内，全国金融公司动用了所有的信贷额度，两周后又接受了美国银行 20 亿美元的投资，以此维系运转。

大约在这个时候，我接到了吉米·李的电话。他让我保密，告诉我摩根大通已经三天无法对商业票据进行展期了。商业票据是美国企业赖以生存的贷款，是用于业务经营的最具流动性的债务，也是最接近现金的债务。出问题的不仅仅是摩根大通，美国银行和花旗银行也无法展期。吉米告诉我，这几个银行想了办法，向为他们提供借款的其他银行和机构提供额外保护措施，以此解决这个问题。但如果连美国最大的银行都必须争分夺秒地拿到短期贷款才能支付账单，那么问题已经超出了次级抵押贷款的范围。

我们在 10 月 24 日完成了希尔顿酒店的收购交易,这一天与黑色星期一前夕关闭第一个黑石基金时隔近 20 年,我们再次果断出手、及时竣事。同一天,美林宣布季度亏损 23 亿美元。花旗后来表示正在减记 170 亿美元的抵押贷款。到了 11 月的第一周,两家公司的首席执行官——美林的斯坦·奥尼尔和花旗的查克·普林斯双双宣布辞职。整个金融系统进入心脏骤停状态。

————

纽约联邦储备银行位于自由街,我从 2007 年底开始参加银行的系列午餐会,这是一个关于金融危机基本原理的不同寻常的速成课程。午餐会由纽约联储主席蒂姆·盖特纳主持,参与人员往往包括美联储主席本·伯南克、财政部部长汉克·保尔森、纽约各大银行的首席执行官和主席、贝莱德集团的拉里·芬克,还有我。

尽管我在金融圈摸爬滚打了多年,但从午餐会上得到的信息依然让我震惊。两家美国政府赞助的抵押贷款巨头房利美和房地美购买了美国一半的住房抵押贷款,并将其证券化,价值约为 5 万亿美元,这些我都知道,但我不知道这两家公司目前濒临破产。参会的每个人都认为这是在劫难逃,可是我听了之后确实还是感到惊诧不已。

美国金融系统存在两个长期问题。第一个长期问题是次级抵押贷款。多年来,证券化提高了抵押贷款市场的流动性。自 20 世纪 80 年代以来,因为有像拉里·芬克这样的人的努力,抵押贷款已经像股票、债券等证券一样，可以打包，可以买卖。历届政府一直在向银行施加压力，让银行为以前无力购买房屋的人提供更多贷款。许多政客认为房屋所有权是实现美国梦的第一步。

在金融创新和政治压力的联合推动下，新型抵押贷款诞生了，首付很低，甚至为零，最初几年的利率也极低。监管不力导致不法贷款人利用借款人获利——贷款人提供贷款，但不要求借款人提交相关材料，如收入证明或资产证明等。买家数量的增加推高了房屋价格，导致市场过热。在20世纪90年代中期，次级抵押贷款只占美国抵押贷款总额的2%，而截至2007年，其比例增至16%。稍有常识的人都能看出，如果经济陷入衰退或房价因任何其他原因而下跌，次级贷款推动的房地产市场就会崩溃。

第二个长期问题是由监管机构造成的。从技术层面讲，问题出在美国财务会计准则第157号（FAS 157）。这一准则旨在确保所谓的公允价值计量。但问题在于，这种监管规定既不公允，也没有带来科学准确的价值核算。2001年安然公司倒闭以及2002年电信巨头世通公司倒闭的最重要教训之一，就是公司可能会混淆资产和债务。他们可以使用会计技巧来提高资产价值、隐藏负债。一群有影响力的学者表示，解决方案就是提高透明度。如果所有相关方始终能掌握全部信息，就不会出现像安然公司这样的丑闻。于是，逐日盯市——也就是以当天的市场价计算公司资产和负债的价值就成了应对公司欺诈行为的灵丹妙药。

然而，这一方法虽然理论上可行，但在现实生活中没办法操作。以股票为例，人们买入股票，是为了确保退休后的收入来源。假设现在距离退休还有20年的时间，你以每股100美元的价格购入10股。股价有时上涨至120美元，然后回落至80美元。但你并不在意，因为你想的是20年以后的事，你认为这只股票是一项良好的长期投资。股价的波动只是季度报表中的数字变化而已。

但想象一下这样的情景：每次股价上扬，你都会收到支票，获得差价；每次下跌，你就得开出支票，弥补差价。此外，你还要通知自己的每个债权人，从抵押贷款提供方到车贷公司，让他们根据新的股票价值重新评估你的信誉。你在乎的是20年以后的事情，但他们会根据每天最新的市场变化评估你的价值。如果发生这样的事情，你会不会觉得不胜其烦？

在20世纪30年代后期，受经济大萧条的影响美国政府禁止使用盯市会计方法。他们发现，在任何正常的年份，几乎所有资产类别，包括股票和债券，都将上涨或下跌10%~15%。而如果这一年恰逢经济繁荣或经济危机，波动幅度会更大。如果公司像《四眼天鸡》[①]的主角一样，不断根据当天的市场变动重新平衡其资产或负债，而不是保持长期视野、冷静沉着地管理公司，将非常不利于整个经济的健康发展。

---

① 《四眼天鸡》，美国电影，主角是一只胆小怕事的小鸡。——译者注

在20世纪下半叶，银行的负债一般是所有者权益的25倍，他们借钱向客户提供贷款。如果银行能以高于其借入利率的利率放贷，则可以获利。成功的银行往往擅长贷款，会选择有还款能力的客户，因此，监管机构并不要求银行持有大量紧急现金。但是，如果出现紧急情况，监管机构也不会要求他们火速甩卖所有资产，以此来筹集现金。

1972年，我进入金融圈开始发展自己的事业。在1975年，我曾见证美联储和货币监理署如何应对房地产和航运贷款的双重危机。他们没有强迫不良贷款的所有者以当时的市价计算资产价值。相反，他们给了所有者几年的时间，或等待贷款价值恢复，或按季度冲销贷款。这就是现实世界解决问题的方式：在遇到问题时，不是惊慌失措，急于宣布进入紧急状态，而是呼吁各方保持冷静，给大家一点时间，共同寻找解决问题的办法和途径。

而美国财务会计准则第157号的要求恰恰相反。这规定打着"增强透明度"的旗号，却导致金融机构的资产负债表显得极不稳定。金融机构打造了准备长期持有的资产组合，而就在资产价格崩溃的时候，却必须盯市计价；在现金稀缺的情况下，监管机构却要求金融机构增持现金。不负责任的次级贷款和第157号规定导致市场混乱、银行破产。

2008年初，我与摩根士丹利首席执行官约翰·麦克共进晚餐。他愁云满面，茶饭无心——摩根士丹利刚刚公布季度亏损70亿美元。我问他，怎么会赔这么多钱呢？他说这其实不是实际出现的损失，而是账面上的损失。摩根士丹利持有4年前发行的次级抵押贷款证券组合。2004年所发行证券的相关抵押贷款违约率约为4%，2005—2006年的违约率为6%，2007年约为8%。虽然违约率都在10%以下，但这些证券的市场已经消失了——没有了买家。其实，每10个美国人中，无力偿还这些证券相关抵押贷款的人还不到1个，市场却对这些证券避之唯恐不及。在安然和世通的会计丑闻爆出后，美国于2002年出台的金融改革法案《萨班斯-奥克斯利法案》，旨在保护投资者。根据这一法案，金融机构不能承担虚假陈述任何资产价值的风险。所以约翰请贝莱德集团来为其投资组合估值。贝莱德集团估算后认为，损失在50亿~90亿美元之间，约翰取了中间数，而实际上，报告中的损失远大于实际违约的证券价值。这样一来，突然之间摩根士丹利的健康状况让每个人都感到惶恐不安。

在我的老东家雷曼兄弟，问题更是堆积如山。雷曼兄弟的首席执行官迪克·富尔德和我在20世纪70年代早期一起加入雷曼兄弟，我们两个人都在1978年成了合伙人。大学期间，迪克的成绩勉强及格，因为他大部分时间都在滑雪和参加派对。他之后获得了纽约大学的MBA学位。迪克经常开玩笑说，雷曼兄弟在1994年任命他为首席执行官的唯一原因就是其他聪明人都跳槽了，只有他坚持了下来。我们私交并不十分亲密，但会在各种各样的社交场合遇到，每年带着各自的妻子一起吃一次饭。

遗憾的是，雷曼兄弟内部的人很难看到他温暖谦逊的一面。

迪克是一位专制的领导者，大家对他的恐惧多过爱戴。2008年，迪克导致雷曼兄弟陷入困境。那年春天，黑石的房地产团队看到雷曼兄弟的房地产投资组合出现严重问题。雷曼兄弟持有大量不良抵押贷款以及一些优质住宅资产，例如公寓楼主要投资机构阿奇斯通公司。雷曼兄弟在金融危机之前购入了大量商业地产，但未能赶在危机前及时出手。现在这些商业地产的债务给他们带来了压力。在健康的市场中，雷曼兄弟投资组合的总价值可能是300亿美元。但由于买家已经逃离了市场，所以价值无法估计。我们提出出资100亿美元，收购雷曼兄弟的这些房产。我们有实力、有耐心待价而沽。但迪克拒绝了我们，他宁愿继续挣扎，也不想权益受损。

不久之后，3月16日，受美国政府指令，摩根大通同意收购贝尔斯登。现在所有的目光都集中在雷曼兄弟身上，想知道它是否会成为下一个倒闭的银行。迪克正在寻找买家，而抵押贷款危机的加剧让这一任务更为艰巨。尽管他开玩笑说自己在雷曼兄弟的升迁都是侥幸，但其实他对公司怀有极深的感情。目前的价格太低了，他难以接受。8月初，迪克告诉我，在公司6 750亿美元的资产中，有250亿美元与房地产不良贷款挂钩。剩下的6 500亿美元的资产毫无问题，为公司赚了很多钱。我建议迪克把两者分开，把价值6 500亿美元的资产变成"老雷曼"，继续经营，不受房地产业务的影响；成立新的雷曼房地产公司，把250亿美元的资产池转移到这家新公司，并为其提供足够的资金，撑过当前的周期。也许5年时间，也许更长，但房地产的繁荣总有一天会再次出现,因为这是行业规律。股东仍然拥有两家公司100%的资产,只是把风险和回报脱钩,以应对目前的房地产行业现状。如果公司分立能降低雷曼兄弟对市场造成的负面影响,减少市场的不确定性,政府就可能不会反对。

迪克赞同这个想法。只是他想知道,如果雷曼兄弟分立,黑石是否可以出资几十亿美元购买老雷曼的部分权益。我说可以,但必须进行尽职调查。但在这之后,我们讨论的进展缓慢,忧虑已经让迪克六神无主。雷曼兄弟的财季将于9月30日结束,届时,雷曼兄弟必须把公司房地产资产的价值减记至当前的市价。最后,由于迪克的痛苦和焦虑,我们也没时间完成尽职调查、提交委托书,也未能让美国证券交易委员会接受公司分立方案。我替他感到非常难过,他一直在努力为雷曼兄弟寻找买家,不停地讨价还价,但在这个时间节点,价格根本不是核心问题。雷曼兄弟股价深受空头冲击,如果迪克能够创造两个独立的证券公司,一个经营房地产证券,一个接管雷曼兄弟其他业务,就可以挽救雷曼兄弟。金融危机将持续下去,而剥离了不良资产的雷曼兄弟会被隔离起来。但迪克没有做到,这导致雷曼兄弟倒闭,成为美国历史上最大的破产案,他本人则成为自毁长城的标志性人物。

雷曼兄弟于9月15日星期一破产。第二天,货币市场基金出现近年来的首次下跌,投资于此类基金的1美元价值跌至97美分(此类基金通常被视为风险极低的投资,几乎相当于现金)。9月17日星期三,美国国债收益率跌入负值区间。尽管如此,在市场一片恐慌的情况下,人们明知会亏本,却依然选择买入美国政府证券,这是因为这时国债的安全性似乎高于其他任何资产。

由于危机前的上市和积极筹款,黑石的财务状况非常强劲。但在雷曼兄弟倒闭的那一周,我还是调用了全部的银行信贷额度——核冬天①即将来临,在我蜷卧过冬之前,我想要把所有的现金都握在手里。很多陷入困境的公司会抛售资产,届时黑石一定要做好收购的准备。

9月17日星期三下午3点半,克里斯汀打来电话。

"亲爱的,你今天过得怎么样?"她像往常一样问道,"晚饭想吃什么?"

"今天过得一点儿都不好。"我说。

"我很遗憾……怎么了?"

"这么说吧,大厦将倾,危在旦夕。美国国债收益率为负。共同基金已经破产。各类公司都在调用银行信贷额度。整个金融体系即将崩溃。"

"太糟糕了。"她说,"你打算怎么办?"

"我打算怎么办?我也在调用银行额度。"

"不,我的意思是你打算怎么救大厦于将倾?"

---

① 核冬天,专指在核战争爆发后的大地上烟尘弥漫、遮天蔽日、天寒地冻的状态。
——编者注

"亲爱的,我没有这个能力。"

"你认为汉克知道这一切吗?"

"是的,我确定他知道。"

"你怎么知道他知道这一切?"

"因为如果我都知道,那么他肯定已经知道了。他是财政部部长。"

"但如果他其实不知道,那该怎么办呢?如果他什么都不做,整个系统就崩溃了,那该怎么办?"

"他不可能不知道。"我说。

"但是,如果他不知道呢?你可以做点什么,比如警示他一下?我觉得你得给汉克打个电话。"

"亲爱的,我觉得汉克一定在开会。美国正在发生危机。我打电话找不到他的。"

"你试试呢?打个电话又没什么害处。"

"但这样做太荒谬了。"

"但你应该给他打电话。"

聊到这时,我意识到,除非我同意打电话给汉克,否则她是不会挂断电话的。

"好的。"我说,"我会打电话给他。"

"顺便说一句,"克里斯汀补充道,"在打电话的时候,你应该提供一些解决方案来帮助他。对了,晚饭是你最喜欢的咖喱!"

我给汉克打了电话。

"我很抱歉，施瓦茨曼先生，"汉克的助手说，"保尔森部长正在开会。"果然不出所料。

"这是我的号码。"我说，"请告诉他我打过电话。"

一小时后，他回了电话，这确实在我的意料之外。当汉克担任高盛的董事长兼首席执行官时，黑石集团一直是高盛的主要客户，有时也是其竞争对手。汉克给我的印象一直是聪明坚定、逻辑缜密、果敢坚毅、诚恳公正，对金融有着深刻的理解。他是一位善于倾听的人，销售能力出色。最重要的是，他具有极高的道德标准，值得信赖。

"汉克，"我说，"你今天过得怎么样？"

"不怎么样，"他说，"你有什么事？"

在整个危机期间，汉克及其团队一直与华尔街各大金融机构像我一样的高管保持沟通，以便实时了解事态的最新进展。因为黑石的业务，我们比他更接近市场。我知道他会感谢我提供诚实直接的观察和建议。

我告诉他，各公司都正在动用它们的银行额度，而且按照目前的发展速度，银行将会破产。周一早上它们很有可能就无法营业。

"你怎么能这么肯定？"他问道。

"因为恐慌情绪已经四处蔓延，很快一切都会灰飞烟灭、化为乌有。"

"你需要阻止市场恐慌。"我说。我把目前的形势描述成一部老派的西部片：牛仔的漫长之旅刚刚结束，他们进城，喝了个烂醉，在街上开枪。治安官是唯一能阻止他们的人。汉克就是治安官。他必须戴上帽子，拿起霰弹枪，走到街上，直接朝天空开枪。我告诉他："这就是你阻止市场恐慌的方法。你要让他们留在原处，不要再轻举妄动。"

"那我怎么让他们留在原地呢？"汉克说。

"首先，你要让市场参与者失去做空金融股的能力。"我说。大家可能会说这是一个糟糕的政策，但这一政策将发出信号，告诉他们市场游戏规则不再可靠。每一个试图通过压低银行股票来赚钱的对冲基金和卖空者都会担心美国财政部下一步要做什么。

"好的，"汉克说，"我赞同这个提议。还有什么？"

"信用违约掉期。"我说。人们预期银行会出现债务违约或破产问题，因此购买相关保险，进而给金融机构造成压力。汉克应该让这些信用违约掉期不可执行。

"这是一个好主意，"他说，"但不在我的法律能力范围内。还有什么？"

我了解到，自本周早些时候雷曼兄弟申请破产以来，投资人正在疯狂地把经纪账户转移至唯一一家他们认为可以安然无恙的银行：摩根大通。这些投资人正在关闭公司在摩根士丹利和高盛的账户，这些举措加速了这些机构的倒闭，而摩根大通正在努力处理所有要求。我建议汉克禁止投资机构转移账户。

但他再次表示没有权力采取这一做法。"还有吗？"他问。

我告诉他，最重要的是市场需要得到"金融系统不会崩溃"的保证。阻止恐慌的唯一方法就是有机构火速提供海量资金，让各方目瞪口呆，继而归于冷静。而这个机构必须是美国政府。政府注资可以叫停一切疯狂行为。汉克需要在明天就采取这一做法。

"如果你明天不宣布，那就太晚了。银行系统将会崩溃，周一无法开门营业。"我说。当时是星期三下午4点半左右。

"我已经对美国的金融系统失去信任了。"我说，"过去几天，我目睹了雷曼兄弟的倒闭，看到美国银行在最后一刻通过合并拯救了美林证券。如果没有你的干预，那么AIG会在昨天破产，而房利美和房地美必须在8月获得救助。没有什么是神圣不可置疑的。大家的信心都被击垮了，美国的金融系统无法承受这种不信任。你需要提供极大的资金池，才能让市场相信系统不会崩溃。现在的事态急转直下，每等一个小时，所需要的救市资金就会增加许多。你必须明天宣布，越早越好。"

"你一两个小时内还在吗？"

"当然。世界末日都要来了。我还有什么非去不可的地方吗？"

后来我了解到，汉克已经在努力说服美国证券交易委员会下令暂停卖空。而至于其他措施，财政部需要国会批准，才能以所需的速度和规模进行干预。在危机加深的几个月里，汉克曾考虑过申请国会批准，但他担心民主党控制的国会会拒绝向共和党控制的行政部门提供这么大的权力。在雷曼兄弟倒闭的那个晚上，汉克及其团队已经别无选择，他们必须要采取行动了。他们决定申请国会的批准，采取必要措施提振市场。

周五，布什总统在白宫玫瑰园宣布，财政部部长已要求国会划拨 7 000 亿美元的紧急资金来遏制危机。这一措施被称为不良资产救助计划（TARP）。我希望计划的资金规模再大一些，但 7 000 亿美元已经相当可观了，应该足以叫停市场的疯狂。同一天，美国证券交易委员会还宣布禁止卖空操作。

我想，这应该会引起市场的关注了。空头和其他浑水摸鱼的人现在需要自问，他们想要参加与政府抗衡的游戏吗？在这场游戏中，政府会不惜一切代价保护整个系统。一旦国会通过不良资产救助计划，我们就会走上重生之路。

―――――

10 天后，即 9 月 29 日，我在瑞士苏黎世。我刚在酒店办好入住，打开电视，就看到美国众议院在就不良资产救助计划立法进行投票。投票结果是 228 票反对，205 票赞同。投票支持法案的民主党人数不足，而共和党人否决了这一法案。我原本以为这个计划可以拯救美国，但现在，恐慌卷土重来。

我坐在酒店房间里，无法理解为什么会出现这种结果。在国会的要求下，汉克的团队在不良资产救助计划宣布后不久就准备了一份三页纸长的大纲，希望能在后期充分完善其中的细节。然而，他们的批评者认为这说明美国财政部准备不足、自以为是，想以此获得 7 000 亿美元纳税人的钱，作为救市支出。正如汉克在他的回忆录《峭壁边缘》（*On the Brink*）中所写的那样:"我们因为这个提案而被人冷嘲热讽——尤其是因为其篇幅过短,在批评者看来,提案是草率出台的。事实上,我们是有意而为之,目的是给国会留出足够的运作空间。"

最终的不良资产救助计划长达100多页,法案准备完成之际,美国的政治环境已经充满了挑战。当时距离总统和国会选举仅有5周时间。政客们都在保卫自己的领土,各自为政。反对票反映的是意识形态,而非国家利益。

我极为担心,于是给黑石的政府关系顾问韦恩·伯曼打了个电话。他是内部人士中的内部人士,所以我希望他对如何挽救局势发表自己的想法。

"韦恩,我们必须通过不良资产救助计划,"我说,"这是美国金融系统赖以生存的生命线。我们不能让可怕的政治混乱阻碍这个法案的通过。"我建议我们召集所有在世的美国前总统——吉米·卡特、比尔·克林顿和乔治·H.W.布什在电视上发表全国讲话,敦促国会通过不良资产救助计划立法。韦恩说他会继续努力。当晚睡觉的时候,我想到,财政部和美联储每个参与应对危机的人一定都在通宵达旦地工作,已经疲惫不堪,他们一定需要帮助。他们脑子里要考虑100万件事情:短期和长期的财政及经济政策,这些政策后果和影响以及政治姿态、政治自尊、竞选带来的各种紧急情况等等。但我只有一个目标:防止美国金融系统重返恐慌状态。

第二天,我和韦恩继续关注总统在媒体上表达的想法。总统传达的信息具有权威性和庄严性,我认为这可能是说服整个国家的唯一信息。了解了总统的意见后,韦恩向我保证,我们可以站稳脚跟了。"他们会解决问题,"他说,"不良资产救助计划会通过的。"

汉克及其团队和美联储主席本·伯南克紧锣密鼓地展开工作,并与国会密切合作,不良资产救助计划最终于10月3日通过。计划首次被否决后,美股大跌,这一走势也有助于各方关注问题重点。事实上,这是近期历史上国会最后一次在两党合作的基础上采取行动,通过一项利害攸关、颇具争议的立法。

但是,当我阅读重新起草的立法时,我发现其中存在一个严重的缺陷。这次克里斯汀没有催我,我主动给汉克打了电话。

"恭喜你最终推动了计划的通过,"我说,"现在只剩一个问题。"

"什么问题?"他问。

"你永远无法买到不良证券。"

"什么意思?"

"每个投资机构都持有次级抵押贷款的打包组合,其中包含的都是房贷。以前我们会知道某条街上一栋房屋的价值,因为有类似蓝皮书的统一标准。但如果同一条街上有5栋待售房屋时,就没有人知道房子的价值了,所以没有人知道如何对这些次级抵押贷款证券进行估价。你真的需要去考察每一条街有多少房屋待售。一栋房屋可能曾经卖20万美元,但如果同一条街道上有5栋待售房屋,售价就会降低,可能降到14万美元,甚至更低。但如果你连有多少待售房屋都不清楚的话,就没办法计算房屋价值和售价。卖家也不会知道。所以市场就不具备交易的前提条件，银行也不会放贷。因此，如果没有人能够给这些证券估值，那么证券永远无法获得流动性，你也就永远不能购买不良证券。"

"所以你的建议是什么？"汉克说。

"把这 7 000 亿美元作为银行的股权或有认购证的优先股。这样可以确保银行的稳定性。"有了稳定性，银行就可以吸引存款，而新增存款的规模要远远大于财政部提供的资金。银行可以利用存款放贷，这样既可赚取利润，又可重振经济。而在政府资金成为银行股权后，政府可以从这样的投资中赚取收益，银行也能获取资金，来应对危机、开展投资。银行的杠杆率一般是 12 倍，这就意味着银行会有 8 万亿~9 万亿美元的股本，这是火力巨大的弹药库。

其实，汉克、本·伯南克和纽约联邦储备银行总裁蒂姆·盖特纳已经比我领先几步了。他们已经讨论了购买银行股权的想法，甚至向布什总统提出了这一想法，但他们担心这会给银行国有化带来计划之外的压力。他们后来推出的解决方案独具创意，最终也赚取了回报，那就是对美国 700 家美国银行进行资本重组，包括健康银行和问题银行。汉克与我这样的市场人士沟通，以此获得思考此类复杂问题的角度。

"还有一件事，"我说，"如果大家把计划称为'救市'，那么这会是非常可怕的事情。"汉克和财政部从未使用过这个词，但"救市"一词被政治家和媒体广泛使用。"你不是在拯救任何机构。你借给他们钱，他们将来也会还钱。这只是一笔过桥贷款，纳税人将可以收回所有资金，连本带利，并且还可能在银行复苏时获得巨额利润。如果被称为'救市'，那么这将带来一场公关噩梦，因为会导致各方完全误解政府的这一操作。"

汉克对此表示同意，但很明显，其他事项更需要他的关注。他处于风暴之眼的位置，要应对来自国会、美联储、监管机构、媒体甚至其他国家的种种要求，其难度是难以想象的。

———

大约一个星期后，我还在欧洲。我到了法国土伦，刚下飞机坐到车上，电话就响了，是汉克的办公厅主任吉姆·威尔金森打来的。

"汉克让我打电话向你致谢。大多数人跟我们沟通，都是为了做对自己有益的事情，而每次你跟我们交流，都是关心对整个系统有益的事情。你给我们的建议是我们得到的最好的建议。"

"谢谢你，吉姆，"我说，"我很荣幸。"我合上翻盖手机，轻松惬意地坐在汽车座椅上。时间是晚上 8 点，外面一片漆黑。我只和司机在一起。我想，真是太神奇了。我提供了帮助，感觉特别棒。整个美国即将陷入比大萧条更糟糕的境况，而没有人知道该如何应对。感谢克里斯汀的坚持，我主动参与了解决方案的制订。汉克也拿出时间听取我的意见。后来他告诉我，是我的"使命感、紧迫感和坚定的信念，以及其他备受尊敬的市场参与者的积极参与，帮助我们确认了自己的判断和即将采取的行动"。能够帮助美国，我感到非常自豪，时至今日，我心依然。

———

2008年，危机基本烟消雾散，我的直觉告诉我，最糟糕的情况已经过去了。但要恢复美国经济，仍有大量工作要做。危机爆发前几个月，我答应我的朋友，时任安联首席财务官的保罗·阿克莱特纳在慕尼黑技术大学发表演讲，他的妻子安-克里斯汀在那里担任教授。我于10月15日抵达慕尼黑的一个礼堂。礼堂里挤满了学生和媒体人员，有人甚至坐在台阶上。对于站在他们面前的美国金融家——我，他们提出了一个问题：世界能挺过这场危机吗？

"金融危机结束了，"我说，"你们都认为危机还在肆虐，但旨在终结危机的决策已经做出了。"其他国家正准备效仿美国的样子，对本国银行进行资本重组。金融系统是安全的。"我意识到，在雷曼兄弟倒闭刚刚5周后就做出这样的预测非常大胆，"我承认道，"市场环境目前的确非常糟糕，但你们不应该担心。我并不担心，因为我的优势在于了解现状和实情。所以你们也都应该感到非常安全。"当我离开礼堂时，掌声雷鸣，数百个人向我致谢。但当乘车去机场的时候，我又感到惴惴不安，我的预测是否过于乐观？但无论如何，我已经在公开场合表明了自己的观点，现在只希望这一判断是正确的。

2
化危机为机遇

WHAT IT TAKES
Lessons in the Pursuit of Excellence

    虽然黑石做好了应对全球金融危机的一切准备工作，但我们依然不可避免地受到波及。黑石股价从刚上市的 31 美元跌至 2009 年 2 月 3.55 美元的低点。2008 年最后一个季度，我们把私募股权投资组合的价值减记了 20%，把房地产投资组合的价值减记了 30%。在 2008 年致黑石股东的信中，我明确表示，黑石与其他大多数金融服务公司不同："我们是长期投资者，有足够的耐心等待时机。也就是说，我们可以持有现有投资，直到市场走高、流动性增强、可以实现全价退出，而不是被迫在快速去杠杆化的市场进行抛售。因为这一特点，我们可以在萧条的市场环境展开更为积极的操作，选择合适的时机部署资本，以实现投资者利益的最大化。"的确，黑石持有 270 亿美元的现金，可以环视每个行业，随时都有可能发现机会，但在此时的市场中黑石只能看到未来数周或数月的低迷。

    投资人出于与价值基本面无关的原因出售资产，他们要么是需要现金,要么是不得不满足追加保证金的要求。有一天,我接到了一位投资人的电话,他要求我们不要再拿现金开展新投资,无论投资规模多大、多有吸引力。我意识到他要求我违反自己的受托责任,因为他让我按兵不动的原因,不是没有绝佳的投资机会,而是他需要保留现金。我告诉他,投资所有投资者承诺的资金是我们的信托义务,他的短期流动性问题不能决定我们的投资策略。

虽然不良资产救助计划正在实施,但一些大型银行仍然面临着巨大的压力。摩根大通将黑石的循环信贷额度削减了一半。黑石和摩根大通长期合作,在数百亿美元的交易中取得了巨大的成功。我简直不敢相信他们的决定,吉米·李表示对此一无所知。于是我打电话给摩根大通的首席执行官杰米·戴蒙。

"时局维艰,请多担待。"杰米说,"我们还是会给你们提供信贷的。"

我提醒他,双方已经建立了长期合作关系。"我们是你们的一部分。我们的信用记录非常好。我们有40亿美元的现金。"

"是的,我知道,"杰米说,"如果不是因为你们信用记录好,我们会撤回所有信贷额度的。"

花旗银行的情况不同。在不良资产救助计划通过后不久,黑石在花旗银行存了8亿美元,让他们提供一些承销服务,他们还参与了我们的一个私募交易。在我们看来,花旗银行是不会倒闭的。很多国家政府和公司都使用花旗的全球交易服务发工资和汇款。如果没有花旗,全球的资金流动就会停止。

在我们存款后不久,花旗首席执行官维克拉姆·潘迪特来找我。花旗面临巨大压力,维克拉姆开玩笑说,也许我俩应该互换岗位,因为运营黑石看起来比运营花旗要容易得多。他后来又认真地表示非常感谢我们的支持,问能不能为我们做些什么。我把摩根大通的做法告诉了他,并问他花旗能不能代替摩根大通,为黑石提供信贷。维克拉姆毫不犹豫地答应了。我们在困难时刻支持了他,他也非常乐意提供帮助。生命之旅是漫长的,在他人需要的时候施以援手,这一偶然的善举往往会以最出乎意料的方式回报你,因为每个人都永远不会忘记那些在艰难时刻扶危济困的朋友。

到2008年秋季,黑石的盈利出现下降,我们需要就股息派发的问题进行决策。在规划上市时,承销商坚持认为,上市的前两年提供股息将有助于我们吸引更多投资者。事实证明此举并不必要,因为黑石的股票被超额认购15倍。但既然我们已经做出了派息的承诺,现在是兑现承诺的时候了。

在金融危机的阴影中,黑石的盈利本身并不足以支付股息。这时,我们可以有两种选择,一是降低派息金额,二是借款进行全额支付。我不想借款,从公司金融学的角度看,在市场波动、股价震荡的情况下,借钱支付股息是不科学的做法。而另一方面,如果我们削减股息,我们的投资者会不高兴,但我们可以说这样最符合公司的长期利益。由于我是最大的股东,如果削减股息,那么没有人比我的损失更大,所以没有人可以指责我心存杂念、假公济私。给我们一点时间,待股价恢复,大家都有钱赚,这样不就皆大欢喜了吗?

我在接下来的董事会会议上提出了这个问题。我预测中方会不高兴——他们在黑石上市前夕投资了30亿美元,还要再等两年时间才能出售股票。但我认为,现在更重要的是保留资本,而不是支付我们承诺的股息。

最近以公共董事的身份加入董事会的迪克·詹雷特是第一个持不同意见的人。他提醒我们,这笔投资对中国人意义重大。这笔投资不仅是中国众多投资中的一笔,而且是中国刚成立的主权财富基金在海外的第一笔重大投资。他们持有的黑石股票的价值出现下跌,这已经让中国投资人吃惊了,如果我们再削减股息,那么那些信任我们的人会对我们倍感失望。"如果你真的引发众怒,"迪克说,"怒火是很难平息的,也会造成永久性伤害。如果我是你,我就会咽下苦果,下个季度给每个投资人支付与上一季度相同的股息。"

"5 000万美元就这样打水漂了?"我说,"白白扔掉?"

"我理解,"迪克说,"但如果你不这样做,就是犯下了错误。"

另一位董事会成员杰伊·莱特赞同迪克的观点。他是我在哈佛的教授,时任哈佛商学院院长。由于投资价值的下降,中方投资人已经感到压力了,削减股息会让情况雪上加霜。除了购买黑石的股票,中方还投资了我们的基金。随着时间的推移,双方还会有更多的合作空间,未来中方的投资额可能高达数十亿美元,双方可能会建立合作伙伴关系。如果仅仅因为某个季度现金流有困难而影响了我们双方的长期关系,则是非常不明智的。

一年前,我曾建议吉米·凯恩开出支票,弥补贝尔斯登对冲基金投资者的全部损失。现在迪克和杰伊向我提出了同样的建议。开支票虽然是件痛苦的事,但有时也是值得的。

在考虑成为上市公司时,我们就知道,黑石必须在为股东服务和为投资人服务之间取得平衡。杰伊和迪克拥有丰富的金融业经验,他们精于交易,出于对黑石短期和长期利益的考量敢于提出不同的建议,而不是一味附和我的想法,这一点让我非常尊重和珍惜。

"这样做真的不容易。"我说,"但如果你们两个都真的这么想,那么我们会支付股息。我虽然不喜欢这个决定,但没关系,花5 000万美元,换一份声誉。"作为黑石的最大股东,我明白,因失信而破坏宝贵的商业关系的成本是巨大的,因此,削减股息绝对会伤害公司的长远利益。当然,利弊的显现有时需要几年的时间,但随着黑石在中国的业务和我在中国开展的越来越多的慈善活动,我意识到,这次支付的股息是黑石开出的最物有所值的支票之一。

———

2008年底,我前往北京参加清华大学经济管理学院委员会会议。在此前几年中,中方在美国公司投入了大量资金,仅是持有的房利美和房地美证券价值就超过1万亿美元,这是对美国住房市场的巨大赌注。美国借款人已经习惯了借中国人的钱，中方则看中了美国投资的便利性和有效性。现在，房地美和房利美已被美国联邦政府接管，而中方还不确定美国政府会不会履行他们的义务。

自黑石上市以来，中方持有的黑石股票也损失了。黑石不是中国在美国的最大投资对象，但确实是关注度最高的一个。我虽然一再声称黑石的健康状况良好，但是在当时的市场环境中，没有什么能够提高股价。中方为此怏怏不悦，这一点我在登上飞往北京的航班时就已经心知肚明。

在会议休息期间，曾任中国国务院总理的朱镕基叫我过去。朱镕基及同时代的杰出政治家跨越了中华人民共和国成立后的数个年代。他曾担任上海市市长，是清华大学经济管理学院的第一任院长，是中国的第五任国务院总理，在国家主席的领导下工作，他在建设邓小平提出的"有中国特色的社会主义"的愿景中发挥了重要作用。

朱镕基身材高大，脸部棱角分明，以精力旺盛、直爽果断而著称。美国财政部前部长、哈佛大学校长拉里·萨默斯曾经估计，朱镕基的智商有200。在担任上海市市长和国务院总理的时候，朱镕基意志坚定、敢想敢干，为了实现目标，他敢于打破政治结构和官僚规则。卸任总理职位5年后，朱镕基依然透射着一位卓越政治家的权威感。

在我们聊天的时候，他向自己的助手楼继伟招了招手，让他过来。楼继伟是中国投资黑石的负责人，后来成为中国的财政部部长。

"过来见见苏世民。"朱镕基说,"这家伙把你的钱都赔了。"他只是半开玩笑,但我们必须努力恢复他的信心。

————

12月,我在德国驻华盛顿大使官邸举行的一个节日派对上遇到了本·伯南克。我们远离人群,找了个安静的地方聊天。他问我对市场有什么感受和意见。我告诉他,由于美国证券交易委员会在2006年9月发布了盯市会计规则,许多金融机构都在去杠杆化。由于不良资产价格暴跌,这些金融机构不得不抛售优质资产。现在市场上各种优质资产俯拾皆是,却无人问津,因此所有资产的价格都在急剧下跌。

本·伯南克正在考虑美联储是否应该介入,并购买这些多余的资产。我告诉他,这是恢复金融体系信心的唯一途径。2009年春,美联储开始购买银行债券、抵押贷款债券和国债,把现金注入金融市场。

不过,美联储的行动需要政府的支持,而我担心新任总统在鼓励经济参与者、激发市场信心方面做不到位。2009年3月8日星期日晚上,我在肯尼迪表演艺术中心的一次活动中碰到了奥巴马总统的第一任办公厅主任拉姆·伊曼纽尔。在中场休息期间,我们走进了靠近座位的包间。我向拉姆建议,总统需要传递一些更为积极的信息。自总统1月就职以来,美股已下跌了25%,他却专注于医保工作。他正在破坏美国经济中所剩无几的商业信心。

拉姆刚开始很有礼貌，但很快就开始对我叫嚷："史蒂夫，你代表了我们痛恨的一切——富有的共和党商人。"他的话让我非常震惊。我的一切目标就是帮助美国金融系统挺过危机。我们争论了25分钟。克里斯汀两次从门口探头，告诉我必须出来见见总统，但是我挥了挥手让她走开，继续跟拉姆探讨。最后我不得不离开包间，跟总统握手，观看下半场演出。

第二天早上，拉姆打来电话道歉。他没有想到我们之间的讨论会如此激烈。他在新政府里要处理的事务太多了，他根本不想在周日晚上看演出。我感谢他打电话道歉，跟他说我能理解。他告诉我，那天早上，他已安排包括总统在内的所有高级政府官员在电视上就美国经济中的"复苏绿芽"发表演讲。那一周，美国股市探底。

在黑石，我们也遇到了自己的挑战，我们的年轻员工特别担心这种情况会一直持续下去，精神萎靡不振。每年，我们都会组织各个业务部门的新人去外地团建，我们便想利用这个机会请托尼来鼓励他们，告诉他们一切都会好起来的，给他们以信心，让他们振作精神。但这不是托尼的风格，相反，他告诉这些新人，他们非常幸运，在职业生涯开始时，就能从这场历史性的经济危机中得到磨砺，如果他们够聪明，就会从中学到很多经验教训，并把学到的东西应用于自己的整个职业生涯。他说，成功会令人骄傲自满，不思进取。你只能从失败中学习，在逆境中成长。

在我与拉姆那次谈话前后，我在纽约见到我的朋友兼同事肯恩·惠特尼。我们两个人一起步行前往华尔道夫酒店。肯恩一副垂头丧气的样子。他告诉我，公司的房地产团队刚刚计算了所持房产的当前价值，结果非常严峻。仅仅是希尔顿一家公司，就要因为营收和利润的暴跌而把投资价值减记70%。我告诉肯恩不要担心，资产估值走低只是纸面上的。股市会恢复的。我们有自己的投资算法和理论。如果我们还相信这些理论，就必须继续努力并保持耐心。如果金融体系崩溃，那么每个人都逃不过。只要系统能挺过难关，我们也一样可以。

过了一段时间，整个美国经济似乎已经不再处于自由落体状态。我们进行调整，并重新开展业务。在整个公司，我们都回归到基本面。我们自问：我们想进入哪些业务领域？我们取消了一些新计划（本来这些计划也难以吸引资金），专注于公司的核心业务。作为一家公司，我们力图打造一个如堡垒般坚固、不受市场波动影响的资产负债表。

然而2009年秋天，在我回到清华的时候，黑石的股价并没有高于去年。

"苏世民，黑石的股票，现在怎么样了？"朱镕基问道，尽管他知道答案，"还能跌多低？"

通过兢兢业业的工作、持之以恒的努力，我们在危机前和危机期间做出的决定终于开始开花结果。由于许多公司需要帮助，我们的咨询和重组业务蓬勃发展。我们的投资团队危机前没有翻船湿身，因此无须浪费精力收拾残局。虽然其他公司饱受打击，但黑石仍然像往常一样对增长和机会持开放态度。

在英国，黑石最年轻的合伙人之一乔·巴拉塔与一位传奇的企业家尼克·瓦尼合作，打造了欧洲最大的主题公园公司。尼克持有位于伦敦、约克和阿姆斯特丹的20个水族馆和三个可怕的"地牢"主题乐园。当乔·巴拉塔首次向纽约总部介绍瓦尼的企业时，我们都不看好这笔交易。我带着两个孩子去伦敦地牢玩过，他们很喜欢凶手、拷打者和刽子手的故事，我还记得当时等候的队伍排得很长。但我觉得这个生意不会做得太大。与有限的回报相比，我们的工作量显得太不成比例。在黑石出现以前，尼克的公司默林娱乐集团已被两家私募易手。

不过，乔·巴拉塔确信尼克是有天赋和野心的。主题公园行业的所有者基本都对经营状况不满。乐高想要出售旗下的主题公园，为公司重组筹集资金。其他小型公园归家族产业、私募股本集团和主权财富基金所有，而这些所有者完全不知道该如何运营。虽然我对这笔交易持怀疑意见，但是在乔·巴拉塔的推动下，黑石出资1.02亿英镑，于2005年收购了默林娱乐。交易额度并不大，黑石纽约总部对此期待值也不高。

但仅在几个月内，乔·巴拉塔和尼克就迈出了第一步。他们支付了3.7亿欧元的现金和股票，收购了英国、丹麦、德国和美国加利福尼亚的4个乐高乐园。第二年，他们以5亿欧元的价格收购了意大利最大的主题公园加达云霄乐园。在2007年春季，他们以12亿英镑的价格收购了杜莎集团，其中包括6个著名的蜡像馆和3个主题公园（其中的奥尔顿塔主题公园是英国最大的主题公园)。

尼克改进营销策略,打造新的景点和娱乐设施,公司的盈利成倍增加。乔·巴拉塔和尼克齐心协力,把一家资本为5 000万美元的小公司,打造成仅次于迪士尼的全球第二大主题公园集团。黑石的资本与伟大的企业家相结合,迸发出了改天换地的能量。在全球经济普遍衰退期间,默林娱乐实现了增长。当黑石在2015年出售默林的最后一笔股份时,我们已经创造了数千个工作岗位,为数百万家庭提供了娱乐,并使我们的投资者赚取了超过投资额6倍的利润。

黑石在2007年收购希尔顿,从收购之刻起,我们的批评者就一直称黑石在市场顶部收购了一个奖杯资产。但我们根本不在意这些批评意见。我们继续推进最初的计划,对业务进行扩展和改善。2008年和2009年,我们在亚洲、意大利等市场每年新增50 000间客房,从而增加了现金流。我们将希尔顿总部从比弗利山庄搬到了弗吉尼亚州一个较为便宜的地方。由于琼恩和他的团队在收购时的融资安排,旅游业业务的急剧下降也没有对黑石造成冲击。即使经济形势严峻,我们仍可以偿还债务,屹立不倒。

但为了进一步确保黑石的偿债能力,在2010年春天,我们与贷款人重新谈判。许多贷款人难以出售他们在2007年为希尔顿交易所发行的债务,因此,我们动用了公司保留的部分资金,以贴现价格购买了部分债券。以此为前提,经过谈判沟通,黑石得以大幅减少债务,显著降低了风险,争取了更多回旋余地和运作空间。虽然公司距离实现盈利还有很长的路要走，但随着旅游业的复苏，希尔顿的现金流超过了2008年的峰值，黑石的投资价值一路飙升，远高于我们收购时支付的价格。我们改善运营、扩大酒店覆盖范围、提升品牌形象的工作也逐渐得到了回报。我们还实施了各种节能增效举措，改善了员工工作和生活条件。希尔顿改头换面，规模空前，拥有超过60万名员工，其中包括超过1.7万名美国退伍军人及其配偶，客房数量也翻了一番。希尔顿于2019年被《财富》杂志评为美国最佳工作场所，成为有史以来第一家获此殊荣的酒店公司。我们的投资者最终从希尔顿交易中赚了超过140亿美元，这笔交易也成为历史上最赚钱的私募股权投资。

2010年，我再次回到清华大学，朱镕基又开始了一年一度的提问："苏世民，我该怎么看待黑石股票？还能涨回来吗？你怎么看？"

这是第三次被问，我已经准备好了。"先生，公司运转得很好，您不用担心股票。"

"苏世民，为什么不担心？"

"因为我们就像农民一样。"我说，"我们在收购公司和房产时，就像种庄稼一样，把种子种在地里，浇上水，种子开始生长，但您还看不到庄稼。过一段时间，庄稼会长得很高，收成极好，您会非常非常高兴。"

后来，我们一直支付股息，股价也重新恢复。中方把越来越多的资金交给我们，让我们代表他们投资。朱镕基对我也更加欢迎，态度更加和善。

"苏世民，很高兴见到你。庄稼长得不错，我们很满意。期待明年再见！"

2012年，我们关闭了第六只私募股权基金：151亿美元的承诺投资。基金规模虽然小于我们2007年募集的204亿美元基金，但仍然是有史以来第六大基金。这表明我们已经度过了最困难的时期，我们的投资者仍然相信我们的投资能力。

———

美国的单户住宅曾是全球最大的私人资产类别，但随着金融危机的到来，这个市场出现崩溃。借款人违约，银行取消抵押品赎回权，市场充斥着待售的房产。对很多人而言，这一局面非常可怕，而对投资者而言，如果能采取一系列大胆创新的行动，就同样能在市场获得成功。

研究金融危机的历史学家称，在疯狂的房地产市场中，两种互相关联的政府行动清晰可见。第一个是在危机爆发前，政府鼓励买房，即使有人负担不起。于是，贷款标准出现下降，各类信贷机构向缺乏信息和金融知识的借款人推荐抵押贷款，而这些借款人实际上根本没有还款能力。一时间，房屋供不应求，房价暴涨，银行愿意在摄取高额利润的过程中推波助澜、充当同谋。但好景不长，正如我们在危机来临时看到的那样，许多次级抵押贷款借款人无力承担每月的还款费用，房屋价值开始下跌，这时，他们本人或其贷款方被迫低价出售房屋。

在危机爆发之后,政府则会启动第二套灾难性行动——整顿银行,要求银行收紧贷款标准。即使是抵押贷款完全没出过问题的银行,现在也必须大幅提高首付额度和借款人的信用评分要求。政府的本意是采取适当谨慎的应对措施,为过热的市场降温,但从实际效果来看,此举完全扼杀了复苏的希望。无论是危机前的房地产繁荣,还是紧随其后的市场萧条,政府的政策都导致局势走向极端。市场发展太快,政府还猛踩油门;市场发展逐渐减速,政府又急踩刹车。在乘客座位上的美国消费者最为可怜,被车速的转换弄得头晕目眩,难以招架。

美国各地的房价都出现急剧下跌。在受冲击最严重的地区,如南加州、凤凰城、亚特兰大和佛罗里达州,新住宅建筑进程几乎全部停止了。数百万美国人现在正在租房,而不是买房。

从历史上看,在美国,小型企业主导了购买、修缮和出租房屋的业务。在1 300万套出租房屋中,大多数属于个人或小型房地产企业。许多房东都不在场,他们的房产也没有维持专业经营的公寓大楼的标准。正值此时,黑石的房地产团队看到了行业整合和专业化提升的机会。

我们是尝试这一业务的合适人选吗?黑石收购连锁酒店、办公楼和仓库,做过数十亿美元的大型交易,交易规模在房地产行业居首。为什么我们会考虑小型的购房出租业务?我们无法说服银行,他们也不同意为我们提供贷款。没有人比萨姆·泽尔更了解房地产市场了,他告诉我们:"肯定做不成。"但是乔恩·格雷和他的团队坚持自己的判断。交易的基础数学计算似乎很简单,机遇也是史无前例的。单户住宅是全球最大的资产类别,位于美国境内,是黑石的主场,交易价格又处于历史低点,整个市场都被冻结了。这是周期中正确的时间节点,完全符合我们这样的投资者的要求。20世纪90年代初,乔·罗伯特在黑石首次开展投资,当时的情况与现在类似:房地产市场因恐惧而扭曲,大家都抱着非理性的从众心态,借款人和贷款人都在争先恐后地努力摆脱市场崩溃的影响。不同的是,这次机会要大得多,值得我们尽全力争取。黑石在房地产行业的知识和经验更加丰富了,同时,我们还掌握着在危机前不久筹集的大量现金。我们相信自己可以达成很好的交易。如果我们努力将收购的房子出租,那么我们至少可以在房价恢复正常的时候赚取利润。

2012年春天,黑石在凤凰城收购了第一批房屋,交易价为10万美元,同月,美国房价触底反弹。我们开始在全美范围内购买房屋,从西向东,从西雅图到拉斯韦加斯,到芝加哥,再到奥兰多,逐个城市推进。当地法院会公布即将举行的止赎拍卖的清单,我们的收购团队就会一个街区一个街区地寻找,提前考察待售房屋的现状。他们不能进到房子里面,所以他们开着车到房子所在的街道,研究街区和学区状况。然后,他们决定计划收购的房屋数量,拿着支票参加法院拍卖。交易会在几天内完成。我们每周都会购买价值1.25亿美元的房屋,一连持续了几个月。

下一步是翻新。我们聘请了一万多名建筑商、画家、电工、木匠、水管工、暖通空调安装工人和园艺师(其中许多人都因经济衰退而失业）。每套房子的翻新成本约为2 500美元。最后一步是成立销售和服务部门，负责房屋的出租和维护。

我们把这个公司命名为邀请家园。公司最终拥有超过5万套房屋，成为美国最大的住宅业主，也在美国经济的关键时刻提供了大量就业机会。黑石的一些投资者是公共养老基金，他们很赞赏在其他机构都畏缩退却的时候，黑石表现出了对美国经济复苏的信心。黑石进入了杂草丛生的社区，买下那些无人问津的房屋。我们把房屋修缮一新，出租给美国家庭，社区立刻恢复了生活气息，社会单元开始正常运转。

回顾过去，我们最初的观察分析结果似乎很简单：当人们无缘无故被限制购买自己所需的东西时，整个相关系统必然进行调整。调整后，商品价格就会上涨。人们需要房屋，但房地产市场崩盘后，非理性的监管机构和心有余悸的银行会形成购买障碍，而他们的阻碍毫无根由，也必然会导致整个房地产交易系统的调整。我们的交易之所以成功，其核心在于我们在周期正确的时间节点，以正确的方式收购了房屋。

———

在危机之后，我们还可以部署黑石此前努力积累的现金资源，并在资本稀缺的大环境中获得重大投资机遇。这些机遇很快就开始在许多不同的领域浮现，其中最重要的机遇出现在能源领域。

我们遵循黑石的投资流程进行交易，逐渐积累在能源领域的专业知识。我们形成的主要观点之一就是，长期以来，大多数公共能源公司的价值被高估了。在对炼油厂、管道和加油站进行逐个分析后，我们认为，能源公司的整体价格几乎总是高于各项业务的单价加起来的总和。那么，由此带来的机遇就是购买或建造能源行业的基础设施，然后打包按照市场价格出售，赚取整体与单体总和之间的差价。

2012 年，我们有机会投资建设一个规模极大的能源基础设施，这个工厂位于路易斯安那州的萨宾帕斯，其主营业务是从美国出口天然气。这家工厂的故事包含了能源行业经典故事的所有元素：面对快速的技术变革、变幻无常的政治局势和动荡的全球市场，一位富有远见和勇气的企业家努力建立一个复杂的大型工厂。

建立这个工厂的谢里夫·苏基曾是一名投资银行家，后来转行到能源领域创业。在 2008 年，他开始修建一个用于接收运载天然气的工厂，这一工厂位于得克萨斯州和路易斯安那州边境的萨宾帕斯河河口，靠近墨西哥湾。利用集装箱船的大型船体运送石油较为简单，但天然气的运输难度较大，必须先将其冷却成液体，运输到目的地后再把液体恢复成为气体。这个过程造价不菲，但美国当时天然气供应匮乏，价格不断飙升，所以建造工厂理论上利润丰厚。

然而，就在谢里夫建造新的天然气进口设施时，由于水力压裂法的发展，美国的天然气产量迅速增加，他的工厂变得多余了。当时，他发挥了一个伟大企业家的洞察力：为什么不把萨宾帕斯工厂的进口设备转换为出口设备,将美国多余的天然气出口到全球呢?

这个转变听起来很简单,但实际上,除了要改变天然气的运输方向,还需要完成大量其他工作。谢里夫的切尼尔能源公司价值只有6亿美元,而他需要80亿美元,才能把进口设备转换为出口设备。银行不愿意为谢里夫提供更多贷款:首先,因为他曾经难以偿还债务,信用记录欠佳。其次,项目的成功取决于工厂能不能获得政府审批、公司能否获得美国化石燃料的出口权。最后,这个建设项目规模太大,充满了潜在的风险。如果他没有把握取得成功,就不能轻举妄动。当相关团队向黑石投资委员会介绍这一交易机会时,我们的顾虑也很多。我们不在乎这笔交易在石油和天然气领域是不是最好的,而是从黑石可以投资的所有领域进行横向对比考察,看这笔交易与医疗保健、房地产、媒体和技术等领域出现的交易机会相比,价值如何。经过再三权衡,我们最终拿下了交易。

我们计划投入20亿美元的股权,剩余的60亿美元进行债务融资。对黑石及其有限合伙人来说,这是一张很大的支票,所以我们希望在开出支票前,确保债务融资已经到位。幸运的是,我们一直按时还款,信用记录良好,所以银行愿意为如此大规模的项目提供贷款。

我们对政府监管程序也产生了类似的影响力。对联邦监管机构而言,黑石的品牌提高了项目的可信度和可行性。但是,我们仍在合同中规定,如果监管机构出于任何原因叫停这个项目，我们就可以退出。我们不希望没完没了的监管审批流程禁锢投资人的资本。

另一个问题是谢里夫本人。创始人企业家往往富有创意、意志坚定、争强好胜，因此我们的协议中明确规定了双方的期望和目标，尽量减少未来出现任何分歧的风险。只要项目能保持正轨，他就可以一直负责。我们坚持要求切尼尔公司与其他能源公司签订承购协议书，让后者承诺在长达20年的固定期限内从工厂购买一定数量的天然气。无论天然气价格如何变化，这些协议都能提供有保障的收入。如果天然气价格上涨，我们可能就会有所损失，但这些协议可以让我们在天然气价格下行时获得保护。这对一个耗资巨大的项目来说至关重要。

最后，我们必须将施工风险降至最低。施工时间漫长，程序复杂，造价不菲，因此，我们同意向我们的建筑公司比奇特尔公司支付额外费用，让他们接受一次性付款，并承诺完成这个交钥匙工程。如果工厂无法按照承诺运营，比奇特尔就必须支付罚金。我们还雇用了一名曾在比奇特尔就职的工程师，在施工期间担任我们的嵌入式监理员。

完成所有风险的分析评估后，我们告诉主管这笔业务的合伙人戴维·福利，"去拿下这笔交易吧，一定要马到功成"。在总统日[①]的长周末，戴维离开了家人，乘飞机到了阿斯彭，去

---

① 总统日，联邦节日，美国的10个法定节日之一，定在每年2月的第三个星期一，与阵亡将士纪念日、感恩节等享有同等地位。——译者注

见正在那里滑雪的谢里夫。他们的团队在小内尔酒店的地下室里度过了三天时间，对接协议的具体细节。就在交易宣布前的几天内，还有其他几个买家在出价。但这笔交易已经被我们纳入囊中，也将在整个行业中留下深刻的印记。

————

我们在2012年完成这笔交易。同年，在与少数有限合伙人沟通后，托尼对新业务线有了一个想法。他想推出一个跨越我们所有资产类别的新策略，稳定提供12%左右的年收益率，低于黑石通常提供的收益率。我召集了各业务板块的负责人，以托尼的想法为基础，为新泽西州养老基金提出一个方案。养老基金的经理们表示，金融危机带来监管规则的变化，银行被迫抛售旗下资产，希望我们考虑进行相关投资。这是一个奇特的构想，但作为一名企业家，我了解到金融行业其实很简单——如果有人要求你提供新产品，那么这个人是地球上对这一产品唯一感兴趣的人的概率是零。如果有人向你提出这样的要求，那么这背后可能代表了一个巨大的机会。那些提出要求的人并不知道，他们只是在关注自己的需求。但是，如果这些需求具有合理性，而你又设计了满足这些需求的正确产品，那就可以对这种产品进行大范围推广，而你的竞争对手只能好奇你是怎么找到解决方案的。

我们每个业务板块都提出了自己的交易创意，他们的想法一个比一个好。当第三个小组做完他们的推介，我已经目瞪口呆了。我从来没见过此类交易。过去只有高盛才能拿到的交易，现在都来找黑石了。从集装箱船到信号塔下面的土地，从矿山到只有内行才懂的贷款产品，应有尽有，琳琅满目，令人眼花缭乱。而我们面临的挑战就是怎样利用现有资金为所有交易提供一席之地。

在黑石的早期，我的朋友史蒂夫·芬斯特（曾经打包了两个左脚的翼尖鞋）安排我跟一位崭露头角的企业家迈克·布隆伯格见面。迈克正在为自己成立不久的金融数据公司寻找资金。我也知道这家公司会取得巨大的成功，但当时这笔交易并不适合黑石。我们曾向投资人承诺，会在5~7年内还给他们资金，迈克则表示自己永远不会出售公司，他希望找一家可以伴随企业终身的投资机构，而黑石是他的第一选择。黑石选择不进行投资，错失了良机，我永远不会忘记这个失误——如果我们进行了投资，当时1亿美元的投资最终就会增长到80亿美元以上。我一直希望有一天，黑石可以灵活地为像迈克这样的企业家提供投资，抓住那些与传统私募股权模式不同的投资机会。于是我们成立了一只新基金，命名为"战略性投资机会基金"，这只基金是我长期以来寻求的投资战略平台。

这条新业务线也要经过黑石惯有的三个测试：必须具有为投资人带来巨大回报的潜力，必须可以增强黑石的智力资本，必须由一个10分人才做负责人。

这些新机遇带来经济回报的潜力是毋庸置疑的。至于智力资本，"战略性投资机会基金"提供了一个绝佳的机会，让我们所有人以新的方式学习和思考,从后危机时代的不寻常机会中找出新的模式。新基金的投资委员会成员涵盖了每个主要资产类别的负责人,另外还有我和托尼。我们希望利用黑石所有人的集体专业知识,认真学习这些异乎寻常、夺人耳目的交易,进行认真彻底的分析研究。

至于基金的负责人,我们选择了刚刚从伦敦回到纽约的戴维·布利泽。考虑到业务的创新程度,我们需要有经验的人来提出不同寻常的创意要求,向公司内部和外部的人士推介别出心裁的交易。戴维成功打造了黑石集团的欧洲业务,最终,他把"战略性投资机会基金"发展成为一个价值270亿美元的业务板块。

在金融危机发生5年后,黑石正在加速甩掉竞争对手,筹集更多资金,开展更多交易。虽然我们也受到了金融危机的影响(例如,我们对德国电信的股权投资遭受重大损失),但我们积极探索新的业务领域,获得了很多激动人心的机会,创造了傲视群雄的业绩。相比之下,我们的竞争对手仍然在手忙脚乱地收拾残局,处理在周期顶部时完成的交易。

3
付 出

WHAT IT TAKES
Lessons in the Pursuit of Excellence

多年来,我花费了几乎全部精力打造黑石,它是我生命的重中之重。经营公司感觉像是应对一系列无休无止的压力测试,压力来自竞争对手、现有雇员、前雇员、媒体、动荡的宏观环境、政治因素等。当然,有的时候,压力来自时运不济或天意使然。

但是,创业经历有一点很棒,那就是随着时间的推移,如果一切顺利,生活就会变得更简单容易。随着公司业务的成熟,周围人的素质和能力会日益提升,公司的各个系统也会变得更具一致性。公司一旦采取了正确的风险控制措施,找到了热爱和倾力于企业发展的接班人,便会声名鹊起,客户也会不速而至,良性循环随之加速。对黑石而言,客户和投资人为我们提供的资金源源不断、与日俱增。

随着金融危机的消退,我有时间环顾四周,看看利用自己的资源、人脉和实际知识可以为社会做些什么。在我小的时候,我曾看到过祖父雅各布·施瓦茨曼每个月收集假肢、轮椅、衣服、书籍和玩具给以色列的孩子们。我见过父亲给来店里买东西的新移民提供信贷。他会告诉他们："去买你们需要的东西吧，有能力的时候再还给我。"与祖父一样，父亲会定期给耶路撒冷的男孩之城①捐款，为有需要的孩子提供教育机会。和许多中产阶级的犹太家庭一样，我们会每周节省下来10美分，凑够一定金额，在以色列种植一棵树。奉献是生命的一部分，我很幸运，自己有能力继续保持这一传统、传承这一美德。我会捐款给我关心的机构和需要自己帮助的人。有些人是我的朋友，有些是我在新闻报道中看到的陌生人，他们因为在自己控制范围外的原因而身陷困境。

作为肯尼迪表演艺术中心的主席，我已经凭借自己的能力和关系，为中心筹集了很多资金，提高了中心各方面的标准和档次，增加了表演艺术的种类。我们给美国最伟大的创意人才颁奖，以此提升肯尼迪表演艺术中心在纽约、洛杉矶等艺术之都的影响力，而我在华盛顿肯尼迪表演艺术中心花费的时间和精力也加深了我对政治和政治家的理解。

随着时间的推移和阅历的增加，我更加积极地、有针对性地投身于国内外政治活动、慈善活动和非营利活动，并在参与中积累经验。例如，我深知教育对我生活的深远影响。如果没有搬到宾夕法尼亚州，进入高质量的阿宾顿学校系统，我永远

---

① 男孩之城，致力于照顾儿童的非营利组织。——译者注

无法获得进入耶鲁大学或哈佛商学院的资格，而大学生活随后为我开启了许多重要的可能性和现实性。正因为如此，我热衷于为尽可能多的人提供受教育机会，以改变他们的人生。同样，我的从军经历帮助我理解了军人为保护普通公民所做的牺牲，我坚持认为他们的奉献必须得到认可。我与埃夫里尔·哈里曼的会面使我确信，参与政治可以对改善个人未来、对全球和平与繁荣产生巨大影响。

2008年，我向纽约公共图书馆捐赠了1亿美元，用于翻新图书馆在第四十二街和第五大道的主楼及其他几个地方的分馆。我希望自己的捐赠可以在城市中心打造外观优美、安静舒适的空间。更重要的是，这笔资金还可以扩大图书馆扫盲计划的覆盖范围，为没有网络的社区提供互联网服务。

克里斯汀是天主教徒，通过她我了解到了天主教学校的卓越系统——学校90%的学生是少数族群，70%的人生活在贫困线以下，98%的人继续上大学。这些学校为学生提供了良好的学术基础和社会道德基础，让他们有能力实现个人抱负，追求幸福人生。在2009年感恩节前不久，克里斯汀和我参观了纽约由贫民区奖学金基金资助的一所天主教学校，而奖学金基金的执行董事苏珊·乔治告诉我，很多学生都已辍学：学生的父母失业了，他们根本交不起学费。整个城市的天主教学校都是如此。

我告诉苏珊，学校应该联系每个决定退学孩子的家庭，告诉他们不需要这样。他们只需支付能力范围内可以负担的学费，我会为他们提供剩下的学费。我无法想象一个孩子必须承受失学的痛苦。这些孩子和他们的父母并不懒惰。他们只是受到了意外事件的冲击，这不是他们的错。学费就是我送给孩子们的圣诞礼物。

我在2013年又做出了类似的决定，我开始支持美国田径基金会，每年为参加世界锦标赛和奥运会训练的最有潜力的运动员提供补助金。我想确保美国年轻的田径精英有时间和资源进行训练和比赛，不必担心经济负担。如果没有补助，这些运动员可能需要打两三份工才能养活自己，这样就不能保证每天两次的训练，他们中的大多数人也将被迫退出比赛。在没有经济负担的情况下，这些年轻人取得的成绩令人惊叹。在2016年里约热内卢奥运会上，接受我捐赠的运动员赢得了4枚金牌、3枚银牌和2枚铜牌。现在，我是美国田径基金会最大的个人捐赠者。能够保证那些天分远超出我的人才发挥他们的潜力，我深感自豪。

同样在2013年，我参加了一场商业圆桌会议，美国第一夫人米歇尔·奥巴马在会议中谈到美国服役人员、退伍军人及其家人需要特殊的支持。她指出，退伍军人及其家属这一群体失业率偏高，这导致他们面临种种困难，同时也带来了严重的后果，每天都会有20起自杀事件。她请所有出席的公司参与她的全国性计划，推动降低退伍军人的失业率。那天晚上，在从华盛顿回家的路上，我忍不住回想起她所说的一切。我们有义务增加对美国军人的帮助，至少，我们要降低他们过渡到普通人生活的难度。在到家之前，我向第一夫人做出口头承诺，我会要求黑石及其投资组合公司在未来五年内雇用5万名退伍军人及其家属。以往，在做出此类决策之前，我通常会先跟黑石的管理委员会讨论确认，但这次我自行决定了，因为我确信黑石有义不容辞的责任，也知道团队会支持我的决定。最后，黑石用了短短4年就雇用了5万名退伍军人及其家属，因此在2017年，我们承诺再增加5万个招聘名额。这个例子很好地说明，由于公司规模庞大、涉及领域广泛，黑石可以对社会产生巨大影响。

随着时间的推移，我参与了更多的慈善事业，并开始思考，除了捐钱以外，我还能做些什么呢？我是不是可以把自己打造黑石的创业精力和技能应用于解决慈善领域的挑战呢？是不是也可以开展类似规模的慈善活动呢？

————

2005年，肯尼迪表演艺术中心举办了一个中国节活动。开幕之夜，我坐在中国文化部部长旁边，看着一群舞者和杂技演员表演叠罗汉。在管弦乐队的伴奏声中，他们人上架人，越叠越高。每叠一层，都会有一个舞者在舞台上加速、起跳，从这个人体金字塔上翻过去。我们都在想表演可以持续多久。

后来，有一个舞者开始围着舞台加速奔跑，起跳……结果撞到了金字塔。金字塔瞬时倒塌，舞台上都是跌下来的罗汉。如果是芭蕾舞或花样滑冰，那么表演者会站起来若无其事地继续表演。但中国人不是这样。音乐停止了。每个人都回到了自己的位置。罗汉们重建了金字塔,舞者也开始再次加速。我们都捂住了眼睛。他起跑、跳跃,勉强地跳了过去。

我看着文化部部长。他的表情没有一丝波澜,这让我印象深刻。我问他:"为什么你看起来这么淡定?"我从他的回答中领悟到,中国人一直在追求卓越和伟大,如果一次没有成功,他们会一直尝试下去,直至目标达成。

之后我访问中国,拜访我们的中方投资人,对他们的支持表示感谢。此时,我更加深入地了解了中方在黑石2007年上市时进行投资的战略意义。从一个会场到另一个会场,都有来自中国国家电视台的摄制组跟随我。中国政府极为重视对黑石的投资。我没想到自己在中国还小有名气。当我发表演讲时,过道里站满了人。我的一言一行都出现在新闻里。但关于中国,我还有很多东西需要学习和研究。

幸运的是,作为清华大学经管学院的顾问委员会委员,我找到了优秀的老师给我讲述中国故事。清华大学的诞生源于美国的一个重要举措。1901年9月,清政府被迫签订《辛丑条约》,向八国联军赔款白银4.5亿两。1904年,西奥多·罗斯福总统同意退回美国的部分赔款,用于设立中国留学生在美学习的奖学金以及开设留美预备学校。1911年,清政府批准将预备学校更名为清华学堂并订立章程。最终,其演变为现今被广泛认可的中国最好的高等学府——清华大学。

清华大学的毕业生中有许多人后来成为中国国家领导人。

自 2015 年以来，清华一直被《美国新闻与世界报道》杂志（*U.S. News & World Report*）评为世界上最好的工程和计算机科学学校，排名高于麻省理工学院。清华经管学院成立于 1984 年。经管学院是最早与美国企业建立深厚关系的中国机构之一，并成为华尔街和硅谷企业高管到访中国的常规站点。其顾问委员会委员是来自中国和世界其他国家和地区的领军人物。

自 1980 年以来，中国的国内生产总值（GDP）已经从相当于美国 GDP 的 11% 增长到 2019 年的 67%，[①] 尽管中国的人均收入仍然较低：2019 年，中国人均 GDP 为 1 万美元，而美国的人均 GDP 为 6.5 万美元，[②] 但自 1980 年以来，中国的人均 GDP 增长了 33 倍，同期，美国的人均 GDP 仅增长了 5 倍。中国的出口量从相当于美国出口量的 6% 增长到 100% 以上。中国的经济规模一度小于荷兰，而现在每年的增幅已经相当于整个荷兰的经济总量。自 2007 年中方首次投资黑石以来，中国许多主要的经济增长和创新指标都赶上或超过了美国。中国的制造业产出、出口量、存款总额和能源消耗总量都超过了美国。无论是奢侈品，还是智能手机，中国的市场都比美国更大。2007—2015 年，全球经济增长的近 40% 都是中国贡献的。虽然中国 2019 年的经济增速出现放缓，但仍是美国经济增速的两

[①] GDP, current prices in US dollars; International Monetary Fund. World Economic Outlook database; April 2019.

[②] GDP per capita, current prices in US dollars; International Monetary Fund. World Economic Outlook database; April 2019.

倍以上。

新加坡已故总理李光耀是对中国发展研究得最透彻的观察家之一。在2015年3月去世前不久,他被问道,是否认为中国最终会取代美国,成为亚洲的主导力量。他毫不犹豫地说:"当然。为什么不?他们怎么可能不渴望成为亚洲第一?假以时日,他们还希望成为全球第一。"他又补充说:"届时,全球都要按照中国的规则来,而不是西方国家的规则。中国的崛起是我们这个时代决定性的、毋庸置疑的地缘政治事实。"

哈佛大学历史学家格雷厄姆·艾利森警告说,这种从西方到东方的权力再平衡过程包含一个陷阱。随着美国逐步退后、中国逐步提升,两个国家及依赖这两个国家的其他国家会感觉到失衡,觉得与近几十年的历史状况有所偏差,这时,即使是最轻微的误解、怨恨或攻击,也会把各方推入战争的陷阱。这一情况曾经在公元前5世纪出现过,当时雅典的崛起威胁到了斯巴达,因此艾利森把这个陷阱称为"修昔底德陷阱"——修昔底德是希腊历史学家,他的《伯罗奔尼撒战争史》一书记录了斯巴达和雅典之间那场决定了历史进程的战争。修昔底德陷阱也曾出现在20世纪,当时德国威胁到欧洲的现有秩序,引发了两次世界大战。中美之间经济权力的转移正在发生,如果两国找不到一种互信合作的方式来应对必然随之而来的政治权力的转换,那么"修昔底德陷阱"可能会再次出现。

2012年,在清华大学百年校庆后,时任清华大学校长陈吉宁希望和我在巴黎会面(当时,我和克里斯汀已经在巴黎生活了8个月)。我知道他在为清华寻求捐赠,实际上我已经开始思考可以利用自己的资源和人际关系网络为清华做些什么。

我从来没有在清华大学学习生活过,与这个学校也没有什么特殊的感情联系。清华大学与我相隔万里,中国的文化我也刚刚开始了解。因此,在我准备迎接陈校长到访巴黎的同时,我也在四处寻找灵感。我知道,无论我有什么创意,都要靠自己和周围的一个小团队努力推动,把想法变为现实。

2010年,清华大学顾秉林校长、经管学院钱颖一院长和潘庆中教授在纽约拜访我的时候,提出了交换生计划,但我对传统的交换生计划没有兴趣——我要设置一个独特并与众不同的项目,因此我想到了塞西尔·罗兹。他在23岁时,尚未在非洲建立自己的财富帝国。但在那一年他写道:"生活中的至高幸福是报效祖国。"在他1902年去世时,后人根据他的遗嘱设立了一个奖学金项目,把来自大英帝国、英国殖民地和德国的年轻人聚集在一所英国的大学里学习,旨在"扩大他们的视野,为他们的生活和礼仪提供指导,以及向他们灌输这样的思想——保持大英帝国的统一有利于联合王国、有利于殖民地"。他的愿景最终成为牛津大学的罗德奖学金。罗兹本人颇具争议,他是一个残酷的雇主,还助推了南非的种族隔离政策。然而他的奖学金仍然是世界上最负盛名的奖学金之一,为来自不同国家的一些最优秀的青年男女提供了难得的学习机会,让他们可以在最能影响其人生的阶段共同生活和学习。

我向陈校长提出,如果在中国创立类似的奖学金会怎样？我们可以制订一个计划，鼓励来自世界各地的最优秀和最聪明的人在清华大学一起学习。他们可以在中国的各个部委和企业轮流实习。他们可以在中西方教授的指导下学习，在这些前辈的帮助下，找到不同文化之间的联系。这些体验会丰富每一批奖学金获得者的生活和学习。当他们日后成为影响各自国家的领军人物时，他们可以理解彼此的文化和信仰。他们会在友情和理性的基础上采取行动，摒弃导致各国陷入修昔底德陷阱的疑虑和不信任。陈校长赞同我的想法，但认为我们也需要一些中国学生，理由是如果我们想让学生真正融入中国，那么这个课程应该允许中国学生和外国学生一起学习、工作和生活。这点有道理。在会议结束前，陈校长又补充说："成本会很高。"我承诺首笔出资1亿美元，并向他保证我们可以筹集其余的资金。清华大学苏世民书院就此诞生。

只有一个问题，我不是一名教育工作者，自1972年以来，我就再没有进入过教室。我对从零开始建立学院一无所知，更不用说在中国做这件事了。

哈佛商学院前院长杰伊·莱特也是黑石董事会成员。他介绍我们认识了比尔·柯比教授，他是哈佛大学中文系的前任系主任，兼任哈佛大学艺术与科学研究生院院长。哈佛商学院院长尼汀·诺里亚建议我们去找沃伦·麦克法伦教授，他在哈佛商学院授课已有很长时间，也曾在清华大学任教，在清华的人脉关系极广。就这样比尔和沃伦一起组建了一个学术顾问委员会，加入了我们的探索之旅。

我们之前给自己设计了很多问题，他们都能帮助我们一一解答：学生的年龄范围应该是多少？正确的学科组合是什么？在学生毕业时我们如何提供职业建议？每一位学生的花费是多少（包括住宿费、学费和单人往返北京的机票费用）？还有学生的生活问题，等等，事无巨细，不一而足。如果有人认为出资人支持高等教育只是写张支票、换取荣誉学位，那就大错特错了。

在确认项目细节的时候，我回想起自己接受高等教育时的情形——我经常在课堂上辛苦地学习，却得不到什么回馈和鼓励；我在华尔街的前几个月没有接受过任何培训或指导。那段经历告诉我，第一份工作表面声望的重要性远远比不上我丧失的学习技能的机会。我最终在雷曼兄弟找到了自己需要的东西，而在雷曼兄弟的经历成为我日后成就最高水平的基础。

因此，我开始设想一个可以加速学习进程的项目，一个旨在为年轻人提供良好学术体验的项目，帮助他们与同龄人建立受益终身的关系，获得导师的指导性建议，并取得工作实践经验。首先，我们必须确定项目的时间长度。应该是一年还是两年？我想象自己就是项目申请人：他们其中许多人就像我们在黑石聘请的年轻分析师一样，对一个雄心勃勃的23岁的年轻人来说，两年的时间似乎感觉太久了。如果我们想找到世界上最有能力的年轻人，我们就必须给他们一个丰富而完善的体验，而不是占用他们太多时间去追求其他目标。一年是完美的时长。

接下来，我们必须确定师资队伍：是全部来自清华大学的中国教师，还是全部采用外籍教师，或是两者兼而有之。我到清华的几个班上去观察中国的教学模式。虽然听不懂中文，但我发现，即使班级人数较少，课堂的大部分时间也是教授在讲、学生在听。如果是大型讲座，就全部是教授在讲。这些课程的时长超过了普通的西方大学，而我想象中的苏世民书院的学员会很快感到厌倦。

但我也不想要一个完全国际化的教师团队。我们的学生将来自美国、欧洲和世界其他地区最优质的大学。如果他们在北京获得的学术体验与在本国别无二致，那就没什么意义了。所以我们选择混搭：一半是外籍教师，一半是中国教师，有时两人同时教授同一个班级。一个课堂，两种文化。

学术项目的第三大宗旨是深入了解中国，其中包含三个要素：让在中国商界、非营利组织或政府工作的知名领军人物参与教学，他们教授的内容要与每个学生相关；学者在中国游学，以便了解北京以外的其他城市和地区；他们在中国组织中参加工作实习，观察组织如何运作。

最开始，苏世民书院的学术顾问委员会就课程设置问题进行了大量的讨论。最终，书院决定采用"体验式"教学模式，为苏世民学者配备了"实践导师"，同时安排他们参与"社会实践——行知中国"，在中国各地进行多角度、深层次的游学。我们得到了学校领导层的理解和支持。在我们与学校内部各层级艰难"磨合"时，中国高层领导的教育目标成为一个利好因素，希望提升中国一流大学在全球的排名，并设定目标，到2020

年,若干所大学和一批学科进入世界一流行列,并号召中国的大学兼收并蓄西方顶尖高校的最新教学方法。

艾米·斯图尔斯伯格是黑石基金会的负责人,后来担任苏世民学者项目的执行理事。我们两个人一起成了清华大学的工作人员,完全进入了创业状态。任何企业家领导团队的首要任务是围绕自己的愿景进行造势动员,营造一种必然成功的浓厚氛围。所以我们去见了美国和欧洲各大学的负责人:牛津大学、剑桥大学、伦敦经济学院和英国帝国理工学院;美国的常春藤联盟[①]、斯坦福大学和芝加哥大学以及世界各地的其他250所大学。我们鼓励他们派出最优秀的学生参加我们的课程。我们不遗余力地向每一所大学的校长、院长和奖学金项目主任推荐苏世民学者项目。

这些工作都开支不菲,我们意识到我最初1亿美元的承诺肯定不够。这就像盖房子一样,不知不觉,花费的时间和成本都是我们预期的两倍。为了解决不断增加的成本费用,我不得不开始推销自己的理念,希望能找到出资人。当我和彼得在1986年筹集第一个收购基金时,我们见了17个潜在投资人,才有一个愿意出资。从那时起,随着黑石创造了卓越的绩效纪录,一切都变得更加简单。我会去找预先筛选出来的投资人,知道有90%~100%的机会拿到投资。我已经习惯了这个比例。

然而,对苏世民学者这个项目而言,在许多人看来,中国

---

① 常春藤联盟,包括哈佛大学、宾夕法尼亚大学、耶鲁大学、普林斯顿大学、哥伦比亚大学、达特茅斯学院、布朗大学及康奈尔大学等8所高校。——译者注

是不是世界上最令人看好的国家并不重要,中国贡献了40%的全球经济增速、我们得到了最高领导人的支持也并不重要,重要的是这个构想未经证实、史无前例,根本不可能变成现实。

我又回到了推销创意的阶段,从商业圆桌会议到婚礼殿堂,从达沃斯经济论坛到纽约派对,无论我走到哪里,我都跟身边的人讨论这个项目。如果我认为与我交谈的人对中国或教育有一丁点兴趣,我就会提出让他参与出资,每个有钱人都逃避不开我不厌其烦的推销,结果各类活动对我的欢迎程度与日俱减。

我们在5年内撰写了近2 000封信件,每封信都根据潜在捐赠者的喜好和需求量身撰写,我们向他们解释为什么给苏世民书院捐资是物超所值的一笔开支。如果他们表现出丝毫的兴趣,我们就会再次去信、进一步讨论。我还会继续给那些拒绝我的人发邮件。后来,迈克·布隆伯格给我开了一张支票,他说自己之所以这样做,是因为害怕我会一直不停地要他捐款。

2012年12月12日,我受邀在《纽约时报》交易日会议上发言。在休息室里,我看到了要一起参加专家讨论的瑞·达利欧,他是世界上最大的对冲基金桥水公司的创始人。他远远地坐在角落里,我走上前去自我介绍。我们马上要上台了,于是我开门见山,提议让他出资2 500万美元,成为苏世民书院的创始合伙人。他无奈地看了我一眼,告诉我说,自1984年以来,他一直活跃在中国,这个国家让他深深着迷,他甚至把儿子送到中国读了一年中学。虽然他热爱中国,但依然认为我设想的项目无法实现。他确信我对自己即将遇到的挑战和困难一无所知。

但我一直不停地劝说，直到他态度松动。他承诺出资1 000万美元，并表示如果我们能成功地启动和运行项目，他会再出资1 500万美元。在我们上台前，他说："保持联系，告诉我进展。"他似乎确信另外一张支票无须再开给我了。

当然，我们不需要他告诉我们这一项目的挑战性和艰巨性，因为我们已经发现了。我们身处曼哈顿，想在地球另一边一个我们仍然知之甚少的国家从零开始打造一个机构，其难度可想而知。纽约和北京之间有着12个小时的时差，这意味着我们只能在晚上推进苏世民学者项目，然后在太阳升起时，回到我们的日常工作。我们不知道请了多少个承诺解决问题的顾问，但他们都没搞定。我知道，如果一开始不是因为黑石这个响亮的品牌，我们的项目永远也不会获得成功所需的声望。但除了我们的小团队以外，没有人认为我们能够实现这一目标，就连我们自己有时也会自我怀疑，因为每一项任务，无论大小，都要花费比计划多4倍的时间。

当筹款陷入困境时，我们开始为潜在的捐赠者提供其他的机会，他们可以赞助学院的部分建筑物，也可以用自己的捐款赞助特定学生——就像教授可以选择自己的学生一样。如果捐资250万美元，每年供应一位学期为一年的学生，就可以连续提供15年的资助。15年后，我们会把赞助权转让给另一个捐赠者，再次募集250万美元。这一方法很是有效，我们发现大家很乐意为来自本国或自己母校的学生提供奖学金。

许多外资公司已经在中国开展了慈善活动。但我们也找到了方法,让他们参与我们的项目。当时的百事可乐首席执行官卢英德赞助了我们的两项个人奖学金,一项是百事奖学金,另一项是亨利·保尔森奖学金。除了亨利·基辛格和汉克·格林伯格之外,没有人比亨利·保尔森对中美关系的贡献更大。奖学金以自己的名字冠名,这一荣誉让他非常高兴。创业者的成败往往取决于自己交往的对象,为我们提供捐赠的个人和机构名气越大(比如迪士尼和摩根大通),我们对其他人的吸引力也就越大。

有时,我还会在为苏世民学者项目的募资奔走呼吁中交到新朋友。在东京,我与软银创始人孙正义讨论一个商业问题。闲聊期间,我又免不了跟他介绍苏世民学者项目。作为推销员,我已经事先思考了从哪个角度说服孙正义。我说,中日关系向来不好。几十年来,日本一直是比中国的经济实力更强的国家,但现在中国越来越富裕,日本的人口却正在萎缩,也许是时候修复这段关系了。

孙正义当时的身家为150亿美元。他已经50多岁了,如果他再工作10年左右,他的净资产可能会翻番。我告诉他,除了这笔巨额财富,他还需要一个增加自己慈善事业投入的计划,而为苏世民学者项目提供2 500万美元的赠款似乎是一个很好的起点。他听了之后,提出可以捐资1 000万美元,连续15年每年资助4名日本学生。后来,从最初的1 000万美元开始,他已经将赠款金额增加到2 500万美元,我们两个人也已经成了好朋友。

而中国捐赠者给我们带来的挑战又不一样。在书院竣工、学生入学之前,中国捐赠者不会给我们一分钱。他们对我们的"想法"持不信任态度。我保证我们会修建书院、招募优秀的学生,但他们一定要眼见为实,不然不会给我们开支票。所以,这些捐款我们一直等到 2016 年苏世民书院启用、首批学生入学才入账。而此时,中国人对这一项目的看法立刻出现了 180 度大转弯。我们的第一批中国捐赠者是在房地产行业起家的,接下来的是大型企业集团,然后是高科技企业,最后是专门做人工智能的个体企业家,他们都希望与我们的使命产生联系。现在,苏世民学者项目获得的捐赠总额是中国同类学院中最高的,海内外人士为我们提供了超过 5.8 亿美元的捐赠。

我们今天建立的机构、创设的项目、打造的人际关系网络,源于我竭尽全力的拼搏和永不放弃的意志——我一定要把苏世民学者项目变为现实,我拒绝接受"成功"以外的其他选项。

通过这个项目,我也了解到了在中国做事时"关系"的重要性。想做成任何事,强大的关系网络意味着一切。正是因为我们跟中方建立了牢不可摧的关系,这个项目才得以成功。刚开始的时候,我们是跟清华大学校长陈吉宁合作,他年轻有为、灵活勇敢、充满活力。

2015 年,陈吉宁被提拔为环境保护部部长,随后成为北京市市长。邱勇接替他担任清华大学的新校长。在邱勇就职之前，我访问清华，去拜访我的朋友陈旭女士，她是清华大学党委书记。一般我会在她的办公室与她见面。但这一次，我被带到一个大型会议室，并受邀坐在陈女士右边的椅子上，这是给客人的上座。她和邱勇校长明确表示：清华会大力支持苏世民书院。我们需要这一支持，我和邱勇校长两个人会定期就苏世民书院的事情进行沟通。

早在2012年在我们决定开展苏世民学者项目后，陈吉宁先生带我参观了清华校区。他向我展示了三个可以建造书院的选址。获得罗德奖学金的学生住在牛津大学的各个学院，但有一个专门供学生学习和社交的活动中心，名为罗德之家。我认为，苏世民书院的学生应该在同一个屋檐下生活、上课，以充分利用他们在北京的时间学习、交流。我希望他们在走廊、公共休息室、楼梯上遇到，共进午餐。我们创立这个项目的主旨应当不仅仅是让他们学到知识，更要让他们在学习期间彼此建立起良好关系。我希望在书院的设计中倾注自己设计黑石办公室的心血和理念。

为此，我们首先邀请了10位建筑师参与项目设计竞争。大多数设计都采用了玻璃盒的形状，这种设计从达拉斯到迪拜，随处可见。还有一家公司建议我们用火箭复制模型围绕主楼，表明我们正在进入一个新的时代。他们的这些设计俗不可耐，令人大失所望。最后，我向耶鲁大学建筑学院院长鲍勃·斯特恩求助，我告诉他如果我们要把来自世界各地的人带到中国，我们的建筑风格就需要有中国特色，可以让到访者联想到中国的过去和现在，回想起中国悠久的文明史。

淘汰了玻璃盒的设计后，我请鲍勃设计了一个具有现代感的中国传统庭院。他的设计极为出色，从校园繁华的道路入门而进，是一个独立而隔离的庭院，采用中国典型的合院式布局，四面楼舍环抱，院内雅致静谧，阳光泻入下沉的庭院后洒进教室和礼堂，庭院周围散布着会面和社交空间，鼓励人与人之间进行放松随意的互动，这对求学体验非常重要。书院集古典传统与现代气息、融东方神韵与西方风格于一体，成为一道独特别致的校园景观。

在建设期间，我们还为到访者修建了一个样板宿舍，方便他们了解学生的日常生活。在开放参观之前，我试了试我们挑选的床、阅读椅和书桌，以确保一切正常。苏世民书院建成后，被评为2017年世界九大最佳校园新建筑之一，这也是亚洲唯一一所入选的校园建筑。

书院的修建过程又是一场唇枪舌剑、你来我往的博弈。先是清华大学对鲍勃的设计方案提出了强烈意见。然后，我们不得不与中国的承建商交手。中国的承建商已经失去了修建中国传统建筑的东方手艺。我们想要使用寿命长达200年的木地板，但承建商告诉我们只能买人造木材，12年后就要更换。我们想在墙壁上镶嵌木板，但承建商说唯一的选择是看起来像木头的塑料。我们要用砖，他们提供了砖砌镶面。

对我而言，这样的讨价还价、偷工减料是无法想象的，我怀疑这些都是借口，他们只是为了逼迫我们选择一些给了他们好处的供货商。因此我们找到了一家家具制造商，为我们生产木地板和木镶板。我们聘请了为人民大会堂修复门窗的公司来制造苏世民书院的木制大门。我们让当地建筑工人学习传统的砌墙手艺，给我们打造真正的砖墙。

最初我们让中国承建商全权负责项目。但随着时间的推移，问题越来越多，他们提出的借口也堆积如山，我们开始怀疑他们并没有什么责任心。我们派了一个美国人到现场监工，根据他反馈的信息，等第一批苏世民书院学生入学时，书院的工程才能完成一半。因此，在距离完工还有一年的时候，我到施工现场考察，要求我的团队编制一份清单，整理了苏世民书院保质保量完工所需的一切工作。不仅是假木头和砖墙的问题，现场夜间照明也不行，会危及建筑工人的施工安全。我要求在48小时内解决照明问题。

第二天早上，我们召集了所有项目经理和分包商。我表达了对他们的极度失望和不满。我能感到我的翻译在重复我的话时犹豫不决，但从建筑工人目瞪口呆的表情中，我能看出他们明白了我的愤怒。这个项目得到了中国高层的支持。我告诉他们我会每6周回来一次，检查建设进展情况，直至完工。如果再有任何延迟或失误，责任人就要吃不了兜着走，他们要面对高层的震怒，其后果可想而知。经过我的这番沟通，工作进度加速了。

在修建苏世民书院的过程中，我逐渐了解到，在中国，营造良好的组织机构能够达到事半功倍的效果。等到书院建成时，我往中国已经跑了 30 次，以确保我们把控所有细节，我的团队出差的次数是我的 2 倍。

———

每个创业者都需要运气，而我在 2012 年底在白宫举行的活动中，就收获了一点好运。当时，奥巴马总统问我："史蒂夫，你好吗？你最近在忙什么？有什么有趣的消息吗？"我把苏世民书院的计划告诉了他，他似乎很感兴趣，表示如果有任何他可以帮助的事情，就告诉他。

因此，当项目即将在中国正式启动时，我联系了白宫，询问总统会不会发布对此表示支持的消息，总统果真说到做到。在项目正式启动的前一天晚上，我们的团队忙着在活动开始前敲定所有细节，已经人仰马翻。白宫已将奥巴马总统的支持信发送给北京的美国驻华大使馆。我希望得到习主席的支持。因为习主席的表态会引起中国各个层面的共鸣，将确立我们的正式地位，对我们的未来会有巨大帮助。

我们的顾问委员会成员史蒂夫·奥尔林斯将贺信提交给中方。一夜之间，我们启动仪式的规格提升了——原定由中国教育部部长主持的启动仪式，现在由国务院副总理刘延东女士出席并致辞。

我们一起进入人民大会堂，目之所及，到处是人。舞台上是一块巨大的展板，上面画着我们未来的书院，"苏世民书院"几个金色的大字熠熠生辉。

教育部部长大声宣读习主席的贺信："教育应该顺此大势，通过更加密切的互动交流，促进对人类各种知识和文化的认知，对各民族现实奋斗和未来愿景的体认，以促进各国学生增进相互了解、树立世界眼光、激发创新灵感，确立为人类和平与发展贡献智慧和力量的远大志向。祝清华大学苏世民学者项目取得成功。"

奥巴马总统在贺信中称："纵观历史，教育交流再造了学生，加深了国家之间的相互理解与尊重。通过在中国建立这样的学者计划项目和文化熏陶，苏世民学者项目将在这光荣的传统中功不可没。"

中美两国的最高领导人纷纷表示对以我的名字命名的项目的支持，给我带来了极大的震动。我们之所以打造这个项目，只是因为陈校长来找我，而我为他提供了一些与众不同的东西。启动仪式当天发生的一切，以及背后所有的工作、创造和坚持不懈的努力，都让我的心情久久难以平静。

我们首届项目共有 110 个名额，但收到了超过 3000 份的入学申请。我们制定的入学标准极为严格。在美国劳动节①前的周末，我和艾米在星期天的整个晚上都在讨论"领导力"的含义。我们一直在寻找那些富有冒险精神和独创精神、可以把周围的人凝聚在一起的学生，他们必须是出类拔萃的，用黑石的话说，他们必须是"10 分人才"。

---

① 美国劳动节，每年 9 月的第一个星期一，是联邦的法定节假日，用以庆祝工人对经济和社会的贡献。——译者注

我们录取的首届学生中,入学率高达97%,远超哈佛、耶鲁或斯坦福。这个结果绝非偶然,是我们在各个大学大力宣传的结果。我参加了苏世民书院的每一次全球发布活动,以确保我们传递一以贯之的理念、打造优质强大的品牌。在新加坡的一次活动中,我们的招生负责人罗布·加里斯发现我没有戴项目的新领带——领带是我的妻子克里斯汀专门为苏世民学者项目设计的,选用了一种别致独特的紫色,随后,他递给我一条备用领带,于是,我在招待会进行到一半的时候,换了领带,登台讲话。

我们在伦敦、纽约、北京和曼谷面试了300名候选人。在伦敦和纽约,我亲自接待了所有的候选人,在他们来参加面试时与他们一一握手,祝他们好运。如果我听说被我们录取的候选人在犹豫不决,我就会亲自给他打电话,为他消除顾虑,扫清障碍。只有在两种情况下,我才能接受候选人的拒绝,一个是他身体不适,另一个是他获得了罗德奖学金。否则,我会一直不挂电话,直到候选人同意入学,即使这要花费几个小时的时间。

除了上课、实习和游学外,我们的首批学生也全身心地投入了清华大学的校园生活。有时,我正在纽约的家里看电视,就会接到电话,听到哪个学者又取得了什么了不起的成绩。清华大学2016年有4.6万名在校生(截至2015年底),我们书院只有110名,尽管如此,他们依然获得了大学田径比赛、女子足球赛和男子篮球赛的冠军。我们有一名学生在2017年北京击剑锦标赛中获得金牌。在首批苏世民学者到达校园的11个月里,他们从无到有打造了充满活力的大学生活。他们撰写了自己的宣言,组建了学生会,出版了文学期刊,并组织了苏世民书院舞会,而且我相信,不久之后一定还会有人安排芭蕾舞团来校巡演,就像我当年在耶鲁大学的做法一样。

当瑞·达利欧看到我们把不可能变为可能时,他开出了第二张支票,又捐赠了1 500万美元。苏世民书院的达利欧礼堂(也称达理礼堂)就是以他的名字命名的。

中方捐赠者告诉我,他们已经习惯了中国人出国留学,但苏世民学者项目正在扭转这一局面,将最优秀的外国学生带到中国,这让他们感到非常自豪。对他们而言,这是中国重振千年雄风的标志。

我现在很确定中国不再是子孙后代的选修课程,相反,这将是一门核心课程,而我们设计的苏世民学者项目就是学习这一核心课程的最好课堂。

4
斡　旋

WHAT IT TAKES
Lessons in the Pursuit of Excellence

2012年12月15日，我正在参加一个会议，我的助手递过来一张纸条，说总统在等我接电话。"哪个国家的总统？"我问她。她在纸条上写道："美国。"美国总统打电话，岂有不接之理？我走进办公室，拿起了电话。

这是康涅狄格州桑迪·胡克小学发生枪击案的第二天，能听得出来，奥巴马总统深感痛苦和焦虑。我们讨论了15分钟枪击案及其后果，然后他说之所以给我打电话，是因为与共和党人的预算谈判陷入了僵局——民主党和共和党就增税和削减开支争执不下，两党的这一分歧由来已久。

"我真的需要你的帮助。"总统说。

根据此前预算协议的条款，如果民主党和共和党在1月1日之前未能达成协议，则会自动启动一系列削减支出和增加税收的措施，这将导致美国政府面临所谓的"财政悬崖"。

"你是想让我免费给你做投行顾问吗？"我说。奥巴马笑了,他把自己的私人电话号码给了我,说我可以在白天或晚上的任何时间打电话——但最好不要在晚上 11 点之后。为了摆脱困局,他主动跟政坛以外可能提供帮助的人接触,这一点让我很佩服。

接下来的一周半,我投入两党之间的斡旋工作。我跟共和党的领导人很熟,我们讨论了各种方案。其间我几乎每天都跟总统交流。有一次,我正在朋友家参加圣诞晚宴,总统打电话过来。我不得不在上甜点的时候离开,找一个私密的角落。女主人对我的行为举止感到好奇。

我认为共和党最终提供的方案是比较公正的——10 年内增加 10 000 亿美元的税收,也就是每年增加 1 000 亿美元,每年同时削减 100 亿美元的政府开支。但这一方案远没有达到民主党的增税要求,总统拒绝接受。我劝说他:在联邦政府 40 000 亿美元的年度预算中,减少的 100 亿美元只是个零头。而且,共和党人在开始谈判的时候根本就拒绝增税,而现在他们提议通过增税、堵塞漏洞和终止减税来增加 10 000 亿美元的收入,已经是做出了让步。况且,这里还有商量的余地,虽然余地不大。这时候,民主党如果再犹豫不决,就可能丧失机会。

总统告诉我:"你可能懂怎么达成交易,但我懂政治。"作为一个赢得第二任总统任期的人,他的这句话入情入理。他不想在第二个任期刚刚开始就动用宝贵的政治资本,推动他知道无法让自己的政党支持的协议。我告诉他,我可以想象在他和众议院共和党议长约翰·博纳一起在椭圆形办公室里胜利地挥舞双臂时，所有的异议者会都像灯亮起时的蟑螂一样四散开来的情景，这会令他非常难堪，甚至会让他遭到党内的质疑。但是如果能就此达成协议，他们会赢得整个国家的爱戴。我表示，政治资本就像头发，剪了之后还会长，只要你做得对，最终会赢得理解和支持。总统很亲切客气，他知道我已经尽全力帮忙，对我表示了感谢。谈判一直持续到1月1日凌晨，副总统乔·拜登和参议院共和党参议员领袖米奇·麦康奈尔一直在率领双方团队讨价还价。最终达成的协议虽然并非尽善尽美，却让美国避免了跌落财政悬崖。

无论政要的党派如何，他们都只是寻找答案的人。如果你有提供答案的能力，就应当提供答案。在20世纪90年代初，我受邀参加白宫的宴请。我当时还没有再婚，所以带了一个约会对象——一位来自纽约的杂志作家。在宴会上，我找到了乔治·H. W. 布什总统。很多年前他去耶鲁大学看自己的儿子乔治·W. 布什，我们遇到过一次。我们两个人走到旁边，专心地谈了10分钟。我回到约会对象身边时，她问我俩到底在聊什么。我告诉她："很简单，总统目前最大的问题是美国经济不景气，而我对此有一些想法。"世界领袖与其他任何人都没有什么不同。如果你谈论困扰他们的问题，并提出一些有用的建议，他们就会倾听，无论这个人是民主党人还是共和党人、王子还是总理。

由于我经常参与一些政治活动，2016年11月，我有机会来到特朗普大厦26楼，与当选总统特朗普见面——他是美国近代史上最不可思议的当选总统的人。多年以来，我经常在纽约和佛罗里达州的社交活动上遇到唐纳德·特朗普。现在，他赢得了一场极少有人预测他可以获胜的选举，正在找人组建自己的政府。他的办公室及其周围的房间受到特勤局特工的严密保护。他现在生活在一个超大的泡泡里，这种转变感觉非常超现实。我们几乎没有时间聊天，但一周之后，他再次打来电话，问我是否考虑加入他的团队。我向他表示感谢，但告诉他，我很满意现在的生活，无意做出改变。他说这在他意料之内，但他需要直接听取美国商界领袖的意见，因为他试图加速经济发展。"我需要一群能告诉我真相的人，"他告诉我，"你认为你可以组建这样一个团队，并负责团队的管理吗？"

他希望组建一个小型团队，最多25个人。他不在乎团队成员是共和党人还是民主党人。团队的核心是人才和知识，而不是政治。这个团队不必赞同总统的所有行动或观点，但可以参与时事，为解决问题提供建设性方案，为美国的经济发展做出贡献。自大萧条以来，美国的年均经济增长率一直保持在1.8%左右。政府需要创造就业机会，刺激生产率提升，恢复美国的经济健康。此前的美国大选非同寻常，风云变幻，各方动荡不安，现在需要这样一个小团队来增强社会信心。如果总统是在认真考虑这件事,那么我当责无旁贷、义不容辞。在接受联邦政府提出的任何挑战时,你都无法确定结果会怎样,但无论是成功还是失败,只要目标是为国效力,那就是值得的。

一周后,我为总统的战略与政策论坛提供了最初的名单,其中包括通用电气的前首席执行官杰克·韦尔奇;摩根大通的杰米·戴蒙;贝莱德集团的拉里·芬克;通用汽车的玛丽·博拉;克利夫兰诊所的托比·科斯格罗夫;迪士尼的罗伯特·艾格;沃尔玛的董明伦;波音的吉姆·麦克纳尼;IBM的罗睿兰;特斯拉的埃隆·马斯克;百事可乐的卢英德;全球基础设施合作伙伴的巴约·奥贡莱斯;帕特默克全球合作伙伴的保罗·阿特金斯;剑桥能源研究协会的丹·耶金;波士顿咨询集团的里奇·莱塞;斯坦福大学和胡佛研究所的凯文·沃尔什;安永会计师事务所的马克·温伯格。这是一支全明星队,广泛覆盖了美国经济的各个领域。

当我向总统提交名单时,他只有两个要求。第一,删除其中的外交政策专家,以获得更全球化的视角。他说他可以在其他地方获得外交政策建议。第二,邀请比尔·盖茨和蒂姆·库克加入。我告诉总统,这两个人已经拒绝了——比尔在全力以赴地运营盖茨基金会,蒂姆则在忙着管理苹果公司。但总统表示,无论如何,还是要给他们两个发邀请信。比尔的回信非常礼貌,他表示自己可以参加重要的会议,或直接提供意见,但他本人是不会加入什么团体的。蒂姆也彬彬有礼地提供了类似的反馈。

我们在2月举行了几次会议。第一次开会时,总统及其高级官员都参会了。这一届政府引发了极大的关注和讨论，这些声音此起彼伏、震耳欲聋，大家很容易被政治因素和个人风格分散注意力。因此，我要求小组的每个成员提出自己所在领域影响最大的问题，并就作为首席执行官如何处理这些问题提出建议。在开会之前，我会跟每个人进行交流，了解他们想讨论的内容，并一再要求，不能在会议上讨论问题的根源或性质。我希望提出问题是为了进行富有成效的讨论。我们论坛的成员都是严肃直率的人，他们善于发表自己的意见。在几次会议之间，我们根据政府和国会的反馈进行了跟进。总统似乎很欣赏这种未经过滤的信息流，我们旗开得胜，从而获得了继续前行的动力。

但是在 2017 年 8 月，我们切身体会到，尽管我们竭力超脱政治，但还是无法避开政治和商业的碰撞。在弗吉尼亚州的夏洛茨维尔市，"新纳粹主义"团体和"安提法"团体发生剧烈冲突，酿成悲剧。总统指责双方都对悲剧负有责任，从而引发了巨大争议。他的反对者，甚至他的许多支持者都认为这一表态是把两个团体相提并论，他们在道义上无法接受。一时间，众怒难犯，舆论一片哗然。总统无法平息局势。而随着愤怒情绪的不断堆积，我们论坛成员也面临巨大压力。虽然我们在不分党派地为国做事，但对很多人来说，参与这样一位总统的事务让人无法容忍。

作为投资者，我已经习惯于危机的出现。从雷曼兄弟的投资银行业务，到创立黑石、见证公司各个阶段的发展和变化，我不仅学会了应对危机，而且学会了为自己和客户制造危机，并以此为契机引发变革、改变现状，达到因破而立的目的。但企业高管恰恰相反，他们习惯于依赖规则、维持秩序，些许的风吹草动，都很容易让他感到不适，尤其是当负面舆情出现，或面对客户施加压力时。他们非常厌恶被广为关注的公共事件卷入其中，尤其是像这种饱受争议、引发民愤的事件。但是，如果我们要因此把论坛解散，那么我希望这是一个集体决策，要同进退，而不是论坛成员一个接一个地离开。我感受到了小组成员的不安情绪，因此安排电话会议，为大家提供三个选择：保留论坛、暂停论坛、解散论坛。

大多数人想要解散论坛。我把事先起草的新闻稿提供给大家。其中几位成员问我他们是否可以考虑一下，然后提出建议，我拒绝了。一旦更多顾问看到这个新闻稿，解散的消息必将泄露，将弄得满城风雨，对此我确信无疑。如果我们要宣布解散，就要通过发布新闻的形式，简单而快捷。我还坚持要通知总统——如果我们计划解散，那么通知总统是最基本的礼仪。

但是，就在我告诉白宫工作人员后不久，总统抢先一步在我们还没有发布任何声明的时候，就宣布要解散论坛。我们这个代表了美国商业精英的小团队对国家一腔热情，本可以用自己的智慧和经验来帮助政府和国家，但在紧张的政治环境中，一个小小的火花也可能导致大范围的附带损害。我们都想为发展国家、改善社会出力，希望为提高美国人的生活水平发声，但我们已经不能再参与政府事务了。这是我最大的遗憾。

尽管我感到失望，但我觉得自己有义务继续努力为国效力。从唐纳德·特朗普当选总统的那一刻起，我就不断地接到电话，大家纷纷咨询我："应该怎么看待这位总统呢？"他们在竞选期间听到了他的观点，并对他即将采取的行动而倍感不安。早在他竞选总统之前，特朗普就坚信，美国制造业已被自由贸易摧毁。美国的就业机会在流向劳动力成本最低的地方，无论是墨西哥还是亚洲。贸易逆差和"铁锈地带"[①]的经济衰退都是这一顽疾的症状。他认为，如果就自由贸易协定重新进行谈判，就可以把就业机会带回美国，正如其在竞选期间的承诺："让美国再度伟大。"无论是否认同这一观点，他的观点和方法都将颠覆经济现状。但是，他到底会采取什么样的做法呢？

总统选择的治理方式与其前任截然不同。他会通过一个非常严密的内部圈子，而不是通过传统的外交和政府渠道与外界保持联系。即便我们是最亲密的盟友，也不确定如何与他沟通。20多个国家的国家元首或高级部长联系了我，希望我能帮助他们了解特朗普政府。

在总统的支持下，我参加了中美以及美国与加拿大和墨西哥之间的贸易谈判，原因很简单：我了解各国政要，他们信任我。除了总统，我与财政部部长史蒂夫·姆努钦也相识多年。

[①] 铁锈地带，最初指的是美国东北部五大湖附近传统工业衰退的地区，现可泛指工业衰退的地区。——译者注

我们在纽约的公寓是在同一栋楼里,私交甚好。我认识商务部部长威尔伯·罗斯也差不多有这么长的时间。

通过黑石的业务和后来的苏世民书院,我在中国建立了广泛的人际关系,其中许多人已成为中国领导人。我在 2015 年遇到了墨西哥总统恩里克·培尼亚·涅托,他为墨西哥的学生提供了两笔苏世民学者奖学金。他的财政部部长路易斯·维德加雷·卡索经常给我打电话,他来纽约的时候,也都会来找我。至于加拿大,我认识外交部部长克里斯蒂亚·弗里兰,因为她曾是英国《金融时报》的记者。她之前报道过黑石,我一直觉得她是一个聪明又善良的人。

在总统就职典礼后几天,应克里斯蒂亚的邀请,我前往卡尔加里,在加拿大总理贾斯汀·特鲁多为其内阁举行的一次闭门会议上发表讲话。与墨西哥一样,加拿大也因我们总统的言论而忐忑不安。美国计划修订《北美自由贸易协定》(NAFTA),加拿大人因此颇感紧张。我与总理和他的工作人员进行了一个小时的私下会晤,之后又跟总理聊了两三个小时,并回答了内阁成员有关美国立场的提问。我向他们保证,根据我的理解,美加经贸虽然会出现一些变化,但总统的主要优先事项是提高美国的经济增速,美加关系依然良好。我的这个保证成为加拿大的头条新闻。

《北美自由贸易协定》是全球最大的贸易协定,但该协定对所涉及的三个国家有不同的影响。加拿大的经济规模是美国经济规模的 10%,但其在经济、政治和文化方面与美国紧密相连。

墨西哥是一个新兴经济体，其经济增长高度集中在靠近美国边境的地区。加拿大和美国的贸易关系相对平等，两国之间的进出口价值大致相当。但美国与墨西哥的贸易逆差很大，美国进口的商品远超过出口商品。

墨西哥和加拿大都不希望《北美自由贸易协定》崩溃。两国都珍惜与美国特殊的经贸关系。没有这一关系，两国的经济将陷入衰退。但每一段经贸关系的细节是截然不同的。

根据我与美国政府的讨论，美国与加拿大的主要问题集中在加拿大的奶农补贴问题——加拿大的廉价乳制品涌入美国市场，损害了美国中西部奶农的利益。此外，两国还存在其他不公平现象，例如加拿大的"文化豁免"条款，规定美国公司不得购买加拿大媒体资产，但加拿大可以在美国购买媒体资产。

据我所知，白宫真正的问题出在墨西哥，这一点在谈判期间变得越来越明显。美国非常重视解决两国之间庞大的贸易逆差问题。一个关键问题是许多美国公司在墨西哥靠近美国边境的地方建造了工厂，这样便能利用操作熟练但价格低廉的墨西哥劳动力。这一问题对汽车制造业影响最大——美国公司在墨西哥为美国市场生产的汽车被视为来自墨西哥的进口产品。

国际贸易的复杂性引发了类似《奇爱博士》一书中描写的无穷无尽的荒谬现象：在汽车的最终组装前，准备的汽车零件在墨西哥和美国之间来回进出口很多次；美国和加拿大的购物者在这一国的边境喝酒、购买廉价的免税商品，然后回到另一国边境的家中；明尼阿波利斯的电视信号在安大略省被盗取、转播。要针对所有这些经济活动制定明确的规则，足够让几十个律师忙碌一辈子。再加上美国总统意志坚定又不遵循常规，加剧了整个局面的困惑和混乱。因此，对于美国的一系列复杂问题和优先事项，我应用了黑石投资委员会的做事流程：详细研究问题，然后回过头来寻找几个可以决定交易关键点的变量加以解决，以此达成相对公平的交易。但是，所谓的"公平性"，究竟是什么？

墨西哥财长路易斯和加拿大外长克里斯蒂亚经常给我打电话、发邮件，先跟我讨论他们的想法，然后再与美国政府进行直接沟通。然而，到2018年夏天，三个国家陷入了僵局。美国总统已经与中国和欧洲发生了贸易摩擦，甚至在白宫内部，也有人担心政府承担的责任太大，一时开辟的战场太多，会难以应付。

总统邀请我与他会面就现状提出建议。我们确定在他白宫的私人住所会谈。总统过来后，我告诉他，在我看来，美国正在与亚洲、欧洲和美洲产生多边贸易争端，以一敌众，腹背受敌。美国经济虽然重要，但也只占全球经济的23%。假以时日，占剩余77%经济体量的国家会想方设法团结起来，让美国承受痛苦。

在思考如何推进总统的事务议程后，我建议美国应该达成一些协议，从最大的贸易条约《北美自由贸易协定》开始。《北美自由贸易协定》涉及我们的边境国，无论过去几个月曾经发表过哪些言论、采取过哪些行动，邻国永远是邻国。如果美国同意与邻国达成协议,就可以向全球其他国家表明,对于就贸易协议展开重新谈判,美国的态度是认真且郑重的,美国不是一味地要把协议搞砸。随着中期选举的临近,达成协议也可以作为总统履行竞选承诺的有力证据,这将特别有利于中西部可能出现摇摆的自治州的中期选举。

美国政府决定在某些关键问题上对墨西哥和加拿大采取不同的对策,再次启动谈判。美加关系和美墨关系不同,不能共用单一的经济条款。因此,美国在2018年8月与墨西哥达成初步协议,协议内容包含汽车制造业。协议提高了北美生产的汽车零件的百分比,并要求提高工人的劳动标准。协议有效期为16年,每6年重新审查一次。剩下的就是加拿大了,加拿大政府正在努力在华盛顿建立联盟,他们联系了国会、国防部、国务院,向白宫施加压力。

为了促使两国尽快达成协议,我帮助美国政府整理了双方的关切和反对的框架。根据《北美自由贸易协定》,如果一个国家认为另一个国家在倾销,则可向一个中立的专家小组提交仲裁。这个争端解决机制被称为第19章。加拿大人拒绝废除这一条款。我问加拿大谈判小组的一名成员,为什么加拿大的立场如此强硬。我得到的回答是,这个问题不仅仅是经济问题,还是政治问题。加拿大是软木木材的主要出口国,这种木材通常用于建筑和家具制造。美国指责加拿大向美国倾销软木,损害美国生产商的利益。但是,第19章的专家小组的裁定结果一直是支持加拿大。不仅如此,加拿大的大部分软木木材来自不列颠哥伦比亚省。如果现任政府同意废除第 19 章，那么他们将在下次选举中失去不列颠哥伦比亚省，而如果他们失去不列颠哥伦比亚省，自由党就会失去执政权。如果就第 19 章做出让步，那么特鲁多总理的政治生涯会就此结束。当加拿大把这一现实问题告知美国政府时，美国对达成协议如何做出让步的看法发生了变化。

9 月的最后一周，世界各国领导人来到纽约参加联合国大会，加拿大总理请我组织一次他与美国商界领袖的恳谈会。此时，美加两国的贸易谈判再次陷于停滞。加拿大总理表示，加拿大无法再做出任何让步，希望加速谈判进程，尽快达成协议。但总统拒绝在联合国大会上与加拿大总理举行私人会晤，白宫悄无声息。特鲁多总理认为，与美国主要企业的首席执行官会面可能有助于加拿大更好地了解美国商业领域的关注重点，为他推进谈判提供新方法、新思路。我们在黑石的会议室召开了这个会议。

之后，我和加拿大总理进行了私人会面。因为经常跟美国政府的高级官员沟通，我了解美国在所有问题上的优先事项和立场。我就如何成功谈判、达成协议提出了自己的建议，并告诉他，美国政府希望加拿大政府把达成协议的底线和条件写在纸面上。总理表示担心一旦这些内容写在纸上加拿大会陷于被动，美国会泄露这些信息，或以此作为对付加拿大的筹码，加拿大将毫无退路。我告诉他："我的谋生手段就是达成交易。现在已经是你当机立断、结束纠结、摆脱困境的时候了。如果你拒绝满足美国的交易要求,那么加拿大几乎肯定会陷入衰退,而没有政治家能在经济衰退期间赢得连任。如果达成协议,那么你至少还有机会继续推进政治生涯、赢得胜利。"我敦促他提供一个书面的大纲:"毫无保留地阐述你们对乳制品的立场,尽可能做出最后的让步,如果必须坚持,就以第 19 章和避免外资收购加拿大媒体的文化豁免条款为底线。把遗留的其他次要问题放到最后,简要说明加拿大准备接受或不接受哪些条款。把大纲提交给美国政府,这次只递照会,不打照面。"

我告诉他我当晚 5 点半要拜见总统,如果要达成任何协议,就需要在周日午夜前签署。各方都清楚这一点。

总理坐在沙发上看着我,他表示这样做很难,但他会照此行事。当晚我拜见总统时,总统再次对我与加方的讨论表示肯定,他说我准确地描述了美国可以接受的条款。我打电话给加拿大政府,把总统的反应告知了他们。经过 48 小时的紧急协商和多方协调,最后,在星期五上午 10 点,加拿大向美国提交了书面提议。在周末的两天,两国就具体条款展开磋商。2018 年 10 月 1 日星期一,总统宣布了经修订的《北美自由贸易协定》,这份协定被称为《美国-墨西哥-加拿大协定》(USMCA)。

这些贸易谈判是我经历过的最复杂的谈判。贸易摩擦将如何解决,我们只能静待时日,只有时间才能给出答案。

5
识人，用人

WHAT IT TAKES
Lessons in the Pursuit of Excellence

当我和彼得创立黑石时，我们认为另类资产管理公司对优化机构投资者的投资策略至关重要。同时我们也打造了咨询业务线，以此作为公司投资活动的有益补充，以期帮助公司平稳度过市场周期的起伏期。我们设计了公司的文化和组织架构，旨在确保公司的长期发展。我们希望黑石成为一家基业长青的金融机构。我们的业绩表现越好，投资人让我们管理的钱就越多。我们管理的资金越多，我们的创新能力就越强。我们可以扩大交易规模和业务范围，吸引更多合适的人才对公司业务进行管理。

公司的成长带来几个至关重要的影响。首先，黑石可以做其他公司做不了的大额交易，因为只有我们才有执行能力。2015年，通用电气决定逐渐剥离旗下的金融公司——通用电气金融服务公司。多年来，金融服务公司一直是通用电气主要的利润来源，但在金融危机期间遇到了麻烦。通用电气希望脱离金融行业，回归核心的工业业务。这时候，通用电气需要向市场发出明确的信号：公司在认真考虑出售这家长期以来业绩卓著、不可或缺的企业。通用电气决定先出售金融服务公司规模庞大的房地产投资组合，包括美国的 26 个房产和 14 个其他国家的房产（主要是在法国、英国和西班牙）以及大部分抵押贷款业务。通用电气希望能够干脆利索地完成这笔交易，然后着手进行更为实质性的工作，即为金融服务公司的其余资产寻找竞购者。他们打了一个电话——只给黑石，让我们提出报价。

通用电气的房地产投资组合非常复杂，在短时间内进行分析和报价具有极大的工作难度，但最终我们为通用电气管理层提供了比较符合他们理想的报价：我们以 230 亿美元的价格一次性打包收购了金融服务公司的全部房地产组合。这是一笔双赢的交易，他们得到了想要的价格，作为交易的另一方，我们直接获得了一个非常优质的投资组合，而不是在跟其他人竞争的情况下，零零碎碎地收购这个组合。金融危机过后，黑石的实力依然强劲，所以带来了这种不期而至的交易机会。

在股市，大额交易对业绩表现不利。购买价值 100 万美元的标准普尔 500 指数股票不会引发股价波动，但如果要购买 10 亿美元的股票，交易完成前，股价就会走高。而在我们的世界，情况恰恰相反：随着黑石基金的日益增长，我们的竞争对手却举步维艰，我们的规模成为主要的优势来源。我们发现买家和卖家都渴望与我们合作，而且只想跟我们合作。我们逐渐不再与其他私募股权公司一起参加竞争性拍卖，而是有能力更专注于交易双方的价值。

2007年，加拿大媒体汤姆森集团收购了新闻服务机构路透社，成立汤森路透。其金融与风险部门提供新闻、数据、分析工具和服务，帮助银行和其他公司进行金融产品交易。但汤森路透很难与竞争对手彭博竞争。我们在2013年首次考虑了收购金融与风险业务的可能性。当时，这一业务虽具吸引力，但不太适合黑石。2016年，金融与风险业务再次出现在黑石的侦察雷达上。我们负责私募股权的合伙人马丁·布莱德在其职业生涯早期曾从事外汇衍生品交易。他使用过汤森路透的产品，对其收购的可能性非常感兴趣。

马丁及其团队认为市场对汤森路透存在误解，觉得汤森路透与彭博不在同一档次，只有用不起彭博的人，才会选择汤森路透的服务。事实上，汤森路透更像一个融入周围环境、不为世人所见的巨人，它体型巨大，价值非凡，能够为公司、银行和投资者提供政府债券和外汇交易服务及金融数据，堪称市场领导者。但汤森路透还有很大的改进空间：成本太高、官僚作风盛行、销售和市场营销体系需要彻底改革。另外，汤森路透还有分割现有业务、打造独立产品的机会，特别是外汇及衍生品电子交易平台交易网，我们认为把这个平台单独运营维护，可以产生更大的价值。

我们知道，金融与风险部门的经理团队跟我们的想法一样：转为私营公司有利于公司更成功地运营。但对汤姆森集团而言，2007年收购路透是一项重大决策。虽然金融与风险部门的运营并不及预期,但汤姆森公司及其董事会并不急于出售。如果要出售的话,就必须价格合适,条款诱人。

我们双方花了 6 个月的时间才完成了尽职调查,起草了 200 亿美元的交易大纲。我们保持了独家买方的身份,避免走公开拍卖的流程。

黑石凭借声誉和规模,赢得了汤森路透董事会的高度信任。我们决定,报价金额为金融与风险业务现值的 85%,以此换取 55% 的股份。汤森路透的业务出售所得几乎全是现金,其还将保留近一半的股份,从业务未来的增长中分一杯羹。黑石及其共同投资人加拿大退休金计划投资委员会和新加坡主权财富基金新加坡政府投资公司将成为新的大股东,黑石集团持有运营控制权。这种安排将是一种战略伙伴关系,而不是直接出售,因而无须股东投票。

汤森路透董事会觉得这个创意不错。但他们给黑石布置了一个作业:黑石需要与路透的新闻报道核心部门路透新闻达成协议。1941 年,在第二次世界大战期间,路透社起草了一套"信任原则",以确保其不受政治宣传影响,保持新闻独立性。这五项原则中的第一项规定:"路透社绝不会落入任何一个利益、团体或派系的手中。" 1984 年,在上市之际,路透社成立了一个特别的董事会来保护和执行信任原则,成员包括法官、外交官、政治家、记者和商人。合并后的汤森路透保留了这个董事会。虽然信任原则仍然适用于路透新闻,但似乎并不适合我们正在收购的独立的金融与风险部门。

我们提出了一项安排：在未来 30 年内，金融与风险部门将每年向路透新闻部门支付 3 亿多美元，以此换取在终端使用新闻服务的权利。新闻部门将在未来几十年获得稳定的财务收入保证，这在现代媒体业中是相当罕见的。作为交换条件，我们收购的金融与风险部门将获得运营独立性。我们把这一业务重新命名为路孚特。

我们最终在 2018 年初宣布了这笔交易。2019 年 4 月，交易网作为一家独立公司在纳斯达克上市。在首个交易日结束时，交易网的市值就飙升至 80 亿美元。公司释放了巨大的价值，也无可置辩地验证了我们投资的科学性。当然，路孚特的其余业务还有待改善。

————

2018 年，黑石还有另一项事关发展大局的重要事件：托尼·詹姆斯继任者的选任。当托尼于 2002 年加入黑石时，他告诉我，他会在接近 70 岁时选择退休。2016 年，65 岁的他一如既往地参与黑石业务的各个方面，开发新计划，指导公司的年轻人。他对黑石的贡献不可估量、无可比拟。但他言出必行，此时，他已经开始研究讨论继承人的问题。跟以前一样，我还会继续担任董事长兼首席执行官，托尼将继续担任执行副董事长。但我们需要一位新总裁兼首席执行官来管理黑石的日常业务。

资产管理公司对人才队伍和行业特点的依赖度非常高，因此掌门人的接班往往会成为致命事件，影响公司的生死存亡。上一代管理团队掌权太久，下一代人会倦于漫长的等待，变得心灰意懒，不思进取，公司的发展会因此失去动力，而恢复公司发展势头总是比维持势头更难。因此，如果领导团体不希望出现倦怠情绪，那么在公司的动力、智力和竞争力尚未达到顶峰时，就要着手进行接班人的培养，以确保活力和动力永续不竭。

从2013年开始，托尼开始让乔恩·格雷参与涉及整个公司业务的管理层讨论。乔恩在芝加哥长大，他父亲在当地经营一家小型汽车零部件制造企业，他的母亲则管理一家餐饮服务公司。乔恩上了公立学校，对篮球运动怀有极大的热情。出于对篮球的热爱，他在高中的一个赛季中，一直坐在替补席上，从头到尾见证了自己的球队获得1负23胜的成绩。这一经历是他重要的人生课程，让他明白了效忠团队、保持谦卑的重要性，也学会了带着幽默感待人接物。他于1992年加入黑石。那一年，他从宾夕法尼亚大学毕业，获得英语学士学位并拿到沃顿商学院金融学士学位，拿到了黑石的工作邀约，并在一堂浪漫主义诗歌课上遇到了他后来的妻子明迪。从那以后，他就一直在黑石工作，也一直跟自己的妻子生活在一起。

乔恩成长于美国中西部的中产阶级家庭，在他职业生涯的早期，他的性格和价值观表现得非常明显。有一次，还是一名初级分析师的他与高级合伙人进行了激烈争论，讨论的问题是我们在特定交易中向律师和经纪人支付的费用。他问道："为什么我们要剥削这些家伙呢？我们一直与他们合作，未来几年还会有更多的合作。为什么不好好对待他们呢？"虽然华尔街过去一直采取这种方式，但并不意味着以后也得这样。乔恩从长期角度思考问题，关心自己的关系和公司的声誉。

乔恩喜欢房地产行业，因为我们购买的房产都是看得见、摸得着的实物。约翰·施赖伯给乔恩的成长提供了极有价值的指导。当乔恩在 2005 年接管黑石房地产业务时，这一板块的管理规模是 50 亿美元。在接下来的几年里，乔恩不断扩大管理规模，开展了一系列整个行业的交易：2007 年的 EOP，其次是希尔顿，然后是邀请家园。2015 年，他的团队收购了纽约的施托伊弗桑特小镇。这是一块占地 85 公顷的住宅区，需要与债券持有人、租户和纽约市政府进行复杂的谈判。这笔交易对于纽约市和纽约州都非常重要。黑石主动提出在一万套住房中，长期留出一半住房作为经济适用房，以此支持纽约市的经济适用房建设工作。

一旦乔恩对某个事项充满信心，他就能清楚而准确地预测到事件的过程和结果，并据此精心设计实施方案，确定行动目标，然后全力冲刺，把目标变为现实。例如，他认为网上购物将带来仓库需求的爆发，于是几年内，黑石所持的仓库面积总量在全球排到了第二位。到 2018 年，乔恩的房地产团队已为投资人赚取了 830 亿美元的回报，他们管理着 1 360 亿美元的投资人资本以及超过 2 500 亿美元的建筑和房地产业务。房地产现在是黑石最大的业务板块。作为投资人，乔恩的业绩纪录极为出色，几乎没有损失，这是他在黑石步步高升的基础。但我们选择他领导公司，不仅仅因为他投资业绩出色。

乔恩加入黑石管理委员会已经有很长一段时间，所以我能观察到他在面对公司的许多复杂问题时是如何思考的。乔恩的情绪总是非常平和，他渴望得知新的事实，对自己的判断充满信心。在经济衰退期间，他建议我进一步加大对希尔顿的股权投入。考虑到经济衰退的长度和深度，他认为增加8亿美元的投资是审慎的做法。他的态度非常坚定。他是在保护这笔交易，保护希尔顿公司，所以考虑得很长远。而我查看了相关数据，觉得我们的投入已经足够了。旅游市场很快就会复苏，我们有足够的现金偿还债务。增加股权投入会降低我们的回报率，我觉得没有必要。虽然我们两个意见相左，但黑石最终还是按照他提出的建议进行了投资。他在各种利益之间取得平衡，因此我对他表示尊重。这正是掌权之人正确的思考模式。

通过观察他在金融危机时的表现，我注意到，问题越难，他看起来就越平静。当其他人感到畏惧时，他会反对因畏惧而形成的共识，进而选择进行投资。如果必须要进行艰难的沟通，他就会去沟通。在承受压力的时候，他总是主动站出来。他每天都从自己的公寓步行几公里去公司，也努力保持团队的愉悦情绪和奋斗动力，即使在市场最低谷时，也是如此。在金融这个高度紧张、竞争激烈的行业，他诚信正直、谦逊有礼，充满个人魅力，受到各方的青睐和喜爱。

由此，我们决定由乔恩接替托尼。这个决定做出后，我们就开始让他参与公司最敏感领域的事务讨论，从黑石不同业务线相关的战略问题，到薪酬和其他人事问题。他与托尼并肩作战，了解到公司每个人的薪酬水平及其原因。在托尼的指导下，他了解到了公司管理所需的技能，学会了如何将我们的人才和智力资本应用于未来的机会当中。

到2018年2月，当我们宣布了黑石的领导层变更计划时，乔恩与托尼共同掌舵已有一年多的时间。托尼决定亲自解决管理方面的所有遗留问题，这样乔恩可以轻装上阵，重新开始。我们给公司全体成员灌输了这样一个观念：乔恩的继任是瓜熟蒂落、水到渠成的事情。我们非常关注相关人士的想法和感受，经过种种努力，并没有人因为乔恩的继任而感到不满。大家都感觉，他的继任是公司发展的自然结果，也是必然选择。像这种如此平稳的交接在我们的行业实属罕见。

任何一个组织在任命一位新的领导人后，很多人的职位都会出现调整。乔恩并不是自己那一代年轻分析师中唯一的领导者，他们当中很多人都已经成长为公司的继承人和企业文化的传承者。几年前，当黑石需要新的私募股权业务负责人时，我们向合伙人团队征求意见。大多数合伙人都毛遂自荐，但同时，几乎每个人推荐的第二人选都一样：乔·巴拉塔。

乔·巴拉塔是在1997年加入了黑石，但他给我留下极深的印象是在2004年。我访问伦敦的时候，他要求见我，我知道他是想成为合伙人。我去了他的办公室。办公室极小，访客起身后，坐的椅子就会撞到后面的墙。他34岁，我认为做合伙人他还太年轻，但我还是让他阐述自己的想法。他介绍了自己完成的交易，并将他的工作与自己的同辈做了比较。"我爱这家公司。"他告诉我，"你知道，我帮助公司从无到有打造了这个业务。"

我去见乔·巴拉塔是出于礼貌，并没有计划提拔他，因为此举肯定会在资深员工中引发争议。但他的发言客观清晰、饱含激情，我开始改变主意了。他在向我进行推销，推销的内容就是自己的晋升。

我一边听他讲，一边想到了自己在雷曼兄弟的挣扎——我在雷曼兄弟晋升合伙人于情于理都应该较早敲定，却被推迟了一年。我依然记得被拒绝的感觉，也知道，在我职业生涯的那个时间节点，合伙人的头衔对个人而言是非常重要的。当我们创立黑石时，我曾许下承诺，要打造一个与众不同的公司，让员工队伍充满生机、人才辈出。

乔·巴拉塔说服了我。自此以后，他的交易一直是黑石所有私募股权基金的核心交易。乔·巴拉塔在加利福尼亚长大，他的父亲经营和管理了一间小型连锁健身房。由于从小耳濡目染，他本能地了解我们收购公司的经营者的处境和感受。同时，他也获得了我们专业投资人的信任和最强有力竞争对手的尊重。他是一位天生的老师和导师，从分析师到高级合伙人，每个人在遇到问题时，都会向他求助或求教。

———

2019 年，距离当年在他的狭窄办公室进行谈话已经过去 15 年的时间，乔筹集了全球最大的一只私募基金——黑石资本合伙人VIII，拥有260亿美元的承诺资本，创下了行业纪录。这只基金是黑石首只私募股权基金规模的30倍以上——1987年，我和彼得为了募资四处奔走，而现在，我已经不用再亲自向投资人进行演示和推介了，一次也不用。乔·巴拉塔和我们出色的团队做到了这一切。对我来说，这是一个引以为豪的时刻。

房地产是黑石最大的业务板块，乔恩升职后，我们任命两个人来负责全球房地产业务的管理：肯·卡普兰负责投资监管，凯瑟琳·麦卡锡负责筹资和运营的管理。肯·卡普兰于1997年加入黑石，此后一直在黑石发展，他与乔恩一起完成了黑石很多规模极大的房地产交易。2010年，凯瑟琳离开高盛，加入我们。她既有领导力，又有亲和力，时刻准备迎接最严峻的挑战。

每当我们提拔员工担任黑石的高级职务时，我都会亲自向他们表示祝贺，与他们就新岗位的职责进行交流。我跟凯瑟琳也进行了类似的谈话。她首先问我，黑石是如何保持创业精神的。我告诉她，诀窍是找到了很棒的人，让他们有机会把自己的专长发挥到极致。我们会通过反复磨砺来提高能力水平，通过自我革新来保持领先优势。我们还围绕继承职位、提拔职务问题讨论了大家的情感感受。当有人升职时，不同的人会有不同的感受：那些晋升的人可能会为自己的成功感到自豪，但也可能因为新的职责而感到焦虑；而没有得到晋升的人会认为自己本应得到提升却因故机会旁落，因而心生怨怼；有些人会因为拥有一位新领导而感到兴奋，有些人却会因为担心改变现状而感到沮丧不安。

在出人意料的时间点，这些不同的感受会以不同寻常的方式带来影响。了解并理解这些感受，对影响加以管理，这个技能对任何领导者的成功都至关重要。类似的管理经验和教训只能从自身经历中学到。每一年，在新晋分析师入职的第一天，我都会发表讲话，同时，我也会给担任高级职务的人传递同样的信息：你并不是在孤军奋战，所以无须独自承受一切。每个人都曾在黑石做出过艰难的决定，你眼前的新问题，黑石其他人可能已经遇到过了。所以，当你遇到困难时，请求支援是最好的办法，是解决问题的捷径。我们以团队为单位共同决策，共同承担后果。最大业务板块的主管是这样，初级的员工也是如此。

最后，我提醒凯瑟琳："你之所以晋升，是因为你的工作完成得极为出色。你拥有成功的天赋，无论是个人资质，还是专业技能，都能取得长足的进步，我对你有百分之百的信心。"下属需要知道你非常欣赏他们，你也需要让他们自我感觉良好，这一点非常重要，因为自信是出色表现的基础。

要成为一名优秀的经理人，就要保持开放心态，坦然直面和接受一切，无论是好还是坏。当我们研究黑石的下一批合伙人时，我会跟所有候选人员进行交流，讨论他们取得的成就、公司对此的评价，然后互相提问。一旦做出决定，我就会打电话给所有已经成为合伙人的人，以及那些没有成为合伙人的人。我告诉每个人我对他们的评价，说明他们的能力、潜力，以及我认为我们可以在黑石共同开创的业务。这种开放性交流方式造就了黑石的凝聚力。我认为,打造一个强有力的组织,就应该采取这种方式。

2018年,我们还变更了GSO资本合作伙伴和黑石另类资产管理公司这两大业务板块的领导人,德怀特·斯科特被任命为GSO的负责人,约翰·麦考密克被任命为黑石另类资产管理公司的负责人。这两项业务正在飞速增长,他们将帮助黑石进行管理。在黑石董事会中,也有年轻高管负责主要业务的管理,他们的业绩纪录令人印象深刻,且未来还有几十年的时间能够继续成就大事。

———

随着时间的推移,我们也注意提升黑石的专业化程度,以确保公司卓越的发展不会违反法规或损害我们的声誉。我们非常幸运地从长期合作的盛信律师事务所聘请了约翰·芬利担任黑石的法律总顾问。他深入参与公司的日常决策,其本人拥有一项最重要的法律技能:良好的判断力。迈克尔·蔡在职业生涯早期加入黑石,在成为黑石首席财务官之前,他是负责亚洲业务的顶级私募股权合伙人之一。他对公司业务了如指掌,因此可以确保黑石的财务规划滴水不漏、资金控制无懈可击。我们还聘请了尼尔森控股公司前首席执行官、通用电气前副董事长戴维·卡尔霍恩来领导黑石的投资组合运营团队,推动黑石不断创造价值。

每个上市公司都需要确保对外活动像公司内部治理一样井然有序。托尼从帝杰证券公司招募了一位前合伙人琼·索罗塔来负责股东关系。琼还负责管理黑石为小额投资人提供的私人财富解决方案业务。克里斯汀·安德森负责黑石的公共关系、品牌、营销和内部沟通职能部门。她是公司的主要发言人,职责是确保新闻媒体和公众了解我们的工作、动机以及对社会的贡献。

我们管理委员会的成员平均在黑石工作了18年的时间,高级董事总经理的平均任期为10年。这种在岗时长在金融业非常罕见。这些长期服务于公司发展的领导团队不仅建立了黑石的业务,也打造了黑石的文化,他们将成为黑石未来最可靠的守护者。

6
使 命

WHAT IT TAKES
Lessons in the Pursuit of Excellence

我毫不怀疑，如果没有耶鲁，我的生活将永远不会像现在这样。长期以来，我一直与耶鲁大学的校长保持联系，也在一直想办法回馈这个我生命中最重要的机构之一。2014 年，我终于找到了合适的机会。我在 1997 年第一次跟耶鲁大学校长理查德·莱温讨论大食堂的翻新问题。大食堂位于校园中心，像一个大的洞穴。我在大学一年级的时候每天都在那里吃饭。我至今还清楚地记得食堂里冰冷潮湿的空气和几百个年轻人用餐的声音，他们盘子和餐具的叮当声在巨大的穹顶下回荡。

2014 年，莱温之后的下一任校长彼得·萨洛维表示，耶鲁急需加强对校园生活中心的建设。耶鲁校园生活的凝聚力正在下降，兄弟会的饮酒现象和随之而来的错误决定也越来越多。三个学生政府组织给彼得写信，请求他打造一个"可以覆盖全校的学生中心，跨越本科生、研究生和专业学校学生之间的界限"，并"鼓励耶鲁学生参与有活力、有意义、有包容性的社会活动"。

我一直觉得大食堂的功能不应只局限于用餐。大食堂位于耶鲁的中心,如果我们能把这里改造成为一个全天 24 小时开放的地方,那么会带来什么影响?可以在这里配备会议室和其他空间,供学生学习、社交、排练和会面使用。还有个更好的方案,就是对设施进行现代化改造,提供表演艺术和文化活动场所,为学生提供除兄弟会和其他校外社交活动以外的选择。如果在我读本科的时候就有这样的地方,那么我会非常喜欢。

在大食堂的翻新过程中,我抓住了一个难得的机会打造了一个全新的模式,从而将我的方案变成了现实:把学生会和文化表演艺术中心结合起来,建造一个施瓦茨曼中心,让耶鲁大学的校园改头换面、焕然一新。根据工期,耶鲁大学施瓦茨曼中心将于 2020 年开业,届时,中心将彻底改变耶鲁学生的生活和文化活动的标准。中心拥有 5 个最先进的表演场馆,耶鲁学生能够在这里接触到以前从未有过的一系列文化活动,丰富他们的经历,激发新对话和新思维,带来创造性和可能性。

我在与耶鲁的合作中体会到,即使是最古老的教育机构,也可以在新的眼界、新的角度中得到裨益、受到启迪,他们可以重新思考随着时代的变迁,教育的内涵、目标和可能性应该如何改变。

2016 年,我还在打造苏世民学者项目时,有幸在达沃斯见到了麻省理工学院第 17 任校长拉斐尔·里夫。

"我对麻省理工学院知之甚少。"我告诉他。我和彼得上次的麻省理工学院之旅距今已有30年的时间,当时学校的捐赠基金管理团队没有在约定时间出现,后来我也一直没有机会再去这所高校。

"一般人都不会太了解。我们喜欢在雷达下方飞行,比较低调。"他说。

"要是这么说,我就是个喜欢住在雷达上面的人。"

虽然我们性格迥异,却成了很好的朋友。拉斐尔出生于委内瑞拉,在斯坦福大学获得电气工程博士学位,并在麻省理工学院度过了大部分职业生涯。他对很多事物有着极强的理解力,是天生的领导者。我们后来聊过很多次,我每次都被他预想未来的能力折服,他能看到我们在技术、经济、政治和深刻的人文方面将走向何方。他认为,人工智能和其他新计算技术的进步将对人类发展和美国竞争力产生广泛影响,而我们亟须预测和应对这种影响。这一信息让我产生了心灵的震撼。

我们讨论了中国的崛起以及美国优秀研究型大学在推动创新方面所发挥的作用,这些创新对经济繁荣和国家安全来说至关重要。自麻省理工学院于1861年成立以来,其教师团队、研究人员和校友已经赢得了93个诺贝尔奖和25个图灵奖(图灵奖专门奖励在计算领域做出贡献的个人)。长期以来,他们一直引领着全球科学创新——防空和导弹制导系统,到人类基因组测序,不一而足。麻省理工学院周围的几个街区集中了大量公共和私人实验室、初创企业和企业研究中心,被称为世界上最具创新性的一平方英里。

然而拉斐尔告诉我，虽然40%的麻省理工学院学生修读了计算机科学课程，但只有7%的麻省理工学院的教师专攻这一课程。美国所有大学的情况都是如此，有的大学甚至更糟。每个人都明白需要加强对计算机科学的投资，但几乎没有人采取什么行动。美国在科学、技术、工程和数学领域的人才储备非常出色，但没有足够的资源来充分发挥其潜力。

我向拉斐尔建议，如果我们要让美国更具竞争力，首先就应该尝试解决供需匹配的基本问题。他的第一个提议是在麻省理工学院扩展计算机科学的覆盖范围，这个提议虽然实用，但似乎影响力不足。我让他提出一个更宏大的构想。大约一个月后，他带着新想法回来找我：麻省理工学院将创建一所新学院，致力于人工智能和计算的研究，并与大学的其他学院相连。这是麻省理工学院自1951年以来首次建立新学院。学院将设置50个新的教师职位，一半是计算机科学教职，与麻省理工学院中其他学院的教职共同任命，这会把麻省理工学院的计算机科学家数量增加一倍。新学院会赋予每位教授、研究人员和学生学习、练习和使用人工智能语言的能力，无论他们的专业是工程学、城市研究、政治学还是哲学。正如拉斐尔所言，他们将成为"未来的双语者"，能够熟练掌握人工智能和他们自己的专业学科，无论是不是理工科。

创新不是学院的唯一目标。我们还希望教育学生如何负责任地进行人工智能和计算技术的开发和应用。学院将提供新的课程和研究机会，不定期举办论坛，邀请来自全国商业、政府、学术界和新闻界的领袖，共同审查人工智能和机器学习的预期成果，并对人工智能伦理相关政策的制定产生影响。在此过程中，我们设计了一个架构，以确保这些突破性技术在未来能得到负责任的实施，造福更广大的群体。

由于这些变化，麻省理工学院将成为全球首个人工智能赋能的大学，这也会引起其他机构的关注，他们会制定增加相关投资的策略。对人工智能研发进行投资的大学越多，美国就越能保持在技术创新和专业知识的最前沿地位，并能够培养更多的未来劳动力，确保美国人民的利益和福祉安全。

拉斐尔提出了11亿美元的预算，这个数字大得惊人，但与我们的宏伟目标相符。我承诺提供一份锚点礼物——这是我迄今为止最大的慈善捐赠承诺，是苏世民学者项目的三倍以上，然后我要求麻省理工学院投入相同额度的资金。我们于2018年10月15日宣布成立麻省理工学院史蒂芬·A.施瓦茨曼计算学院。

麻省理工学院的计划宣布不久，就在美国和全球各地引发强烈反响。我个人收到的积极回应完全超乎想象，这也让我进一步确信，我们理念的推出恰如其分、恰逢其时，得到了各行各业的支援和支持。许多人表示，人工智能和美国竞争力这一主题一直在他们的脑海之中萦绕，但他们不知道能做什么、该做什么。很多大学的校长希望与我会面，讨论所在高校的人工智能能力和相关道德问题。我甚至开始接到民主党和共和党打来的电话，讨论为美国国家人工智能发展规划提供资金等事项。

谷歌前首席执行官兼执行主席埃里克·施密特预测，我的礼物将成为这个时代最重要的礼物之一，将带动其他个人和机构对计算机科学领域提供数十亿美元的额外投资。果不其然，自麻省理工学院新学院宣布成立以来，已经有几所大学宣布了类似的计划。经过各方共同努力，人工智能这一话题的受关注程度、讨论热度和发展势头都有所增加，我真诚地希望这只是一个开始。

韩国IT设备制造公司大德电子的创始人兼董事长金正植决定向其母校首尔大学捐赠5 000万美元，用于推进人工智能研究。他的儿子金英宰写信给我："您可能会惊讶地发现，您对人工智能等变革性新技术对人类和社会影响的看法，即使在地球的另一边，也有人表示赞同。"

我一边在跟拉斐尔讨论在麻省理工学院成立新学院的事宜，另一边在推进牛津大学的捐赠工作。我的捐赠是牛津大学自文艺复兴以来收到的最大单笔捐赠。我没有在牛津读过书，但在十几岁时曾经去这所学校参观。时至今日，我还记得那里浓厚的历史感，翠绿的草坪和百年学院的金砂岩交相呼应，形成对比，令我深深震撼。近一千年来，牛津大学一直是西方文明的核心，所以当大学副校长露易丝·理查森向我介绍新项目时，我非常感兴趣。她计划打造一个综合空间，把目前在牛津大学校园内的所有人文学科联合起来。我觉得这个项目跟我们在耶鲁大学和麻省理工学院所做的事情很像：打造一个环境，鼓励跨学科研究、学习和思考，面向未来，重新定位人文课程。

经过与露易丝的多次交谈，我们商定进一步扩大施瓦茨曼人文中心的建设规模，同时也设定了更加宏伟的发展目标。牛津近200年来最重要的地点是历史悠久的拉德克利夫天文台区，施瓦茨曼人文中心将坐落于天文台区中心的一座新建筑中，那里将拥有最先进的学术和展览设施，并配备一个全新的表演艺术中心。整个中心还将设有广播中心和游客设施，这有助于牛津面向当地和全球社区的开放，扩大其学习和文化项目的辐射面和影响力。

　　长期以来，在人文科学方面牛津一直名列世界第一。但随着科学和技术的加速发展，特别是可以复制人类智能的机器的问世，相继滋生了一系列全新的道德、哲学和伦理问题。这时，我们需要思考，这些问题的出现对人类来说意味着什么，我们希望自己的技术反映什么样的价值观。因此，在施瓦茨曼人文中心的项目中，我们将设置专门研究人工智能伦理学的研究所。自此以后，牛津将为研究西方文化提供无与伦比的资源，必将成为引领人文学科研究、发展和应用的不二之所，也必将是引导围绕社会未来面临的重大挑战而开展讨论的一面旗帜。

　　当我们在2019年6月宣布这个捐赠计划时，恰逢英国政治环境极不稳定的时期——脱欧未见结果，保守党派领导人选举正在进行中。由于新闻报道的风向不定，所以我们很难预测这个计划的宣布将带来怎样的媒体反应。在消息发布的前一天，我花了几个小时的时间，跟各个媒体的记者一起提前录制专访，解释捐赠的动机，强调牛津大学可以利用其在人文科学方面的专业知识，帮助政府、媒体、各类公司和组织制定负责任的引入人工智能技术的框架政策，这一点非常重要。超负荷运转让我感到筋疲力尽，但记者们却态度友好、兴致勃勃，他们都非常关注这笔在英国历史上规模空前的巨额慈善捐款。

在消息发布的前一天晚上 11 点左右，我收到了我的团队发来的电子邮件。英国《金融时报》刚刚在推特上发布了第二天的报纸封面。我点击链接，发现我的照片赫然放在牛津校园的背景上，标题是：《1.5 亿英镑的捐赠，创牛津历史纪录》。这一事件将成为这家报纸头版的头条新闻。

第二天，黑石给牛津大学捐赠的消息像旋风一样横扫了各大英国主流媒体的要闻头条。我还在几个主要的新闻网络上接受了电视采访，包括 BBC（英国广播公司）、彭博、CNBC、CNN（美国有线电视新闻网）和福克斯。发布会当天我了解到，2017—2018 年，英国艺术和文化领域获得的捐赠总额为 3.1 亿英镑，而我的这笔捐赠相当于这期间英国受赠总额的一半。难怪媒体如此大张旗鼓地报道。这份捐赠引起了英国举国上下的关注，并引发各界的热烈讨论：伴随着政府对教育和文化资助的减少，慈善事业在英国应该发挥怎样的作用。像麻省理工学院项目一样，我收到了来自世界各地的朋友和熟人的致意，他们纷纷对捐赠的重要性表示认可。很多人认为，这一捐赠将带来长期影响，是对英国未来投出的一张信任票。还有些人表示，在科技投资大幅增长的今天，此次捐赠是对人文科学地位的再次认可，此举非常值得赞赏。

面对种种鼓励和强烈反响，我不禁想象，如果牛津大学的优秀学生与麻省理工学院、清华大学、耶鲁大学和其他各类大学的学生一起合作、分享知识、跨学科思考问题，那将会是怎样的情形？在一个瞬息万变、日新月异的世界中，这种跨机构的全球合作很有可能是确保我们人类未来安全和繁荣的唯一途径。

我一直认为，教育是通往更加美好生活的阶梯。良好的教育可以改善受教育者的人生。我们每个人不仅有责任学习和传承知识，还有责任改进和发展知识，让知识对后代更有用、更有影响力。我希望自己多年来所有的捐献，无论是对高等教育、天主教学校系统、我在费城的高中的，还是对美国田径队的，都可以帮助未来数代人追求冥冥之志、获得昭昭之明、成就赫赫之功——不管他们从事的是哪一个行业！

7
结 语

WHAT IT TAKES
Lessons in the Pursuit of Excellence

  波士顿正值冬季，早上5点半，我离开酒店前往麻省理工学院的校园。从车窗看出去，外面一片漆黑，乌云笼罩，雪花飘落。我暗自发笑，心想："还好，至少不是在下雨。"我和校长拉斐尔定于早上6点左右参加CNBC的早间财经节目"Squawk Box"，接受现场采访。麻省理工学院史蒂芬·A.施瓦茨曼计算机学院的启动活动为期三天，这是第三天的第一站。CNBC会全天跟踪报道这个事件，并在全球各地进行直播。我于2018年10月向麻省理工学院提供赠款，距今已有4个月的时间，但全世界对麻省理工学院所开展活动的关注度有增无减。

  采访结束后，我去了克雷斯吉礼堂，当天的庆祝活动即将开始。我的妻子、孩子及他们的配偶都来到了波士顿，与我共同庆祝新学院的启动。30多位著名的技术专家和公众人物将参加一系列简短的会谈和小组讨论，共同探讨新学院成立的深刻背景、重大意义和新学院所要追求的前沿目标。

在启动仪式上,马萨诸塞州州长查理·贝克首先发表演讲,强调了负责任的创新对于社会利益的重要性。接着,万维网的发明者蒂姆·伯纳斯-李爵士谈到了早期互联网的乌托邦承诺,以及随之而来的失望。随后,美国前国务卿亨利·基辛格警告说,以不受控制的方式运用人工智能,具有很大的危险性。演讲嘉宾依次谈到了可能出现的种种变化,这些变化将会影响深远并且无处不在。像大多数观众一样,我对嘉宾的知识储备、深刻观察和思考以及无限的好奇心深感惊讶。同样让我感到惊讶的,是每个科学家对新学院的成立都充满感激之情,并寄予厚望,他们认为这个学院将为麻省理工学院和全世界做出不可替代的贡献。整整一天,礼堂里群情振奋、气氛热烈,大家热情洋溢地畅谈未来、畅谈希望。那场面真是热闹非凡,无可比拟。

麻省理工学院非同寻常的一天即将结束,我和拉斐尔共同登台,和 CNBC 的早间财经节目和周播财经新闻节目 "On the Money" 的共同主持人贝基·奎克一起讨论对未来计算机发展的愿景。我们介绍了新学院的成立过程和未来目标,谈得很尽兴,观众听得也很开心,不时爆发出阵阵笑声。我们在台上融洽和谐的互动在某种程度上完美地反映了学院的使命——一位非技术专家和一位科学家共同努力,为解决前沿科学问题提供一个平台,探索可能的方案,以此推动世界向前发展。

我们在热烈的掌声中离开讲台,拉斐尔侧身说:"啊,我在麻省理工学院快 30 年了,还是第一次见到这样的情景。"

"第一次见什么样的情景？"我问。

"大家长时间起立鼓掌。"

的确，我1987年第一次去麻省理工学院的遭遇跟这次可谓有云泥之别。

———

就是在我第一次去麻省理工学院募资的前一年，我创立了黑石，那一年我38岁。从此以后，我觉得时间是静止的，永远停在了38岁——和往常一样，我依然每天睡5个小时，而且让人庆幸的是，我依然拥有无穷无尽的能量和不减不衰的动力，一如既往地去参加新的活动、应对新的挑战。我不想放慢速度，更不想停下来。父母的离世更激发了我创造新事物、完成新创举、成就新业绩的愿望。虽然我失去了父母，但幸运的是我有2个出色的孩子，还有我的继女和7个美丽的孙子孙女，我喜欢和他们共度时光，尽享天伦之乐。

从费城的牛津圆环广场至今，我经历了漫长的人生之旅，这段曲折离奇、斑斓多姿的旅程出乎所有人的意料，甚至连我自己都不曾预想。从自己的成功和失败中，我学到了丰富的关于领导力和人际关系的经验教训，也学会了如何追求和成就有目标、有影响力的多彩人生。

今天，黑石正在其第三代领导人的手中蓬勃发展、蒸蒸日上。黑石的文化比以往更强大完备、深入人心，我们聘用的10分人才又聘用了其他10分人才，精英管理体制得以加强、完善和传承，黑石也因此成了世界上最知名、最受尊敬的金融公司之一。1985年，公司的启动资金仅为40万美元，而到2019年，公司已经成长为一家资产管理规模超过5 000亿美元的公司，年均增长率达50%左右。黑石今天的业务规模令人难以置信——我们在约200家公司拥有股权，这些公司的员工数量超过50万人，总体营业收入超过1 000亿美元；我们的房地产价值超过2 500亿美元，还开展了杠杆信贷、对冲基金和其他市场领先的业务活动。过去三十余年，黑石打造了强大的全球品牌，积极履职尽责，获得了令人信服、持续稳定的投资业绩表现，赢得了几乎所有投资黑石资产类别的主要机构投资者的信心和信任。

但是，剥开公司的规模、增长和外部赞誉等这些表面的东西之后，我看到的更是一家体现了我努力铸造、灌输和传承的核心价值观的公司。建立和传播强大的公司文化既是企业发展的应有之义、必要之举，也可能是任何企业家和创始人所面临的最大挑战之一，但如果能找到正确的方法，打造企业文化也是最令人心满意足的事情之一。我对我们建立的公司感到无比自豪，每一天，当我看到黑石终身学习不怠、永远追求卓越和不断奋勉创新的企业文化变成实实在在的行动时，我就知道，黑石最好的时刻尚未来临。

政治活动和慈善活动也同样让我心向往之、乐在其中。我愿意参与新模式的创造，也因此成为美国和全球诸多事关经济发展进程中风谲云诡、激荡人心的事件的核心人士。最近，我参与了美国与墨西哥和加拿大新的贸易协定的谈判，我在中美贸易谈判中也参与了两年半的时间,极力推动中国与美国达成重要的贸易协定。这是为国服务的不同寻常的机会,在两方面的谈判中,我都运用了自己相关各方相互信任的关系,打了无数次电话,安排了无数次会议,推进其他国家对美国立场的理解。

我的多重世界越大,它们彼此之间的重叠之处似乎就越多。我一生都在倾听他人,积极打造人际网络,不断询问他人我能为其提供何种帮助,总想为他人做些什么,尽一份社会责任。因此,有很多最具挑战性的事项、最佳的项目创意呈现在我的面前。在政治和慈善事业领域,我有幸构思设计许多非同凡响的项目,并推动项目从概念变为现实,创建了将影响未来几代人的机构。

———————

现在每年的夏天,我都会去北京参加苏世民书院的毕业典礼,发表演讲。在准备演讲稿时,我会想:"如果我是坐在下面的学生,我会想听到哪些内容呢?"

无论你的职业生涯如何开启,都要知道,你的生活不一定会直线前进,这一点非常重要。你必须认识到,这个世界是不可预测的。有时,甚至像你们这样有天赋的人也会遇到意料之外的磨难。在人的一生中,会难以避免地出现诸多困难和艰辛。面临挫折时,你必须要想方设法继续前进。能够定义你个人品质的,永远是你在逆境中展现的百折不回的精神和永不言弃的态度，而不是逆境本身。

我希望他们能知道，与成功相比，失败教会我们更多。

把时间和精力投入自己热爱的事物上。热情所至，卓越必成，单纯为了他人的敬仰和尊重而做事，则很少能带来成功。如果你对追求梦想充满热情，如果你能勇往直前，如果你以帮助他人为己任，你的人生就会充实而有意义，你也永远有机会建功立业、成就不凡。你为他人付出的善意和努力，最终会给你自己、你所爱的人以及整个社会带来福报。

在苏世民书院毕业典礼上演讲已经成为我每年最喜欢做的事情之一。我的听众都是未来的杰出领袖，男士佩戴统一的领带，女士则戴着围巾，两者都采用苏世民学者专用的紫色，色泽灿烂饱满，色调独特雅致。我喜欢看着他们翘首以盼的面孔和充满希望的眼神。这些年轻人壮志凌云、雄心勃勃，他们的父母则笑容可掬、满面春风，掩饰不住内心的喜悦和期盼，洋溢在房间里的热烈气氛几乎要冲破苍穹。我感到难以形容的快乐和满足。

毕业生依次上台，我向他们颁发毕业证书，与他们一一握手。此时此刻，我不禁问了自己一个简单的问题：下一步是什么？

谁人能知？

苏世民带领黑石走向巅峰的十大管理原则

❶ 坚持成长就要不断提出问题,预测事件、审时度势,主动寻求进步和变革。

❷ 优秀的企业文化兼具规模优势和小公司的灵魂,员工可以自由表达想法。

❸ 不断创新,才能永远不被淘汰。

❹ 为了取得成功,你必须有勇气打破边界,进军自己无权进入的行业和领域。

❺ 谨慎做出决策:每一个微小的行为都有可能对其他人造成深远的影响,无论好坏。

❻ 对企业进行精英管理,追求卓越、保持开放、坚守诚信,并竭力聘用拥有同样信念的人。

❼ 创业的三项基本测试:你的设想必须足够宏大,企业的产品或服务应该是独一无二的,时机必须是正确的。

❽ 企业的一切要素都相互关联。企业如果要取得成功,那么每一个部门既需要独立运转,又需要与其他部门顺利协作。系统中任何一环出现问题都有可能造成亏损或破产。

❾ 创业的重要结论：创立和运营小企业的难度和大企业相差无几。一个企业的创立，无论规模大小，都有一个从无到有的过程，你会承受相同的经济负担和心理压力。筹集资金并找到合适人才的难度也同样大。在同样的困难和压力面前，要确保创业成功，唯一的办法就是全身心的投入。

❿ 企业"八九十"人才观：得 8 分的人是任务执行者，得 9 分的人非常擅长执行和制订一流策略。如果公司都是 9 分人才，就可以获得成功。但 10 分人才，无须得到指令，就能主动发现问题、设计解决方案，并将业务推向新的方向。10 分人才能够为企业带来源源不断的收益。

危机　变革　突破

　　我不仅学会了应对危机，而且学会了为自己和客户制造危机，并以此为契机引发变革、改变现状，达到因破而立的目的。

接班人　永续动力

　　如果领导团体不希望出现倦怠情绪，那么在公司的动力、智力和竞争力尚未达到顶峰时，就要着手进行接班人的培养，以确保活力和动力永续不竭。

教育　责任

教育是通往更加美好生活的阶梯。良好的教育可以改善受教育者的人生。我们每个人不仅有责任学习和传承知识，还有责任改进和发展知识，让知识对后代更有用、更有影响力。

建立 传播 企业文化

建立和传播强大的公司文化既是企业发展的应有之义、必要之举,也可能是任何企业家和创始人所面临的最大挑战之一,但如果能找到正确的方法,打造企业文化也是最令人心满意足的事情之一。

WHAT IT TAKES Lessons in the Pursuit of Excellence

致　谢

这本书的问世经过了十几年的酝酿。从汉克·保尔森建议我出书之日起，我就着手准备了。

我要感谢马特·马隆，他从 2009 年到 2016 年定期和我一起去旅行，向我提出各种问题，详细了解我的背景、我在雷曼兄弟的职业生涯、黑石的创立和发展等等。他记录下我的回答，整理成文字材料。

2017 年，在考察了一系列的图书代理商之后，我选择了 ICM 合伙人公司的让·乔尔担任我的代理人。让极为优秀，在我考察出版商的时候，为我提供相关意见和建议。我们选择了西蒙与舒斯特出版社。事实证明，这一选择非常正确。出版社指派本·罗伊南担任我的图书编辑。他判断力强大，编辑能力惊人，出色地完成了工作。此外，黑石公共事务负责人克里斯汀·安德森在所有访谈中发挥了重要作用，推动完善了本书的理念架构。她阅读了每一版草稿，还带头制订了营销计划，多年来一直参与这一图书项目的推进。

我们几个人组成小组,开始考察能把相关材料整理成书的作家。在考察了几个不同风格的作家后,我们最终选择了菲利普·德尔夫斯·布劳顿。他曾为我的母校哈佛商学院写了一本精彩的书。菲利普跟着我走遍了世界各地,并在我的家里和办公室跟我长时间共处。他成功地融合了访谈记录、个人访谈和公开材料,形成一个可读性和综合性兼具的初稿。我们又花了两年时间对此加以完善。我逐字逐句地审阅修改了初稿,把自己的语言风格融入其中。在此过程中,他的贡献是不可或缺的。我对他表示深深的感谢。

我的办公室主任希尔帕·纳亚尔发挥了至关重要的作用。我和希尔帕、菲利普合作起草了书中的一些章节,并搜集整理了读者对各版书稿的所有评论。希尔帕同时担任了本书的拟稿人和项目经理,令人难以置信地完成了工作。

我要感谢阅读书稿并提供详细评论的朋友和同事,正是由于他们的评论,本书才做出了诸多调整和完善。这些读者包括:乔恩·格雷、托尼·詹姆斯、约翰·芬利、佩奇·罗斯、艾米·斯图尔斯伯格、韦恩·伯曼、纳特·罗森、约翰·伯恩巴克、拜拉姆·卡拉苏博士、与我情谊最长的老友杰弗里·罗森、我的孩子吉比·欧文斯和泰迪·施瓦茨曼、我的妻子克里斯汀以及由让·乔尔、本·罗伊南、克里斯汀·安德森和希尔帕·纳亚尔组成的图书团队。他们为推动改进本书的终稿提出了很多宝贵的意见。

致 谢

我还要感谢艾米·斯图尔斯伯格。她是黑石基金会负责人，同时担任史蒂芬·A.施瓦茨曼教育基金会和史蒂芬·A.施瓦茨曼基金会的执行总监，孜孜不倦地开展相关工作。我们两个每天都在一起共事。如果没有她的判断力和项目管理能力，我就无法落实书中介绍的各种慈善活动。她是一个能力非凡的人，把我的诸多慈善理念付诸实践。

我要感谢黑石政府关系负责人韦恩·伯曼的独特贡献。由于黑石必须参与全球和美国联邦、各州和城市的无数事务，我每天都会与他交流，周末也不例外。韦恩已经成为我的挚友，也是我信赖和珍视的顾问。

我要感谢黑石主要业务部门的负责人，包括私募股权负责人乔·巴拉塔、房地产（黑石最大的业务板块）联合负责人肯·卡普兰和凯瑟琳·麦卡锡、战略性投资负责人戴维·布利泽、黑石基础设施合作伙伴公司负责人肖恩·克里姆扎克、黑石另类资产管理公司负责人约翰·麦考密克、黑石信贷业务GSO资本合作伙伴公司负责人德怀特·斯科特、黑石二级投资业务战略合作伙伴负责人弗恩·佩里、黑石生命科学负责人尼克·加拉卡特斯、黑石成长性股权公司负责人乔恩·康戈尔德、黑石首席财务官迈克尔·蔡、黑石法律总顾问约翰·芬利、黑石私人财富管理负责人琼·索罗塔、黑石人力资源负责人佩奇·罗斯、黑石股东关系负责人韦斯顿·塔克以及黑石信息技术负责人比尔·墨菲。

我还想特别感谢肯恩·惠特尼。他从20世纪80年代开始就在黑石工作,在早期创业阶段为公司发展做出了巨大的贡献。肯恩帮助招募了打造黑石房地产业务的约翰·施赖伯和打造黑石信贷业务的霍华德·格利斯。在20世纪90年代,他协助筹集了黑石所有的私募股权和房地产基金,并担任黑石有限合伙人关系的负责人。

我要特别感谢黑石已故的创始人彼得·彼得森,以及他的妻子琼·库尼和他的孩子们。如果没有彼得在公司发展早期阶段的积极参与,就不会有黑石。

我要感谢约翰·马利亚诺和保罗·怀特,这两个人负责我的家庭办公室的管理,让我的生活井然有序。

我还要感谢曾担任黑石大中华区主席的前合伙人梁锦松和目前的合伙人、大中华区现任主席张利平。如果没有梁锦松,黑石在2007年上市时就不会吸引中国政府成为投资者。这笔交易推动改变了公司发展的未来,也改变了我的人生历程。由于这笔投资,苏世民书院才得以诞生,我也有机会跟中国高层领导建立关系。如果没有张利平,我就无法了解当代中国的现状,这会是我的惨重损失。他和我一起拿出大量时间拜访中国政府的重要成员、中国投资者和重要的商业领袖。利平提供了宝贵的见解,也成为我非常要好的朋友。

苏世民书院能取得现在的成功,我要感谢很多人。这个名单太长了,恕我不能一一列举每个人的姓名,但是我要特别感谢清华大学前校长、北京市现任市长陈吉宁。如果不是陈市长重点与我沟通,让我为清华提供一大笔赠款,就不会有苏世民书院。为了项目能获得中国政府和清华大学的接受，陈市长做了很多关键工作。他曾担任中国环境保护部部长，为中国做出了卓越贡献。他已经成为我的终身好友。

陈吉宁的继任者邱勇校长一直是苏世民书院发展的合作伙伴。如果没有他的支持和热情，这项史无前例的项目就无法实施，对此我将永远感激不尽。在支持项目的高级领导人中，清华大学党委书记陈旭女士为苏世民书院创造了机会。在她和邱校长的帮助下，中国政府对苏世民学者项目予以了广泛支持。我经常访问北京，其间都会与陈旭女士和邱校长进行愉快的会面。

我们很幸运请到清华大学公共管理学院前院长薛澜教授担任苏世民书院院长。薛院长负责书院项目持续改进的监督工作，他解决了一些非常重要的问题，确保持续推进苏世民学者项目的规模、声望和卓越程度。我要感谢书院的创始院长李稻葵和执行院长潘庆中。自2013年苏世民学者项目宣布以来，他们就一直参与项目的实施，直至2017年首届学生毕业。潘庆中教授目前继续参与苏世民学者项目。我还要感谢清华大学副校长兼教务长杨斌对苏世民学者项目的大力支持。

我要感谢由艾米·斯图尔斯伯格领导的苏世民书院纽约团队，我们的招生前负责人罗布·加里斯为项目倾注了大量时间和感情；感谢发展和校友关系负责人黛比·戈德堡以及合作伙伴朱莉娅·乔根森；感谢学术课程负责人琼·考夫曼；感谢财务负责人海伦·桑塔洛内；感谢首席行政官林赛·巴瓦罗。北京团队方面，我要感谢负责学生生活的副院长孔美林、职业发展负责人茱莉亚·祖普科,以及负责学术事务的副院长钱小军。罗伯特·斯特恩建筑事务所为苏世民书院提供了设计,来自黑石房地产业务板块的比尔·斯坦和王天兵与罗伯特·斯特恩建筑事务所的米西·德尔韦基奥和乔纳斯·戈德堡共同负责苏世民书院建筑的施工监督。米西和乔纳斯在北京居住了一年,共同负责在最后建设阶段的项目督查。如果没有所有北京和纽约的专门团队,苏世民学者项目就永远不会实施。我还要感谢哈佛大学的比尔·柯比教授和沃伦·麦克法伦教授,他们曾在苏世民书院的初始团队任职,帮助我们完成了学术顾问委员会的招聘,他们制定了课程、招生和教职员工方案,并从学术角度推动苏世民学者项目。他们的帮助无比宝贵。我还要感谢罗德信托的前任主席约翰·胡德爵士以及罗德信托的首席执行官伊丽莎白·基什,他们在罗德奖学金项目和苏世民学者项目之间建立了强有力的联系。约翰还推荐了罗德学者的面试官,帮助我们招收苏世民学者项目的前几批学生。

我要感谢我在中国政府的朋友,他们在我无数次访问北京期间与我会面,对于他们的礼貌和周到的接待,我深表感谢。他们是中国国家主席习近平、国务院总理李克强、全国政协主席汪洋、国家副主席王岐山,国务院副总理孙春兰、国务院副总理刘鹤、国务院原副总理刘延东、全国政协原副主席周小川,中国人民银行行长易纲、中国人民银行副行长潘功胜、财政部原副部长朱光耀、中国人民银行原副行长朱民。当然,我还要感谢楼继伟,他曾担任中国财政部部长,也曾担任中国投资公司的首任总裁。感谢中国投资公司前副总经理汪建熙。在华盛顿，我和崔天凯大使关系密切，他代表中国在美国做了大量工作。

清华大学经管学院顾问委员会最初是在国务院原总理朱镕基的积极推进下成立的，时任高盛董事长的汉克·保尔森也为顾问委员会的成立做出了贡献。作为国际顾问委员会委员，我遇到了许多极为出色而有魅力的人，包括阿里巴巴创始人马云、腾讯创始人马化腾、百度创始人李彦宏、苹果首席执行官蒂姆·库克、脸书创始人马克·扎克伯格，而这5个人还只是来自技术公司的委员。这个委员会的委员是全球最杰出、最聪明的人，他们会定期与经管学院现任院长白重恩和前院长钱颖一会面。

苏世民学者项目一共有125个捐赠者，我在这里无法一一致谢，只能列举7个最大的捐赠机构，每个机构都捐赠了2 500万美元：英国石油（我们的首个捐赠机构）、华夏幸福基业、中国泛海控股集团、达利欧基金会、海航集团、孙正义基金会和史带基金会。瑞·达利欧的达利欧基金会是我们的第二个捐赠机构，他和我成了很好的朋友。孙正义不仅为苏世民学者项目做出了贡献，还利用这一模式在日本开展了大规模的新型慈善活动。他也是我的好朋友，我们会在他来纽约时见面，也会在世界各地偶遇。最后，AIG前主席、史带基金会主席汉克·格林伯格是对华交往中最杰出的美国人之一，他也是1998年黑石的首个外部投资人。

我很幸运能够在美国最近 5 任总统的任期内与他们相识,他们是唐纳德·特朗普总统、巴拉克·奥巴马总统、乔治·W.布什总统、比尔·克林顿总统和乔治·H. W.布什总统。我很幸运于 1967 年在耶鲁大学达文波特学院的双亲节上见到第 41 任总统布什,他的儿子乔治·W.布什当时在耶鲁读书,比我高一届。在乔治·W.布什担任总统期间,他和妻子劳拉对我特别热情。我和妻子经常在白宫与他们见面,后来也经常在他的总统图书馆和牧场见到他们。乔治·W.布什总统任命我担任约翰·肯尼迪表演艺术中心的主席。我在 2008 年的竞选活动中遇到了巴拉克·奥巴马总统。随后在担任约翰·肯尼迪表演艺术中心主席期间,我也与他进行了多次互动。在奥巴马总统执政期间,我结识了瓦莱丽·贾勒特,她非常重视我的意见,反应极快,帮助我解决了各种重要问题。我在纽约认识唐纳德·特朗普总统已有 30 多年的时间,他任命我担任战略与政策论坛主席。我很荣幸能与美国财政部部长史蒂芬·姆努钦成为数十年的好友,并通过我的朋友商务部部长威尔伯·罗斯认识罗伯特·莱特希泽大使,我跟这两个人认识也有 30 多年了。我还要感谢贾里德·库什纳和伊万卡·特朗普为美国公众提供的服务,感谢他们与我在许多问题上建立密切的工作关系。美国交通部部长赵小兰和参议院多数党领袖米奇·麦康奈尔也是我几十年来的朋友。我很享受与参议院少数党领袖查克·舒默的友谊,当我年仅 31 岁时,他曾到我在雷曼兄弟的办公室见我,最近他当选为国会议员。我认识美国众议院议长南希·佩洛西已有15年的时间。巧合的是，我了解到南希的女儿曾在黑石投资的一家公司工作。我一直很喜欢跟南希相处，喜欢跟她进行开诚布公的讨论。我很享受与前议长约翰·博纳的关系，也经常与前议长保罗·瑞安和众议院前多数党领袖以及众议院现任少数党领袖凯文·麦卡锡共事。我还要感谢众议院前多数党领袖埃里克·康托尔，在我协助奥巴马总统为财政悬崖谈判期间，他为我提供了大量帮助。我要感谢参议员罗伊·布朗特，当他还是众议院议员的时候，曾邀请我在他的办公室里共进午餐，讨论美国历史。最后，我要感谢参议员特德·肯尼迪的友谊，感谢他支持我在肯尼迪表演艺术中心的所有工作。特德到纽约看我，请我承担起这个重要责任，他和他的妻子维基还曾在他们华盛顿的家中接待了我。正是有了他们的支持和帮助，我才能在肯尼迪表演艺术中心的工作和在华盛顿的交往中取得成功。

我还要感谢前国务卿约翰·克里多年来对苏世民书院的支持，感谢他多年的友谊。我在1965年遇到了约翰，当时我正在尝试参加耶鲁大学足球队，而约翰是球队的一名大四学生。从那时起，我们在人生之旅上不断相遇。他不遗余力地为国服务，充满个人能量和动力，对此我深感钦佩。

我还要感谢前国务卿希拉里·克林顿长时间的支持，包括我在肯尼迪表演艺术中心任职期间。同样，布什总统的前国务卿康多莉扎·赖斯已成为我的老朋友。她对事物的认知和判断令人折服，富有个人魅力，在斯坦福大学担任教务长期间也取得了重大成就。她的前任，前国务卿科林·鲍威尔是一个真正非同凡响的人。1984年在里根总统的就职典礼后，我们两个人都在罗恩·劳德华盛顿的家里吃比萨，就此相识，成为朋友。科林曾在五角大楼担任参谋长联席会议主席，他对海湾战争的贡献激励了整个美国。科林也是纽约人，跳舞跳得很棒，喜欢老爷车，同时也是一位真正鼓舞人心的领导者。我很幸运能够认识墨西哥前总统恩里克·培尼亚·涅托及其财政部部长路易斯·维德加雷·卡索（后担任外交部部长）。此外，我很幸运能够与加拿大的特鲁多总理及凯蒂·特尔福德、格里·巴茨和外交部部长克里斯蒂亚·弗里兰建立良好的关系。我和克里斯蒂亚相识已有数十年的时间，她在职业生涯的早期曾担任《金融时报》和路透社记者。

我要感谢黑石外部董事会成员的指导、见解和对公司未来的信任，他们是吉姆·布雷耶、约翰·胡德爵士、谢利·拉扎勒斯、杰伊·莱特、尊敬的马丁·马尔罗尼和比尔·巴雷特。我还要感谢史蒂芬 A. 施瓦茨曼教育基金会的董事会成员：简·爱德华、J. 迈克尔·埃文斯、尼汀·诺里亚、史蒂芬·A. 奥尔林斯、约书亚·雷默、杰弗里·A. 罗森、凯文·拉德、泰迪·施瓦茨曼、沈向洋、艾米·斯图尔斯伯格和恩盖尔·伍兹。

我要感谢阿宾顿高中校友博比·布莱恩特的终生友谊。他是220码短跑的州冠军，在我们4×440码国家锦标赛接力队里跑最后一棒。我要感谢他的妻子桑蝶。我还要感谢来自阿宾顿的另一位田径队队友比利·威尔逊和他的妻子鲁比，感谢他们的友谊。

　　我要感谢自己了不起的老师，包括来自阿宾顿高中的历史老师诺曼·施密特，他让学习成为一种快乐。在我高三的时候，施密特先生教授美国历史课，费城大都市区的历史考试前四名中，有两名都是他班上的学生。另外，我大学一年级英语课的研究助理阿利斯泰尔·伍德在第一个学期中拯救了我，让我避免了可能出现的严重失败。他把我当作一个特殊项目，教我写作，然后教我思考。如果没有阿利斯泰尔·伍德的特殊照顾，我的人生轨迹可能会完全不同。最后，我要感谢哈佛商学院教授 C. 罗兰·克里斯坦森。他教授企业战略，是哈佛大学为数不多的大学教授[①]之一。他让学习变得有趣，让人觉得时间飞逝。

　　我要感谢前红衣主教爱德华·伊根和他的继任者蒂莫西·多兰，感谢他们的友谊。他们致力于改善天主教学校的教育质量，为天主教学生和非天主教学生提供教育，教育出了一批批非常优秀的学生，取得了极大的成功，对此我深表感激。感谢来自贫民区奖学金基金的苏珊·乔治支持天主教学校，她的资金募集工作完成得非常出色，也帮助了尽可能多的家庭把孩子送到这些优质的小学和中学就读。

　　我要感谢法国总统伊曼纽尔·马克龙的友谊，感谢雅克·希拉克总统授予我法国荣誉勋章。他的继任尼古拉·萨科齐将我

[①] 大学教授，是哈佛大学的最高荣誉。——编者注

晋升至军官级荣誉军团成员。更重要的是,他成了我非常亲密的朋友,曾多次邀请我和我的妻子到爱丽舍宫及他法国南部的官邸共进午餐和晚餐。我还要感谢弗朗索瓦·奥朗德总统和塞格琳·罗雅尔部长再次提升我在荣誉军团的勋位。塞格琳为此举办了一场精彩的午餐会,地点是在法国卢瓦尔河谷宏伟的香波城堡(城堡是弗朗索瓦一世国王建造的)。我还要感谢法国驻美大使让-戴维·莱维特和弗朗索瓦·德拉特,他们已经成为我的密友。此外,我还要感谢黑石法国的总裁热拉尔·埃雷拉,他针对所有法国事务向我提供了信息和建议。

我还要感谢耶鲁大学前校长理查德·莱温。在他于耶鲁大学任职期间,我们成为多年的好友,也开展了一系列合作。他帮助耶鲁大学走上了追求卓越的伟大道路。我还要感谢彼得·萨洛维校长对施瓦茨曼中心构想和执行的快速响应(这一中心将改变学生在 2020 年 9 月开学时的体验)。

我要特别感谢麻省理工学院的拉斐尔·里夫校长,我们两个人建立了特别亲密的关系,并就发展美国在人工智能和计算技术领域的领先地位的重要性达成共识。没有他的好奇心和坚持,就不会有麻省理工学院的施瓦茨曼计算学院。他开拓了我的视野,让我看到一个专注于最高水平科学的全新领域,也让我跟人工智能和计算技术领域的全球专家进一步建立了友谊。他改变了我人生的关注点,为此我永远心存感激。麻省理工学院教务长马蒂·施密特极具判断力,他正在推动施瓦茨曼计算学院成为现实,帮助学员融入麻省理工学院的大家庭。

致 谢

在牛津大学，我要感谢副校长露易丝·理查森率先提出建设施瓦茨曼人文中心的想法。如果没有她主动到纽约拜访我，并介绍这个想法，我就永远不会参与其中。她一直是这个项目的优秀带头人，设法解决了这一复杂项目带来的无数问题。另外还有牛津大学的前副校长约翰·胡德爵士、布拉瓦尼克政治学院院长恩盖尔·伍兹和牛津大学钦定医学主席约翰·贝尔先生，他们为我提供了施瓦茨曼中心项目的相关建议，值得拥有我最诚挚的谢意。

我要感谢来自美国田径基金会的鲍勃·格赖费尔德和汤姆·亚科维奇。在我成年以后，鲍勃坚持不懈地激发我对田径运动的兴趣，促使我参与赞助了我们国家的许多顶级运动员。这些捐赠对运动员非常有益，也让我的个人兴趣更具连续性。

我想感谢肯尼迪表演艺术中心前主席迈克尔·凯泽，他出色地完成了这一全国最好的艺术中心的运营，成功应对了种种复杂局面。感谢他对我的几个项目（其中包含大型文艺表演）的投入。

我要感谢纽约市合作伙伴组织的执行董事凯西·怀尔德，他的能力尤为出色（我曾先后与摩根士丹利董事长詹姆斯·戈尔曼和花旗集团首席执行官迈克·科尔巴特共同担任纽约市合作伙伴组织联合主席）。

朋友可以给我们带来快乐，丰富我们的生活，没有朋友，任何人都无法享受充实而愉快的人生。我很幸运能有这么多来自全球各地、天南地北的朋友。我想感谢他们把自己特有的生活乐趣和特殊的友谊带入我的生活。这些人包括我在 16 岁时在全国学生会主席协会上遇到的杰夫·罗森，我们两个的友谊最为长久；另外还有皮埃尔·德阿伦贝格王子、多丽特·穆萨耶夫、道格·布拉夫、约翰·伯恩巴克、弗朗索瓦·拉丰、罗尔夫·萨克斯、安德烈、弗兰采·德马雷、苏珊和蒂姆·马洛伊。

我要感谢我的两位拥有无与伦比的职业生涯的导师：20世纪七八十年代毫无争议的最知名的金融家菲利克斯·罗哈廷以及美国前国务卿亨利·基辛格。亨利是我见过的最杰出的人物之一。他90多岁的时候还在写书，文笔优雅，思想深刻。自20世纪60年代以来，他一直在全球舞台上扮演顾问的角色。他四处奔走，毫无保留、不计回报地向我和其他人提出有关重要事项的建议，在90岁的高龄还保持着敏锐的头脑，这样的人全世界也寥寥无几。与亨利共度时光是一种荣幸，我也要感谢他能够在苏世民书院国际咨询委员会任职。

随着年龄的增长，我很感激那些在我成年后帮助过我的医生，感谢他们为我提供的优质服务。感谢依次担任我内科医生的哈维·克莱恩博士、马克·布劳尔博士以及理查德·科恩博士。他们都是医学精英，对我有问必答。我还要感谢我的天才心脏病专家戴维·布卢门撒尔博士。当然，我想感谢治疗师拜拉姆·卡拉苏博士，他几乎能针对任何话题给我提供良好的建议。另外，我要感谢私人教练兰德·布莱泽拉科，他每天都跟我见面，帮助我保持健康，还有物理治疗师伊夫琳·埃尔尼，她帮助我定期进行身体修复工作。最后，我要感谢纽约长老会医院的首席执行官史蒂芬·科文博士（我在医院董事会任职），他出色地经营了美国评级最高的医院之一。

没有办公室团队成员的鼎力支持，我不可能处理如此多的事务。萨曼莎·迪克洛克和艾米·拉布文在过去10年负责我的办公室工作，现在办公室团队已经增加到4个人，他们要处理和安排无数的指令、会议日程和国际旅行。我的办公室是全天候运转，强度很大，但萨曼莎和艾米工作效率极高，也很开朗热情，勇于应对挑战。我要感谢我的前任秘书凡妮莎·盖茨-埃尔斯顿，她帮助我审阅了本书的草稿，并对可能做出的修订提出了深刻见解。

我还要感谢我的司机理查德·托罗，他为我服务了20多年。我们每天早出晚归，参加各种商务和社交活动。理查德非常有能力，永远尽心尽力地为我服务，无论遇到什么困难，他都保证我能按时抵达目的地。我很感激他所有的努力和牺牲。

感谢我的父母教我树立正确的价值观，让我找到生活的动力，更感谢他们赐予我优良的基因组合。没有这些，我的人生就不会成绩斐然，我的生活方式也不会如此丰富而充实。只有在成年以后，我才感受到了父母对我造成的深刻影响，体会到他们教会我的人生智慧。养育之恩，无以为报，所幸在他们生前的日子里，我能尽力回报他们。我很想再次跟他们聊聊我的生活，说声"我爱你们"，但谁也不能摆脱生老病死的生命循环，我们再也无法相见，但我仍然经常想到他们。

另外，我要感谢我的那对双胞胎弟弟马克和沃伦，我们这一生互相扶持，彼此欣赏，共享欢乐。亲密无间的家庭关系简直是凤毛麟角，但我和弟弟们是例外。我很尊重他们，也喜欢他们美好的家庭，对他们的支持、帮助和忠诚心存感激。我很幸运有他们做我的弟弟。

我想把我的爱送给两个孩子，吉比·欧文斯和泰迪·施瓦茨曼，他们是我生命中的乐趣和骄傲。没有什么经历能与把子女养育成人相提并论。他们也都各自找到了优秀的另一半，组建家庭，生儿育女。吉比和丈夫凯尔共同养育欧文、菲比、萨蒂和格雷汉姆，泰迪和妻子艾伦共同养育路西、威廉姆和玛丽。我品尝到了含饴弄孙的乐趣，非常喜欢跟他们共处的时光。我的两个孩子现在都已经40多岁了，我觉得难以置信。我还要对继女梅格表达我的爱。我第一次见到她时，她还是个5岁的孩子，活力无限。我很佩服她对动物的热情，佩服她以此作为自己的职业。梅格帮助训练了我们的三只杰克罗素猎犬贝利、派珀和多米诺，这三只猎犬为我们的生活带来了无尽的满足和快乐。

最后，我要感谢我的妻子克里斯汀。在过去25年时间里，我们彼此相爱，融洽相处，对此我非常感恩。我在中年的时候，曾经单身了5年，其间遇到了克里斯汀，她改变了我的人生，给我带来的快乐和幸福超乎我的想象。我不知道克里斯汀将给我的人生带来哪些惊喜，每一天都像是在探险。她拥有无穷无尽的创造力和热情，充满亲和力和感染力，是一个聪明美丽的女人，从我认识她到现在，她似乎一点儿也没有变老。这本书的草稿她修改了很多遍，她不辞辛苦，还毫不吝惜地回答了我无数个与语言和内容有关的问题。她还招待了与我们在世界各地共同出行的几位作家，毫不介意他们侵占我们两个的私人时间。她与我的子女和孙辈相处得极好，是一个完美的继母和祖母。有妻如此，夫复何求，我何其幸哉。